中国审判指导丛书

总第69辑 (2019.3)

审判监督指导

贺 荣/主 编
最高人民法院审判监督庭 编

人民法院出版社

图书在版编目(CIP)数据

审判监督指导. 总第69辑／贺荣主编；最高人民法院审判监督庭编. -- 北京：人民法院出版社，2021.6
（中国审判指导丛书）
ISBN 978-7-5109-3067-6

Ⅰ.①审… Ⅱ.①贺… ②最… Ⅲ.①审判-司法监督-中国 Ⅳ.①D926.34

中国版本图书馆 CIP 数据核字（2020）第 258433 号

审判监督指导　总第 69 辑（2019 年第 3 辑）
贺荣　主编
最高人民法院审判监督庭　编

责任编辑	张　奎
出版发行	人民法院出版社
地　　址	北京市东城区东交民巷 27 号（100745）
电　　话	（010）67550673（责任编辑）　67550558（发行部查询）
	65223677（读者服务部）
客服 QQ	2092078039
网　　址	http://www.courtbook.com.cn
E - mail	courtbook@sina.com
印　　刷	保定市中画美凯印刷有限公司
经　　销	新华书店
开　　本	787 毫米×1092 毫米　1/16
字　　数	289 千字
印　　张	17
版　　次	2021 年 6 月第 1 版　2021 年 6 月第 1 次印刷
书　　号	ISBN 978-7-5109-3067-6
定　　价	50.00 元

版权所有　侵权必究

《审判监督指导》
编辑委员会

主　　任	韩维中
副 主 任	虞政平　罗智勇　董　华　闫　燕
委　　员	（以姓氏笔画为序）

丁铁军　于德江　王　波　王　钰　王学雷
王秋菊　王洋国　尹秉文　石　炜　田　锋
田甘霖　白志刚　白金城　冯文生　司明灯
全克滨　刘士文　刘文华　刘宏伟　刘昌杰
齐　素　许一鸣　孙祥壮　苏建规　李　芹
李相波　李培新　李雪田　杨玉龙　杨坦辉
杨智建　吴　艳　吴文华　何　波　余　波
冷汉军　沈世所　沈英明　沈建红　宋　颖
张　勤　张　睿　张云龙　张代恩　张永明
张先科　张仲侠　张红菊　张婷婷　陈　佳
陈国进　卓　玛　赵　伟　赵　虹　赵恒举
郝　奕　郝桂花　胡志超　段　玲　姜春艳
骆金盛　秦德平　热依汉古丽　贾劲松
贾新芳　倪代化　凌　云　郭志刚　宫　斌
崔文举　梁　文　董朝阳　韩　锐　戴春林
魏开发

执行编辑　孙祥壮　吴飞飞　魏靖宇

《审判监督指导》特约编辑

北京高院审监庭	陶志蓉	湖北高院审监二庭	王俊毅
天津高院审监庭	赵恒举	湖北高院审监三庭	袁正英
河北高院审监一庭	刘士文	湖南高院审监一庭	熊　洋
河北高院审监二庭	李俊杰	湖南高院审监二庭	谷国艳
山西高院审监庭	王　莉	湖南高院审监三庭	王　慧
山西高院审监二庭	刘晓东	广东高院审监庭	周定挺
内蒙古高院审监一庭	斯　琴	广西高院审监一庭	骆金盛
内蒙古高院审监二庭	闫少波	广西高院审监二庭	苏建规
辽宁高院审监一庭	张宇庭	海南高院审监一庭	张红菊
辽宁高院审监二庭	蔡峻峰	重庆高院审监庭	杨渠波
辽宁高院审监三庭	张　铁	四川高院审监一庭	何　利
辽宁高院审监四庭	夏　妍	四川高院审监二庭	杨　杰
吉林高院审监一庭	张　辉	贵州高院审监一庭	常礼贵
吉林高院审监二庭	刘　岩	贵州高院审监二庭	王　君
黑龙江高院审监一庭	赵世莹	云南高院审监庭	陈金平
黑龙江高院审监二庭	孙　璐	西藏高院审监庭	刘海霞
上海高院审监庭	董　燕	陕西高院审监庭	桂　红
江苏高院审监庭	占书鑫	甘肃高院审监一庭	王雨霞
浙江高院审监庭	张静静	甘肃高院审监二庭	李元志
安徽高院审监一庭	王　磊	青海高院审监庭	文　宝
福建高院审监庭	张柱芹	宁夏高院审监庭	倪丹鹤
江西高院审监庭	李振峰	新疆高院审监一庭	税成疆
山东高院审监一庭	陈兴东	新疆高院审监二庭	郝桂花
山东高院审监二庭	姜晓玲	解放军军事法院审监庭	杨坦辉
河南高院审监庭	姜　浩	新疆高院兵团分院审监一庭	胡志超
河南高院少年审判庭	克仰志	新疆高院兵团分院审监二庭	郭春祥
湖北高院审监一庭	彭红杰		

目 录

民法典专辑

【政策与精神】

以习近平新时代中国特色社会主义思想为指导
　　充分发挥审判职能作用　确保民法典正确贯彻实施 … 周　强（1）
最高人民法院
　　关于认真学习贯彻《中华人民共和国民法典》的通知
　　　（2020年6月12日）……………………………………（8）

【法规速递】

中华人民共和国民法典
　　（2020年5月28日）……………………………………（11）
关于《中华人民共和国民法典（草案）》的说明
　　——2020年5月22日在第十三届全国人民代表大会
　　第三次会议上………………………………………（164）

【理论前沿】

民法典合同编通则中的重大疑难问题研究 …………王利明（183）
中国民法典总则与分则之间的统辖遵从关系 …………孙宪忠（217）
编纂民法典婚姻家庭编的法理思考与立法建议 ………龙翼飞（244）

【政策与精神】

以习近平新时代中国特色社会主义思想为指导 充分发挥审判职能作用 确保民法典正确贯彻实施*

周 强

在以习近平同志为核心的党中央坚强领导下,《中华人民共和国民法典》经十三届全国人大三次会议审议通过并颁布实施。民法典是新中国成立以来第一部以"法典"命名的法律,是新时代我国社会主义法治建设的重大成果,具有里程碑意义。法律的生命在于实施。审判机关要以对党负责、对人民负责、对法律负责的态度,在贯彻实施民法典的过程中担当作为。

一、深入学习贯彻习近平总书记重要讲话精神,充分认识贯彻好实施好民法典的重大意义

5月29日,中央政治局就"切实实施民法典"举行集体学习,习近平总书记发表重要讲话,为我们全面认识民法典颁布实施的重大意义,准确理解和掌握民法典的精神要义、基本原则、条文规范,确保民法典在司法活动中统一正确实施,维护广大人民群众合法权益,提供了强大的理论武装、思想指引、行动纲领。习近平总书记在讲话中,对人民法院贯彻实施民法典工作提出明确要求、指明了前进方向。各级人民法院要坚持以习近平新时代中国特色社会主义思想为指导,切实把思想和行动统一到习近平总书记重要讲话精神上来,深刻理解和准确把握民法典颁布实施的重大意义,充分认识贯彻实施民法典的职责使命,以高度的政治自觉、饱满的工作热情,

---

* 原载《求是》2020年第12期。

坚定不移做好民法典的学习和贯彻实施工作，努力推动中国特色社会主义法治建设。

第一，通过正确贯彻实施民法典，深入贯彻落实习近平总书记全面依法治国新理念新思想新战略。习近平总书记指出，实施好民法典，是坚持以人民为中心、保障人民权益实现和发展的必然要求，是发展社会主义市场经济、巩固社会主义基本经济制度的必然要求，是提高我们党治国理政水平的必然要求。民法典是党领导全国人民在我国革命、建设、改革各个历史时期，依法治国各方面工作长期积淀的智慧结晶，是党的意志、人民意志的立法表达。人民法院必须深入贯彻习近平总书记全面依法治国新理念新思想新战略，把增强"四个意识"、坚定"四个自信"、做到"两个维护"体现到民法典学习宣传贯彻全过程，忠实履行宪法法律赋予的职责，坚定不移走中国特色社会主义法治道路，确保党中央决策部署在人民法院得到不折不扣贯彻落实。

第二，通过正确贯彻实施民法典，主动服务新时代党和国家事业发展。习近平总书记指出，民法典是一部固根本、稳预期、利长远的基础性法律。人民法院在学习贯彻民法典的过程中，要聚焦党和国家工作大局履行审判职责，不断提高运用民法典服务大局的能力水平。要将学习贯彻工作与常态化疫情防控结合起来，充分运用民法典关于疫情防控的立法成果，准确适用现行法律和司法解释关于不可抗力、情势变更、时效中止等方面的规定，妥善处理涉疫情相关纠纷案件，助力复工复产，扎实做好"六稳"工作，全面落实"六保"任务。要将学习贯彻民法典与优化营商环境结合起来，坚决贯彻民法典规定的平等原则，加大产权保护力度，不论国企民企、内资外资、大中小微企业，一视同仁，依法保护，积极营造稳定公平透明、可预期的法治化营商环境。要将学习贯彻民法典与打好三大攻坚战结合起来，依法公正高效审理民间借贷、融资担保等金融领域纠纷案件，土地承包经营、农产品买卖等涉农纠纷案件以及环境资源领域的纠纷案件，为经济社会发展提供有力司法服务和保障。

第三，通过正确贯彻实施民法典，更好践行司法为民宗旨。习近平总书记强调，民法典实施水平和效果，是衡量各级党和国家机关履行为人民服务宗旨的重要尺度。贯彻实施好民法典，必须吃透民法典精神，正确理解民法典的核心要义和重要制度，正确适用民法典的规定，保障人民权益。民法典立足中国国情，在实现好、维护好、发展好人民权益方面有许多创新。其中，人格权独立成编，全面加强对包括自然人隐私权和个人信息在内的人格权保护，彰显了民法典的人民立场和人文关怀；物权编创设了居住权制度；合同编新增了保理合同、物业服务合同、合伙合同等典型合同；婚姻家庭编确立了夫妻共债共签原则，限缩了无效婚姻范围，对协议离婚规定了一个月的冷静期；继承编增加了打印遗嘱、录像遗嘱等新形式遗嘱类型，并取消了公证遗嘱的优先效力；等等。这些新的内容反映着新时代人民权益的特点，体现着新时代社会生活的实践和发展。要引导广大法官深入学习领会民法典的创新之处，将民法典新理念、新原则、新概念、新条款贯彻到审判执行工作的各个环节，提高运用民法典维护人民权益、化解矛盾纠纷、促进社会和谐稳定的能力和水平。

第四，通过正确贯彻实施民法典，加快推进人民法院审判体系和审判能力现代化。习近平总书记明确要求，各级司法机关要秉持公正司法，提高民事案件审判水平和效率。民法典的实施将进一步推动国家治理的制度化、规范化、程序化，是国家治理现代化的重要标志。民法典关于信息科技、生命科技发展背景下人格权保护的许多开创性规定，体现了对现代生活实际问题和时代需求的积极回应，为人民法院不断满足各类市场主体多元司法需求，提供了强有力的制度依据和规则支撑。人民法院要深入研判民法典实施对审判执行工作和自身建设带来的深远影响，将贯彻实施民法典与深化司法体制改革、加快推进智慧法院建设深度融合，在新的实践基础上推进审判体系和审判能力现代化。

第五，通过正确贯彻实施民法典，推动完善中国特色社会主义法治理论体系。习近平总书记指出，要加强对民事法律制度的理论研究，尽快构建体现我国社会主义性质，具有鲜明中国特色、实践特色、时代特色的民法理论体系和话语体系，为有效实施民法典、发展我国民事法律制度提供理论支撑。理论来源于实践。人民法院几十年来审理、裁判的大量民事案件，发布的大量司法解释、司法政策，是理论研究的丰富宝藏。全国法院广大法官要充分利用这一优势条件，加强民事司法理论研究，为构建新时代民事司法理论体系和话语体系贡献力量。要立足审判职能，在实施民法典的过程中及时制定完善司法政策，多做精品判决，多出精品案例，加强司法建议，为创新和繁荣民事司法理论研究提供新素材新经验。

二、始终坚持以人民为中心，不断提高民事审判质量和司法公信力

民法典是一部体现对生命健康、财产安全、交易便利、生活幸福、人格尊严等各方面权利平等保护的法典。实施好民法典，是坚持以人民为中心、保障人民权益实现和发展的必然要求。近年来，人民法院每年审结的一审民事案件约占全部一审案件的90%，民事审判在人民法院工作全局中居于重要地位。贯彻实施民法典，不仅要贯彻条文，更要贯彻立法精神，秉持公正司法，依法妥善审理各类民事案件，提高审判质量效率和司法公信力。

一是要依法加强权利保护，促进人的全面发展。随着经济社会发展，人民群众在公平、正义、安全、环境等方面的要求日益增长，希望对权利的保护更加充分、更加有效。民法典以保护民事权利为出发点和落脚点，切实回应人民的法治需求。人民法院要紧密结合民法典的基本精神和内容，把增进人民福祉、促进人的全面发展摆在更加突出的位置，贯穿到审判执行工作的全过程，努力让人民群众在每一个司法案件中感受到公平正义。要更加注重对妇女儿童、老年人、残疾人和消费者权益的保护，及时充分救济受侵害的民事权益，有力维护最广大人民群众根本利益，切实增强人民群众获得感、幸福感、安全感。

二是要践行和弘扬社会主义核心价值观，维护社会公平正义。民法典将弘扬社会主义核心价值观作为立法宗旨，从基本原则到制度规范、具体规则，通篇都体现着社会主义核心价值观的要求。人民法院要坚持依法治国与以德治国相结合，用社会主义核心价值观指导司法活动，严格依照民法典条文的精神内涵，定分止争、惩恶扬善，强化规则意识，倡导契约精神，保护公民合法权益，维护社会公序良俗，用法治的力量引导人民群众向上向善。要主动回应人民关切，对社会高度关注、公众存在模糊认识的案件，加强裁判说理，厘清争点，亮明观点，明确提倡什么、反对什么、禁止什么，让庭审成为正确贯彻实施民法典、弘扬社会主义核心价值观的法治公开课。

三是要加强审判监督管理和调研，提升民事司法水平。习近平总书记强调，要加强对涉及财产权保护、人格权保护、知识产权保护、生态环境保护等重点领域的民事审判工作和监督指导工作。人民法院要进一步加大

权利保护力度，继续加强民营企业产权司法保护，坚持平等、依法、全面保护原则，抓紧制定出台刑民交叉司法解释，完善程序规则，坚决防止以刑事案件名义插手民事纠纷、经济纠纷；继续推动完善知识产权侵权惩罚性赔偿制度，完善诉讼证据规则、证据披露以及证据妨碍排除规则，进一步提升我国知识产权审判水平和国际影响力；加强涉人格权案件、环境资源案件的审判指导，及时发布指导案例、典型案例或司法解释；研究制定提高民事案件审判水平和效率，提高办案质量和司法公信力的政策文件。要坚持问题导向，及时总结民事审判经验，研究解决制约民事审判工作发展的深层次问题和贯彻实施中的新情况新问题，为健全完善司法解释和司法政策提供实践依据。要进一步开展案件评查，对案件办理全过程进行体检，确保程序公正与实体公正相统一；注重发挥法官会议、审判委员会在统一裁判尺度方面的作用，确保相关法律适用统一。

四是要加强一站式多元解纷和诉讼服务体系建设，发挥多元化纠纷解决机制的作用。习近平总书记强调，要发挥多元化纠纷解决机制的作用，多方面推进民法典实施工作。人民法院要结合贯彻实施民法典，坚持和发展新时代"枫桥经验"，把非诉讼纠纷解决机制挺在前面，健全社会矛盾纠纷预防调处化解综合机制，加强一站式多元解纷和诉讼服务体系建设，深化"分调裁审"机制改革，增强人民法院多元解纷能力，促进矛盾纠纷源头预防。要加强与行政机关特别是司法行政部门的协作配合，加强法律援助和司法救助，通过社会力量和基层组织及时妥善化解矛盾纠纷，多方面推进民法典贯彻实施。要加强对诉前联调工作的培训和指导工作，以选派法官授课、邀请参加内部培训等方式，促进提高人民调解组织、行政机关调解员、人民调解员等适用民法典的能力水平，更好帮助群众实现和维护自身合法权益。

三、狠抓责任落实，全力做好民法典的贯彻实施工作

学习好、贯彻好、实施好民法典是人民法院的重要职责，也是一项涉及面广、任务量大的系统工程。各级法院在做好审判执行工作的同时，要迅速调整工作重心，切实把思想和行动统一到习近平总书记重要讲话精神上来，确保不折不扣完成人民法院在民法典贯彻实施工作中承担的职责使命。

一是要抓紧进行司法解释、非司法解释类规范性文件清理工作。2021

年1月1日民法典施行之日起,婚姻法、继承法、民法通则、收养法、担保法、合同法、物权法、侵权责任法、民法总则等九部法律将被替代,以这九部法律为依据制定的大量民事司法解释需要清理,与民法典规定冲突的需要废止。同时,对刑事、行政、国家赔偿等领域的相关司法解释、司法政策也要纳入清理范围。为此,最高人民法院将在2020年年底前,完成对新中国成立以来所有现行有效的上述司法解释的全面清理工作。凡是违反社会主义核心价值观的,与民法典精神、原则、条文相冲突的,均坚决废止,确保民法典统一正确实施。同时,将最高人民法院发布的139件指导性案例也纳入清理范围。各高级人民法院要对本辖区施行的审判指导意见、会议纪要等司法政策文件进行系统清理,确保与民法典的新精神、新规定保持一致。

二是要及时制定新的司法解释。最高人民法院将坚持问题导向,按照"统一规划、分批制定,急用先行、重点推进,先易后难、确保质量"的原则,在民法典正式实施前发布有关司法解释,解决新旧法衔接适用、现有司法解释效力等问题,在民法典实施后迅速出台物权、合同、人格权、婚姻家庭、继承、侵权领域的相关司法解释,统一法律适用。在工作方式上,将司法解释起草与清理工作结合起来,加强调研论证,通过编纂、修改、新立等方式,用足用好批复、决定、解释和规定等司法解释制定的四种形式,确保司法解释起草的质量和实效。

三是要迅速在全国法院兴起学习贯彻民法典的热潮,切实提高民事司法裁判能力和水平。人民法院是贯彻实施民法典的重要部门,应当把学习贯彻民法典作为践行司法为民宗旨、提升公正司法水平的一项重要举措。最高人民法院将在做好院机关全员培训的基础上,坚持分类分级、线上线下、点面结合,指导各高级法院结合本地情况开展培训,确保2020年年底前实现全国法院干警全员轮训。要高度关注原有条款的变化和创新内容,保证培训到位、学习到位,实现见微知著、融会贯通、学以致用。要充分借助智慧法院建设成果,将信息化学习培训手段与传统学习培训手段融合互补,采取法院领导干部、审判业务专家授课与邀请专家学者授课相结合的方式,综合采用课堂、视频、网络培训相结合的形式开展培训,扩大培训覆盖面,确保培训取得实效。

四是要加大普法宣传力度,推动营造尊法学法守法用法的良好环境。习近平总书记强调,要广泛开展民法典普法工作,引导群众认识到民法典既是保护自身权益的法典，也是全体社会成员都必须遵循的规范，养成自觉守法的意识，形成遇事找法的习惯，培养解决问题靠法的意识和能力。人民法院要积极通过庭审公开、在线直播、裁判文书释法说理、发布典型案例、编写通俗读物、参与法治进校园进社区活动等群众喜闻乐见的方式，充分利用各类传统媒体和新兴媒体，加大对民法典的宣传力度，为民法典实施营造良好环境，让民法典所蕴含的契约精神、自愿原则、诚信原则等深深根植于群众内心，成为推进我国社会主义法治建设的内生力量。

最高人民法院
关于认真学习贯彻《中华人民共和国民法典》的通知

2020年6月12日　　　　　　　　　法〔2020〕158号

《中华人民共和国民法典》（以下简称民法典）于2020年5月28日由中华人民共和国第十三届全国人民代表大会第三次会议通过并公布，将于2021年1月1日起施行。5月29日，习近平总书记在中央政治局第二十次集体学习时发表重要讲话，对民法典学习宣传、贯彻实施提出明确要求。为学习贯彻习近平总书记重要讲话精神，切实抓好民法典贯彻实施，现就有关事项通知如下。

一、提高政治站位，充分认识民法典颁布施行重大意义

民法典是中华人民共和国成立以来第一部以"法典"命名的法律，是新时代我国社会主义法治建设的重大成果，是我国法治建设发展道路上的重要里程碑。民法典的颁布，实现了中华人民共和国几代人的夙愿，中国人民有了一部真正属于自己的民法典。民法典在中国特色社会主义法律体系中具有重要地位，是一部固根本、稳预期、利长远的基础性法律，对推进全面依法治国、加快建设社会主义法治国家、加快建设社会主义市场经济、巩固社会主义基本经济制度，对坚持以人民为中心的发展思想、依法维护人民权益、推动我国人权事业发展，对推进国家治理体系和治理能力现代化，都具有重要意义。各级人民法院要提高政治站位，充分认识民法典颁布的重大意义，以对党负责、对人民负责、对国家法治负责的态度，认真做好贯彻实施民法典学习、宣传、培训等各项工作，成为贯彻实施民法典的主力军。

二、增强责任意识，切实担负起学习贯彻民法典职责使命

各级人民法院要将学习贯彻习近平总书记重要讲话精神、学习和实施民法典纳入党组会议部署、党组理论中心组专题学习。在学习贯彻民法典过程中，要始终坚持以习近平新时代中国特色社会主义思想为指导，增强"四个意识"、坚定"四个自信"、做到"两个维护"，忠诚履行审判职责，坚定不移走中国特色社会主义法治道路，确保党中央决策部署在人民法院得到不折不扣贯彻落实。要认真学习、深刻理解习近平总书记关于实施民法典的重要讲话精神，永葆人民法院民法典贯彻实施的正确政治方向。要将学习贯彻民法典与常态化疫情防控、优化营商环境、打赢三大攻坚战、加快完善社会主义市场经济体制等党和国家的工作大局紧密结合起来，为经济社会发展提供有力司法服务和保障。要将学习贯彻民法典与弘扬社会主义核心价值观有机结合起来，用法治力量引导人们向上向善。要将学习贯彻民法典作为推进人民法院审判体系和审判能力现代化的有力抓手，切实提高民事案件的审判水平和效率，提高司法公信力。要将人民法院"一站式"多元解纷和诉讼服务体系建设工作融入民法典贯彻实施工作中，增强人民法院多元解纷能力，及时妥善化解矛盾纠纷。

三、认真谋划部署，有力推进民法典学习宣传培训工作

民法典为人民法院审理和执行民事案件提供基本法律遵循。各级人民法院要高度重视民法典的学习培训工作，切实将学习培训作为提升人民法院审判水平、提高人民法院审判队伍素质和能力的重要措施。要创新学习培训形式，充分借助智慧法院建设成果，鼓励远程视频授课、网络在线学习培训，扩大培训覆盖面。要把好教师关、教材讲义关，突出政治性、实用性和针对性，注重理论与实务相结合，严格按照立法精神、立法原意解读民法典，切实提高培训质效。要加强对民法典新增制度、重大修订内容的学习，准确把握立法精神，充分掌握条文新旧变化。要将学习民法典条文与审判执行具体工作相结合，做到融会贯通，切实增强广大法官执法办案本领。

各级人民法院要通过庭审公开、在线直播、裁判文书释法说理、发布典型案例、编写通俗读物、参与法治进校园活动等方式，做好民法典宣传普及工作。要加大新闻宣传力度，对全国法院广大法官特别是基层法官学

习贯彻民法典的情况及时进行报道，充分展现人民法院贯彻实施民法典的生动场景、鲜活画面。通过群众喜闻乐见的形式做好普法宣传工作，拉近民法典与社会公众的距离，让民法典真正走到群众身边，走进群众心里。

四、加强审判指导，确保民法典顺利实施

最高人民法院要充分发挥审判指导职能，及时开展包括民事、行政、刑事、国家赔偿在内的所有司法解释的全面清理工作，尽快制定出台相关司法解释，做好新旧法律衔接适用工作，确保民法典顺利实施。各高级人民法院要在2020年12月底前完成对本辖区内的办案指导文件、会议纪要、参阅案例等全面清理工作，确保与民法典精神、规定保持一致，清理结果报最高人民法院研究室备案。各级人民法院要加强涉及财产权保护、人格权保护、知识产权保护、生态环境保护等重点领域的民事审判工作和监督指导工作，确保办案质量；在学习贯彻民法典过程中，应当深入调查研究，把调研工作与审判执行工作有机结合起来，注重发挥法官会议、审判委员会在统一裁判尺度方面的作用，不断总结审判经验，确保民法典统一、正确实施；要加强对民法典新增规定和重大修改条文的深入学习和相关制度的理论研究，形成一批学习贯彻民法典的理论研究成果。

各级人民法院要将贯彻实施民法典作为一把手工程来抓，明确职责分工，狠抓贯彻落实。要将这一工作作为队伍建设的重要组成部分，切实提高广大法官的审判执行能力和水平。上级人民法院要加强指导、支持和监督，切实做到一级抓一级，层层抓落实。各高级人民法院应当及时将本辖区内学习贯彻民法典的情况、经验及需要解决的问题报最高人民法院。

【法规速递】

中华人民共和国民法典

(2020年5月28日中华人民共和国第十三届全国人民代表大会第三次会议通过　2020年5月28日中华人民共和国主席令第四十五号公布　自2021年1月1日起施行)

目　录

第一编　总　则
　第一章　基本规定
　第二章　自然人
　　第一节　民事权利能力和民事行为能力
　　第二节　监　护
　　第三节　宣告失踪和宣告死亡
　　第四节　个体工商户和农村承包经营户
　第三章　法　人
　　第一节　一般规定
　　第二节　营利法人
　　第三节　非营利法人
　　第四节　特别法人
　第四章　非法人组织
　第五章　民事权利
　第六章　民事法律行为
　　第一节　一般规定
　　第二节　意思表示
　　第三节　民事法律行为的效力

第四节　民事法律行为的附条件和附期限

　第七章　代　　理

　　第一节　一般规定

　　第二节　委托代理

　　第三节　代理终止

　第八章　民事责任

　第九章　诉讼时效

　第十章　期间计算

第二编　物　　权

　第一分编　通　　则

　　第一章　一般规定

　　第二章　物权的设立、变更、转让和消灭

　　　第一节　不动产登记

　　　第二节　动产交付

　　　第三节　其他规定

　　第三章　物权的保护

　第二分编　所有权

　　第四章　一般规定

　　第五章　国家所有权和集体所有权、私人所有权

　　第六章　业主的建筑物区分所有权

　　第七章　相邻关系

　　第八章　共　　有

　　第九章　所有权取得的特别规定

　第三分编　用益物权

　　第十章　一般规定

　　第十一章　土地承包经营权

　　第十二章　建设用地使用权

　　第十三章　宅基地使用权

　　第十四章　居住权

　　第十五章　地役权

　第四分编　担保物权

　　第十六章　一般规定

第十七章　抵押权
　　第一节　一般抵押权
　　第二节　最高额抵押权
第十八章　质　　权
　　第一节　动产质权
　　第二节　权利质权
第十九章　留置权
第五分编　占　　有
第二十章　占　　有
第三编　合　　同
第一分编　通　　则
第一章　一般规定
第二章　合同的订立
第三章　合同的效力
第四章　合同的履行
第五章　合同的保全
第六章　合同的变更和转让
第七章　合同的权利义务终止
第八章　违约责任
第二分编　典型合同
第九章　买卖合同
第十章　供用电、水、气、热力合同
第十一章　赠与合同
第十二章　借款合同
第十三章　保证合同
　　第一节　一般规定
　　第二节　保证责任
第十四章　租赁合同
第十五章　融资租赁合同
第十六章　保理合同
第十七章　承揽合同
第十八章　建设工程合同

第十九章　运输合同
　第一节　一般规定
　第二节　客运合同
　第三节　货运合同
　第四节　多式联运合同
第二十章　技术合同
　第一节　一般规定
　第二节　技术开发合同
　第三节　技术转让合同和技术许可合同
　第四节　技术咨询合同和技术服务合同
第二十一章　保管合同
第二十二章　仓储合同
第二十三章　委托合同
第二十四章　物业服务合同
第二十五章　行纪合同
第二十六章　中介合同
第二十七章　合伙合同

第三分编　准合同
第二十八章　无因管理
第二十九章　不当得利

第四编　人格权
第一章　一般规定
第二章　生命权、身体权和健康权
第三章　姓名权和名称权
第四章　肖像权
第五章　名誉权和荣誉权
第六章　隐私权和个人信息保护

第五编　婚姻家庭
第一章　一般规定
第二章　结　　婚
第三章　家庭关系
　第一节　夫妻关系

第二节　父母子女关系和其他近亲属关系

　第四章　离　　婚

　第五章　收　　养

　　第一节　收养关系的成立

　　第二节　收养的效力

　　第三节　收养关系的解除

第六编　继　　承

　第一章　一般规定

　第二章　法定继承

　第三章　遗嘱继承和遗赠

　第四章　遗产的处理

第七编　侵权责任

　第一章　一般规定

　第二章　损害赔偿

　第三章　责任主体的特殊规定

　第四章　产品责任

　第五章　机动车交通事故责任

　第六章　医疗损害责任

　第七章　环境污染和生态破坏责任

　第八章　高度危险责任

　第九章　饲养动物损害责任

　第十章　建筑物和物件损害责任

附　　则

第一编　总　　则

第一章　基本规定

第一条　为了保护民事主体的合法权益，调整民事关系，维护社会和经济秩序，适应中国特色社会主义发展要求，弘扬社会主义核心价值观，根据宪法，制定本法。

第二条　民法调整平等主体的自然人、法人和非法人组织之间的人身关系和财产关系。

第三条　民事主体的人身权利、财产权利以及其他合法权益受法律保护，任何组织或者个人不得侵犯。

第四条　民事主体在民事活动中的法律地位一律平等。

第五条　民事主体从事民事活动，应当遵循自愿原则，按照自己的意思设立、变更、终止民事法律关系。

第六条　民事主体从事民事活动，应当遵循公平原则，合理确定各方的权利和义务。

第七条　民事主体从事民事活动，应当遵循诚信原则，秉持诚实，恪守承诺。

第八条　民事主体从事民事活动，不得违反法律，不得违背公序良俗。

第九条　民事主体从事民事活动，应当有利于节约资源、保护生态环境。

第十条　处理民事纠纷，应当依照法律；法律没有规定的，可以适用习惯，但是不得违背公序良俗。

第十一条　其他法律对民事关系有特别规定的，依照其规定。

第十二条　中华人民共和国领域内的民事活动，适用中华人民共和国法律。法律另有规定的，依照其规定。

第二章　自然人

第一节　民事权利能力和民事行为能力

第十三条　自然人从出生时起到死亡时止，具有民事权利能力，依法享有民事权利，承担民事义务。

第十四条　自然人的民事权利能力一律平等。

第十五条　自然人的出生时间和死亡时间，以出生证明、死亡证明记载的时间为准；没有出生证明、死亡证明的，以户籍登记或者其他有效身份登记记载的时间为准。有其他证据足以推翻以上记载时间的，以该证据证明的时间为准。

第十六条　涉及遗产继承、接受赠与等胎儿利益保护的，胎儿视为具有民事权利能力。但是，胎儿娩出时为死体的，其民事权利能力自始不存在。

第十七条 十八周岁以上的自然人为成年人。不满十八周岁的自然人为未成年人。

第十八条 成年人为完全民事行为能力人，可以独立实施民事法律行为。

十六周岁以上的未成年人，以自己的劳动收入为主要生活来源的，视为完全民事行为能力人。

第十九条 八周岁以上的未成年人为限制民事行为能力人，实施民事法律行为由其法定代理人代理或者经其法定代理人同意、追认；但是，可以独立实施纯获利益的民事法律行为或者与其年龄、智力相适应的民事法律行为。

第二十条 不满八周岁的未成年人为无民事行为能力人，由其法定代理人代理实施民事法律行为。

第二十一条 不能辨认自己行为的成年人为无民事行为能力人，由其法定代理人代理实施民事法律行为。

八周岁以上的未成年人不能辨认自己行为的，适用前款规定。

第二十二条 不能完全辨认自己行为的成年人为限制民事行为能力人，实施民事法律行为由其法定代理人代理或者经其法定代理人同意、追认；但是，可以独立实施纯获利益的民事法律行为或者与其智力、精神健康状况相适应的民事法律行为。

第二十三条 无民事行为能力人、限制民事行为能力人的监护人是其法定代理人。

第二十四条 不能辨认或者不能完全辨认自己行为的成年人，其利害关系人或者有关组织，可以向人民法院申请认定该成年人为无民事行为能力人或者限制民事行为能力人。

被人民法院认定为无民事行为能力人或者限制民事行为能力人的，经本人、利害关系人或者有关组织申请，人民法院可以根据其智力、精神健康恢复的状况，认定该成年人恢复为限制民事行为能力人或者完全民事行为能力人。

本条规定的有关组织包括：居民委员会、村民委员会、学校、医疗机构、妇女联合会、残疾人联合会、依法设立的老年人组织、民政部门等。

第二十五条 自然人以户籍登记或者其他有效身份登记记载的居所为

住所；经常居所与住所不一致的，经常居所视为住所。

第二节 监 护

第二十六条 父母对未成年子女负有抚养、教育和保护的义务。

成年子女对父母负有赡养、扶助和保护的义务。

第二十七条 父母是未成年子女的监护人。

未成年人的父母已经死亡或者没有监护能力的，由下列有监护能力的人按顺序担任监护人：

（一）祖父母、外祖父母；

（二）兄、姐；

（三）其他愿意担任监护人的个人或者组织，但是须经未成年人住所地的居民委员会、村民委员会或者民政部门同意。

第二十八条 无民事行为能力或者限制民事行为能力的成年人，由下列有监护能力的人按顺序担任监护人：

（一）配偶；

（二）父母、子女；

（三）其他近亲属；

（四）其他愿意担任监护人的个人或者组织，但是须经被监护人住所地的居民委员会、村民委员会或者民政部门同意。

第二十九条 被监护人的父母担任监护人的，可以通过遗嘱指定监护人。

第三十条 依法具有监护资格的人之间可以协议确定监护人。协议确定监护人应当尊重被监护人的真实意愿。

第三十一条 对监护人的确定有争议的，由被监护人住所地的居民委员会、村民委员会或者民政部门指定监护人，有关当事人对指定不服的，可以向人民法院申请指定监护人；有关当事人也可以直接向人民法院申请指定监护人。

居民委员会、村民委员会、民政部门或者人民法院应当尊重被监护人的真实意愿，按照最有利于被监护人的原则在依法具有监护资格的人中指定监护人。

依据本条第一款规定指定监护人前，被监护人的人身权利、财产权利以及其他合法权益处于无人保护状态的，由被监护人住所地的居民委员会、村民委员会、法律规定的有关组织或者民政部门担任临时监护人。

监护人被指定后，不得擅自变更；擅自变更的，不免除被指定的监护人的责任。

第三十二条 没有依法具有监护资格的人的，监护人由民政部门担任，也可以由具备履行监护职责条件的被监护人住所地的居民委员会、村民委员会担任。

第三十三条 具有完全民事行为能力的成年人，可以与其近亲属、其他愿意担任监护人的个人或者组织事先协商，以书面形式确定自己的监护人，在自己丧失或者部分丧失民事行为能力时，由该监护人履行监护职责。

第三十四条 监护人的职责是代理被监护人实施民事法律行为，保护被监护人的人身权利、财产权利以及其他合法权益等。

监护人依法履行监护职责产生的权利，受法律保护。

监护人不履行监护职责或者侵害被监护人合法权益的，应当承担法律责任。

因发生突发事件等紧急情况，监护人暂时无法履行监护职责，被监护人的生活处于无人照料状态的，被监护人住所地的居民委员会、村民委员会或者民政部门应当为被监护人安排必要的临时生活照料措施。

第三十五条 监护人应当按照最有利于被监护人的原则履行监护职责。监护人除为维护被监护人利益外，不得处分被监护人的财产。

未成年人的监护人履行监护职责，在作出与被监护人利益有关的决定时，应当根据被监护人的年龄和智力状况，尊重被监护人的真实意愿。

成年人的监护人履行监护职责，应当最大程度地尊重被监护人的真实意愿，保障并协助被监护人实施与其智力、精神健康状况相适应的民事法律行为。对被监护人有能力独立处理的事务，监护人不得干涉。

第三十六条 监护人有下列情形之一的，人民法院根据有关个人或者组织的申请，撤销其监护人资格，安排必要的临时监护措施，并按照最有利于被监护人的原则依法指定监护人：

（一）实施严重损害被监护人身心健康的行为；

（二）怠于履行监护职责，或者无法履行监护职责且拒绝将监护职责部分或者全部委托给他人，导致被监护人处于危困状态；

（三）实施严重侵害被监护人合法权益的其他行为。

本条规定的有关个人、组织包括：其他依法具有监护资格的人，居民委员会、村民委员会、学校、医疗机构、妇女联合会、残疾人联合会、未成年人保护组织、依法设立的老年人组织、民政部门等。

前款规定的个人和民政部门以外的组织未及时向人民法院申请撤销监护人资格的，民政部门应当向人民法院申请。

第三十七条 依法负担被监护人抚养费、赡养费、扶养费的父母、子女、配偶等，被人民法院撤销监护人资格后，应当继续履行负担的义务。

第三十八条 被监护人的父母或者子女被人民法院撤销监护人资格后，除对被监护人实施故意犯罪的外，确有悔改表现的，经其申请，人民法院可以在尊重被监护人真实意愿的前提下，视情况恢复其监护人资格，人民法院指定的监护人与被监护人的监护关系同时终止。

第三十九条 有下列情形之一的，监护关系终止：

（一）被监护人取得或者恢复完全民事行为能力；

（二）监护人丧失监护能力；

（三）被监护人或者监护人死亡；

（四）人民法院认定监护关系终止的其他情形。

监护关系终止后，被监护人仍然需要监护的，应当依法另行确定监护人。

第三节 宣告失踪和宣告死亡

第四十条 自然人下落不明满二年的，利害关系人可以向人民法院申请宣告该自然人为失踪人。

第四十一条 自然人下落不明的时间自其失去音讯之日起计算。战争期间下落不明的，下落不明的时间自战争结束之日或者有关机关确定的下落不明之日起计算。

第四十二条 失踪人的财产由其配偶、成年子女、父母或者其他愿意担任财产代管人的人代管。

代管有争议，没有前款规定的人，或者前款规定的人无代管能力的，由人民法院指定的人代管。

第四十三条 财产代管人应当妥善管理失踪人的财产，维护其财产权益。

失踪人所欠税款、债务和应付的其他费用，由财产代管人从失踪人的财产中支付。

财产代管人因故意或者重大过失造成失踪人财产损失的，应当承担赔偿责任。

第四十四条 财产代管人不履行代管职责、侵害失踪人财产权益或者丧失代管能力的，失踪人的利害关系人可以向人民法院申请变更财产代管人。

财产代管人有正当理由的，可以向人民法院申请变更财产代管人。

人民法院变更财产代管人的，变更后的财产代管人有权请求原财产代管人及时移交有关财产并报告财产代管情况。

第四十五条 失踪人重新出现，经本人或者利害关系人申请，人民法院应当撤销失踪宣告。

失踪人重新出现，有权请求财产代管人及时移交有关财产并报告财产代管情况。

第四十六条 自然人有下列情形之一的，利害关系人可以向人民法院申请宣告该自然人死亡：

（一）下落不明满四年；

（二）因意外事件，下落不明满二年。

因意外事件下落不明，经有关机关证明该自然人不可能生存的，申请宣告死亡不受二年时间的限制。

第四十七条 对同一自然人，有的利害关系人申请宣告死亡，有的利害关系人申请宣告失踪，符合本法规定的宣告死亡条件的，人民法院应当宣告死亡。

第四十八条 被宣告死亡的人，人民法院宣告死亡的判决作出之日视为其死亡的日期；因意外事件下落不明宣告死亡的，意外事件发生之日视为其死亡的日期。

第四十九条 自然人被宣告死亡但是并未死亡的，不影响该自然人在被宣告死亡期间实施的民事法律行为的效力。

第五十条 被宣告死亡的人重新出现，经本人或者利害关系人申请，人民法院应当撤销死亡宣告。

第五十一条 被宣告死亡的人的婚姻关系，自死亡宣告之日起消除。死亡宣告被撤销的，婚姻关系自撤销死亡宣告之日起自行恢复。但是，其配偶再婚或者向婚姻登记机关书面声明不愿意恢复的除外。

第五十二条 被宣告死亡的人在被宣告死亡期间，其子女被他人依法收养的，在死亡宣告被撤销后，不得以未经本人同意为由主张收养行为无效。

第五十三条 被撤销死亡宣告的人有权请求依照本法第六编取得其财产的民事主体返还财产；无法返还的，应当给予适当补偿。

利害关系人隐瞒真实情况，致使他人被宣告死亡而取得其财产的，除应当返还财产外，还应当对由此造成的损失承担赔偿责任。

第四节 个体工商户和农村承包经营户

第五十四条 自然人从事工商业经营，经依法登记，为个体工商户。个体工商户可以起字号。

第五十五条 农村集体经济组织的成员，依法取得农村土地承包经营权，从事家庭承包经营的，为农村承包经营户。

第五十六条 个体工商户的债务，个人经营的，以个人财产承担；家庭经营的，以家庭财产承担；无法区分的，以家庭财产承担。

农村承包经营户的债务，以从事农村土地承包经营的农户财产承担；事实上由农户部分成员经营的，以该部分成员的财产承担。

第三章 法　人

第一节 一般规定

第五十七条 法人是具有民事权利能力和民事行为能力，依法独立享有民事权利和承担民事义务的组织。

第五十八条 法人应当依法成立。

法人应当有自己的名称、组织机构、住所、财产或者经费。法人成立的具体条件和程序，依照法律、行政法规的规定。

设立法人，法律、行政法规规定须经有关机关批准的，依照其规定。

第五十九条 法人的民事权利能力和民事行为能力，从法人成立时产生，到法人终止时消灭。

第六十条 法人以其全部财产独立承担民事责任。

第六十一条 依照法律或者法人章程的规定，代表法人从事民事活动的负责人，为法人的法定代表人。

法定代表人以法人名义从事的民事活动，其法律后果由法人承受。

法人章程或者法人权力机构对法定代表人代表权的限制，不得对抗善意相对人。

第六十二条 法定代表人因执行职务造成他人损害的，由法人承担民事责任。

法人承担民事责任后，依照法律或者法人章程的规定，可以向有过错的法定代表人追偿。

第六十三条 法人以其主要办事机构所在地为住所。依法需要办理法人登记的，应当将主要办事机构所在地登记为住所。

第六十四条 法人存续期间登记事项发生变化的，应当依法向登记机关申请变更登记。

第六十五条 法人的实际情况与登记的事项不一致的，不得对抗善意相对人。

第六十六条 登记机关应当依法及时公示法人登记的有关信息。

第六十七条 法人合并的，其权利和义务由合并后的法人享有和承担。

法人分立的，其权利和义务由分立后的法人享有连带债权，承担连带债务，但是债权人和债务人另有约定的除外。

第六十八条 有下列原因之一并依法完成清算、注销登记的，法人终止：

（一）法人解散；

（二）法人被宣告破产；

（三）法律规定的其他原因。

法人终止，法律、行政法规规定须经有关机关批准的，依照其规定。

第六十九条 有下列情形之一的，法人解散：

（一）法人章程规定的存续期间届满或者法人章程规定的其他解散事由出现；

（二）法人的权力机构决议解散；

（三）因法人合并或者分立需要解散；

（四）法人依法被吊销营业执照、登记证书，被责令关闭或者被撤销；

（五）法律规定的其他情形。

第七十条 法人解散的，除合并或者分立的情形外，清算义务人应当及时组成清算组进行清算。

法人的董事、理事等执行机构或者决策机构的成员为清算义务人。法律、行政法规另有规定的，依照其规定。

清算义务人未及时履行清算义务，造成损害的，应当承担民事责任；主管机关或者利害关系人可以申请人民法院指定有关人员组成清算组进行清算。

第七十一条 法人的清算程序和清算组职权，依照有关法律的规定；没有规定的，参照适用公司法律的有关规定。

第七十二条 清算期间法人存续，但是不得从事与清算无关的活动。

法人清算后的剩余财产，按照法人章程的规定或者法人权力机构的决议处理。法律另有规定的，依照其规定。

清算结束并完成法人注销登记时，法人终止；依法不需要办理法人登记的，清算结束时，法人终止。

第七十三条 法人被宣告破产的，依法进行破产清算并完成法人注销登记时，法人终止。

第七十四条 法人可以依法设立分支机构。法律、行政法规规定分支机构应当登记的，依照其规定。

分支机构以自己的名义从事民事活动，产生的民事责任由法人承担；也可以先以该分支机构管理的财产承担，不足以承担的，由法人承担。

第七十五条 设立人为设立法人从事的民事活动，其法律后果由法人承受；法人未成立的，其法律后果由设立人承受，设立人为二人以上的，享有连带债权，承担连带债务。

设立人为设立法人以自己的名义从事民事活动产生的民事责任，第三人有权选择请求法人或者设立人承担。

第二节 营利法人

第七十六条 以取得利润并分配给股东等出资人为目的成立的法人，为营利法人。

营利法人包括有限责任公司、股份有限公司和其他企业法人等。

第七十七条 营利法人经依法登记成立。

第七十八条 依法设立的营利法人，由登记机关发给营利法人营业执照。营业执照签发日期为营利法人的成立日期。

第七十九条 设立营利法人应当依法制定法人章程。

第八十条 营利法人应当设权力机构。

权力机构行使修改法人章程，选举或者更换执行机构、监督机构成员，以及法人章程规定的其他职权。

第八十一条 营利法人应当设执行机构。

执行机构行使召集权力机构会议，决定法人的经营计划和投资方案，决定法人内部管理机构的设置，以及法人章程规定的其他职权。

执行机构为董事会或者执行董事的，董事长、执行董事或者经理按照法人章程的规定担任法定代表人；未设董事会或者执行董事的，法人章程规定的主要负责人为其执行机构和法定代表人。

第八十二条 营利法人设监事会或者监事等监督机构的，监督机构依法行使检查法人财务，监督执行机构成员、高级管理人员执行法人职务的行为，以及法人章程规定的其他职权。

第八十三条 营利法人的出资人不得滥用出资人权利损害法人或者其他出资人的利益；滥用出资人权利造成法人或者其他出资人损失的，应当依法承担民事责任。

营利法人的出资人不得滥用法人独立地位和出资人有限责任损害法人债权人的利益；滥用法人独立地位和出资人有限责任，逃避债务，严重损害法人债权人的利益的，应当对法人债务承担连带责任。

第八十四条 营利法人的控股出资人、实际控制人、董事、监事、高级管理人员不得利用其关联关系损害法人的利益；利用关联关系造成法人损失的，应当承担赔偿责任。

第八十五条 营利法人的权力机构、执行机构作出决议的会议召集程序、表决方式违反法律、行政法规、法人章程，或者决议内容违反法人章程的，营利法人的出资人可以请求人民法院撤销该决议。但是，营利法人依据该决议与善意相对人形成的民事法律关系不受影响。

第八十六条 营利法人从事经营活动，应当遵守商业道德，维护交易安全，接受政府和社会的监督，承担社会责任。

第三节 非营利法人

第八十七条 为公益目的或者其他非营利目的成立，不向出资人、设立人或者会员分配所取得利润的法人，为非营利法人。

非营利法人包括事业单位、社会团体、基金会、社会服务机构等。

第八十八条　具备法人条件，为适应经济社会发展需要，提供公益服务设立的事业单位，经依法登记成立，取得事业单位法人资格；依法不需要办理法人登记的，从成立之日起，具有事业单位法人资格。

第八十九条　事业单位法人设理事会的，除法律另有规定外，理事会为其决策机构。事业单位法人的法定代表人依照法律、行政法规或者法人章程的规定产生。

第九十条　具备法人条件，基于会员共同意愿，为公益目的或者会员共同利益等非营利目的设立的社会团体，经依法登记成立，取得社会团体法人资格；依法不需要办理法人登记的，从成立之日起，具有社会团体法人资格。

第九十一条　设立社会团体法人应当依法制定法人章程。

社会团体法人应当设会员大会或者会员代表大会等权力机构。

社会团体法人应当设理事会等执行机构。理事长或者会长等负责人按照法人章程的规定担任法定代表人。

第九十二条　具备法人条件，为公益目的以捐助财产设立的基金会、社会服务机构等，经依法登记成立，取得捐助法人资格。

依法设立的宗教活动场所，具备法人条件的，可以申请法人登记，取得捐助法人资格。法律、行政法规对宗教活动场所有规定的，依照其规定。

第九十三条　设立捐助法人应当依法制定法人章程。

捐助法人应当设理事会、民主管理组织等决策机构，并设执行机构。理事长等负责人按照法人章程的规定担任法定代表人。

捐助法人应当设监事会等监督机构。

第九十四条　捐助人有权向捐助法人查询捐助财产的使用、管理情况，并提出意见和建议，捐助法人应当及时、如实答复。

捐助法人的决策机构、执行机构或者法定代表人作出决定的程序违反法律、行政法规、法人章程，或者决定内容违反法人章程的，捐助人等利害关系人或者主管机关可以请求人民法院撤销该决定。但是，捐助法人依据该决定与善意相对人形成的民事法律关系不受影响。

第九十五条　为公益目的成立的非营利法人终止时，不得向出资人、设立人或者会员分配剩余财产。剩余财产应当按照法人章程的规定或者权力机构的决议用于公益目的；无法按照法人章程的规定或者权力机构的决议处理的，由主管机关主持转给宗旨相同或者相近的法人，并向社会公告。

第四节　特别法人

第九十六条　本节规定的机关法人、农村集体经济组织法人、城镇农村的合作经济组织法人、基层群众性自治组织法人，为特别法人。

第九十七条　有独立经费的机关和承担行政职能的法定机构从成立之日起，具有机关法人资格，可以从事为履行职能所需要的民事活动。

第九十八条　机关法人被撤销的，法人终止，其民事权利和义务由继任的机关法人享有和承担；没有继任的机关法人的，由作出撤销决定的机关法人享有和承担。

第九十九条　农村集体经济组织依法取得法人资格。

法律、行政法规对农村集体经济组织有规定的，依照其规定。

第一百条　城镇农村的合作经济组织依法取得法人资格。

法律、行政法规对城镇农村的合作经济组织有规定的，依照其规定。

第一百零一条　居民委员会、村民委员会具有基层群众性自治组织法人资格，可以从事为履行职能所需要的民事活动。

未设立村集体经济组织的，村民委员会可以依法代行村集体经济组织的职能。

第四章　非法人组织

第一百零二条　非法人组织是不具有法人资格，但是能够依法以自己的名义从事民事活动的组织。

非法人组织包括个人独资企业、合伙企业、不具有法人资格的专业服务机构等。

第一百零三条　非法人组织应当依照法律的规定登记。

设立非法人组织，法律、行政法规规定须经有关机关批准的，依照其规定。

第一百零四条　非法人组织的财产不足以清偿债务的，其出资人或者设立人承担无限责任。法律另有规定的，依照其规定。

第一百零五条　非法人组织可以确定一人或者数人代表该组织从事民

事活动。

第一百零六条 有下列情形之一的，非法人组织解散：

（一）章程规定的存续期间届满或者章程规定的其他解散事由出现；

（二）出资人或者设立人决定解散；

（三）法律规定的其他情形。

第一百零七条 非法人组织解散的，应当依法进行清算。

第一百零八条 非法人组织除适用本章规定外，参照适用本编第三章第一节的有关规定。

第五章 民事权利

第一百零九条 自然人的人身自由、人格尊严受法律保护。

第一百一十条 自然人享有生命权、身体权、健康权、姓名权、肖像权、名誉权、荣誉权、隐私权、婚姻自主权等权利。

法人、非法人组织享有名称权、名誉权和荣誉权。

第一百一十一条 自然人的个人信息受法律保护。任何组织或者个人需要获取他人个人信息的，应当依法取得并确保信息安全，不得非法收集、使用、加工、传输他人个人信息，不得非法买卖、提供或者公开他人个人信息。

第一百一十二条 自然人因婚姻家庭关系等产生的人身权利受法律保护。

第一百一十三条 民事主体的财产权利受法律平等保护。

第一百一十四条 民事主体依法享有物权。

物权是权利人依法对特定的物享有直接支配和排他的权利，包括所有权、用益物权和担保物权。

第一百一十五条 物包括不动产和动产。法律规定权利作为物权客体的，依照其规定。

第一百一十六条 物权的种类和内容，由法律规定。

第一百一十七条 为了公共利益的需要，依照法律规定的权限和程序征收、征用不动产或者动产的，应当给予公平、合理的补偿。

第一百一十八条 民事主体依法享有债权。

债权是因合同、侵权行为、无因管理、不当得利以及法律的其他规定，权利人请求特定义务人为或者不为一定行为的权利。

第一百一十九条　依法成立的合同，对当事人具有法律约束力。

第一百二十条　民事权益受到侵害的，被侵权人有权请求侵权人承担侵权责任。

第一百二十一条　没有法定的或者约定的义务，为避免他人利益受损失而进行管理的人，有权请求受益人偿还由此支出的必要费用。

第一百二十二条　因他人没有法律根据，取得不当利益，受损失的人有权请求其返还不当利益。

第一百二十三条　民事主体依法享有知识产权。

知识产权是权利人依法就下列客体享有的专有的权利：

（一）作品；

（二）发明、实用新型、外观设计；

（三）商标；

（四）地理标志；

（五）商业秘密；

（六）集成电路布图设计；

（七）植物新品种；

（八）法律规定的其他客体。

第一百二十四条　自然人依法享有继承权。

自然人合法的私有财产，可以依法继承。

第一百二十五条　民事主体依法享有股权和其他投资性权利。

第一百二十六条　民事主体享有法律规定的其他民事权利和利益。

第一百二十七条　法律对数据、网络虚拟财产的保护有规定的，依照其规定。

第一百二十八条　法律对未成年人、老年人、残疾人、妇女、消费者等的民事权利保护有特别规定的，依照其规定。

第一百二十九条　民事权利可以依据民事法律行为、事实行为、法律规定的事件或者法律规定的其他方式取得。

第一百三十条　民事主体按照自己的意愿依法行使民事权利，不受干涉。

第一百三十一条　民事主体行使权利时，应当履行法律规定的和当事人约定的义务。

第一百三十二条　民事主体不得滥用民事权利损害国家利益、社会公共利益或者他人合法权益。

第六章 民事法律行为

第一节 一般规定

第一百三十三条 民事法律行为是民事主体通过意思表示设立、变更、终止民事法律关系的行为。

第一百三十四条 民事法律行为可以基于双方或者多方的意思表示一致成立，也可以基于单方的意思表示成立。

法人、非法人组织依照法律或者章程规定的议事方式和表决程序作出决议的，该决议行为成立。

第一百三十五条 民事法律行为可以采用书面形式、口头形式或者其他形式；法律、行政法规规定或者当事人约定采用特定形式的，应当采用特定形式。

第一百三十六条 民事法律行为自成立时生效，但是法律另有规定或者当事人另有约定的除外。

行为人非依法律规定或者未经对方同意，不得擅自变更或者解除民事法律行为。

第二节 意思表示

第一百三十七条 以对话方式作出的意思表示，相对人知道其内容时生效。

以非对话方式作出的意思表示，到达相对人时生效。以非对话方式作出的采用数据电文形式的意思表示，相对人指定特定系统接收数据电文的，该数据电文进入该特定系统时生效；未指定特定系统的，相对人知道或者应当知道该数据电文进入其系统时生效。当事人对采用数据电文形式的意思表示的生效时间另有约定的，按照其约定。

第一百三十八条 无相对人的意思表示，表示完成时生效。法律另有规定的，依照其规定。

第一百三十九条 以公告方式作出的意思表示，公告发布时生效。

第一百四十条 行为人可以明示或者默示作出意思表示。

沉默只有在有法律规定、当事人约定或者符合当事人之间的交易习惯时,才可以视为意思表示。

第一百四十一条 行为人可以撤回意思表示。撤回意思表示的通知应当在意思表示到达相对人前或者与意思表示同时到达相对人。

第一百四十二条 有相对人的意思表示的解释,应当按照所使用的词句,结合相关条款、行为的性质和目的、习惯以及诚信原则,确定意思表示的含义。

无相对人的意思表示的解释,不能完全拘泥于所使用的词句,而应当结合相关条款、行为的性质和目的、习惯以及诚信原则,确定行为人的真实意思。

第三节 民事法律行为的效力

第一百四十三条 具备下列条件的民事法律行为有效:
(一)行为人具有相应的民事行为能力;
(二)意思表示真实;
(三)不违反法律、行政法规的强制性规定,不违背公序良俗。

第一百四十四条 无民事行为能力人实施的民事法律行为无效。

第一百四十五条 限制民事行为能力人实施的纯获利益的民事法律行为或者与其年龄、智力、精神健康状况相适应的民事法律行为有效;实施的其他民事法律行为经法定代理人同意或者追认后有效。

相对人可以催告法定代理人自收到通知之日起三十日内予以追认。法定代理人未作表示的,视为拒绝追认。民事法律行为被追认前,善意相对人有撤销的权利。撤销应当以通知的方式作出。

第一百四十六条 行为人与相对人以虚假的意思表示实施的民事法律行为无效。

以虚假的意思表示隐藏的民事法律行为的效力,依照有关法律规定处理。

第一百四十七条 基于重大误解实施的民事法律行为,行为人有权请求人民法院或者仲裁机构予以撤销。

第一百四十八条 一方以欺诈手段,使对方在违背真实意思的情况下实施的民事法律行为,受欺诈方有权请求人民法院或者仲裁机构予以撤销。

第一百四十九条 第三人实施欺诈行为,使一方在违背真实意思的情况下实施的民事法律行为，对方知道或者应当知道该欺诈行为的，受欺诈方有权请求人民法院或者仲裁机构予以撤销。

第一百五十条 一方或者第三人以胁迫手段，使对方在违背真实意思的情况下实施的民事法律行为，受胁迫方有权请求人民法院或者仲裁机构予以撤销。

第一百五十一条 一方利用对方处于危困状态、缺乏判断能力等情形，致使民事法律行为成立时显失公平的，受损害方有权请求人民法院或者仲裁机构予以撤销。

第一百五十二条 有下列情形之一的，撤销权消灭：

（一）当事人自知道或者应当知道撤销事由之日起一年内、重大误解的当事人自知道或者应当知道撤销事由之日起九十日内没有行使撤销权；

（二）当事人受胁迫，自胁迫行为终止之日起一年内没有行使撤销权；

（三）当事人知道撤销事由后明确表示或者以自己的行为表明放弃撤销权。

当事人自民事法律行为发生之日起五年内没有行使撤销权的，撤销权消灭。

第一百五十三条 违反法律、行政法规的强制性规定的民事法律行为无效。但是，该强制性规定不导致该民事法律行为无效的除外。

违背公序良俗的民事法律行为无效。

第一百五十四条 行为人与相对人恶意串通，损害他人合法权益的民事法律行为无效。

第一百五十五条 无效的或者被撤销的民事法律行为自始没有法律约束力。

第一百五十六条 民事法律行为部分无效，不影响其他部分效力的，其他部分仍然有效。

第一百五十七条 民事法律行为无效、被撤销或者确定不发生效力后，行为人因该行为取得的财产，应当予以返还；不能返还或者没有必要返还的，应当折价补偿。有过错的一方应当赔偿对方由此所受到的损失；各方都有过错的，应当各自承担相应的责任。法律另有规定的，依照其规定。

第四节 民事法律行为的附条件和附期限

第一百五十八条 民事法律行为可以附条件，但是根据其性质不得附条件的除外。附生效条件的民事法律行为,自条件成就时生效。附解除条件的民事法律行为,自条件成就时失效。

第一百五十九条 附条件的民事法律行为,当事人为自己的利益不正当地阻止条件成就的,视为条件已经成就;不正当地促成条件成就的,视为条件不成就。

第一百六十条 民事法律行为可以附期限,但是根据其性质不得附期限的除外。附生效期限的民事法律行为,自期限届至时生效。附终止期限的民事法律行为,自期限届满时失效。

第七章 代 理

第一节 一般规定

第一百六十一条 民事主体可以通过代理人实施民事法律行为。

依照法律规定、当事人约定或者民事法律行为的性质,应当由本人亲自实施的民事法律行为,不得代理。

第一百六十二条 代理人在代理权限内,以被代理人名义实施的民事法律行为,对被代理人发生效力。

第一百六十三条 代理包括委托代理和法定代理。

委托代理人按照被代理人的委托行使代理权。法定代理人依照法律的规定行使代理权。

第一百六十四条 代理人不履行或者不完全履行职责,造成被代理人损害的,应当承担民事责任。

代理人和相对人恶意串通,损害被代理人合法权益的,代理人和相对人应当承担连带责任。

第二节 委托代理

第一百六十五条 委托代理授权采用书面形式的,授权委托书应当载明代理人的姓名或者名称、代理事项、权限和期限,并由被代理人签名或者盖章。

第一百六十六条 数人为同一代理事项的代理人的,应当共同行使代理权,但是当事人另有约定的除外。

第一百六十七条 代理人知道或者应当知道代理事项违法仍然实施代

理行为，或者被代理人知道或者应当知道代理人的代理行为违法未作反对表示的，被代理人和代理人应当承担连带责任。

第一百六十八条 代理人不得以被代理人的名义与自己实施民事法律行为，但是被代理人同意或者追认的除外。

代理人不得以被代理人的名义与自己同时代理的其他人实施民事法律行为，但是被代理的双方同意或者追认的除外。

第一百六十九条 代理人需要转委托第三人代理的，应当取得被代理人的同意或者追认。

转委托代理经被代理人同意或者追认的，被代理人可以就代理事务直接指示转委托的第三人，代理人仅就第三人的选任以及对第三人的指示承担责任。

转委托代理未经被代理人同意或者追认的，代理人应当对转委托的第三人的行为承担责任；但是，在紧急情况下代理人为了维护被代理人的利益需要转委托第三人代理的除外。

第一百七十条 执行法人或者非法人组织工作任务的人员，就其职权范围内的事项，以法人或者非法人组织的名义实施的民事法律行为，对法人或者非法人组织发生效力。

法人或者非法人组织对执行其工作任务的人员职权范围的限制，不得对抗善意相对人。

第一百七十一条 行为人没有代理权、超越代理权或者代理权终止后，仍然实施代理行为，未经被代理人追认的，对被代理人不发生效力。

相对人可以催告被代理人自收到通知之日起三十日内予以追认。被代理人未作表示的，视为拒绝追认。行为人实施的行为被追认前，善意相对人有撤销的权利。撤销应当以通知的方式作出。

行为人实施的行为未被追认的，善意相对人有权请求行为人履行债务或者就其受到的损害请求行为人赔偿。但是，赔偿的范围不得超过被代理人追认时相对人所能获得的利益。

相对人知道或者应当知道行为人无权代理的，相对人和行为人按照各自的过错承担责任。

第一百七十二条 行为人没有代理权、超越代理权或者代理权终止后，仍然实施代理行为，相对人有理由相信行为人有代理权的，代理行为有效。

第三节　代理终止

第一百七十三条　有下列情形之一的，委托代理终止：

（一）代理期限届满或者代理事务完成；

（二）被代理人取消委托或者代理人辞去委托；

（三）代理人丧失民事行为能力；

（四）代理人或者被代理人死亡；

（五）作为代理人或者被代理人的法人、非法人组织终止。

第一百七十四条　被代理人死亡后，有下列情形之一的，委托代理人实施的代理行为有效：

（一）代理人不知道且不应当知道被代理人死亡；

（二）被代理人的继承人予以承认；

（三）授权中明确代理权在代理事务完成时终止；

（四）被代理人死亡前已经实施，为了被代理人的继承人的利益继续代理。

作为被代理人的法人、非法人组织终止的，参照适用前款规定。

第一百七十五条　有下列情形之一的，法定代理终止：

（一）被代理人取得或者恢复完全民事行为能力；

（二）代理人丧失民事行为能力；

（三）代理人或者被代理人死亡；

（四）法律规定的其他情形。

第八章　民事责任

第一百七十六条　民事主体依照法律规定或者按照当事人约定，履行民事义务，承担民事责任。

第一百七十七条　二人以上依法承担按份责任，能够确定责任大小的，各自承担相应的责任；难以确定责任大小的，平均承担责任。

第一百七十八条　二人以上依法承担连带责任的，权利人有权请求部分或者全部连带责任人承担责任。

连带责任人的责任份额根据各自责任大小确定；难以确定责任大小的，平均承担责任。实际承担责任超过自己责任份额的连带责任人，有权向其他连带责任人追偿。

连带责任，由法律规定或者当事人约定。

第一百七十九条 承担民事责任的方式主要有：

（一）停止侵害；

（二）排除妨碍；

（三）消除危险；

（四）返还财产；

（五）恢复原状；

（六）修理、重作、更换；

（七）继续履行；

（八）赔偿损失；

（九）支付违约金；

（十）消除影响、恢复名誉；

（十一）赔礼道歉。

法律规定惩罚性赔偿的，依照其规定。

本条规定的承担民事责任的方式，可以单独适用，也可以合并适用。

第一百八十条 因不可抗力不能履行民事义务的，不承担民事责任。法律另有规定的，依照其规定。

不可抗力是不能预见、不能避免且不能克服的客观情况。

第一百八十一条 因正当防卫造成损害的，不承担民事责任。

正当防卫超过必要的限度，造成不应有的损害的，正当防卫人应当承担适当的民事责任。

第一百八十二条 因紧急避险造成损害的，由引起险情发生的人承担民事责任。

危险由自然原因引起的，紧急避险人不承担民事责任，可以给予适当补偿。

紧急避险采取措施不当或者超过必要的限度，造成不应有的损害的，紧急避险人应当承担适当的民事责任。

第一百八十三条 因保护他人民事权益使自己受到损害的，由侵权人承担民事责任，受益人可以给予适当补偿。没有侵权人、侵权人逃逸或者无力承担民事责任，受害人请求补偿的，受益人应当给予适当补偿。

第一百八十四条 因自愿实施紧急救助行为造成受助人损害的，救助人不承担民事责任。

第一百八十五条 侵害英雄烈士等的姓名、肖像、名誉、荣誉，损害社会公共利益的，应当承担民事责任。

第一百八十六条 因当事人一方的违约行为，损害对方人身权益、财产权益的，受损害方有权选择请求其承担违约责任或者侵权责任。

第一百八十七条 民事主体因同一行为应当承担民事责任、行政责任和刑事责任的，承担行政责任或者刑事责任不影响承担民事责任；民事主体的财产不足以支付的，优先用于承担民事责任。

第九章 诉讼时效

第一百八十八条 向人民法院请求保护民事权利的诉讼时效期间为三年。法律另有规定的，依照其规定。

诉讼时效期间自权利人知道或者应当知道权利受到损害以及义务人之日起计算。法律另有规定的，依照其规定。但是，自权利受到损害之日起超过二十年的，人民法院不予保护，有特殊情况的，人民法院可以根据权利人的申请决定延长。

第一百八十九条 当事人约定同一债务分期履行的，诉讼时效期间自最后一期履行期限届满之日起计算。

第一百九十条 无民事行为能力人或者限制民事行为能力人对其法定代理人的请求权的诉讼时效期间，自该法定代理终止之日起计算。

第一百九十一条 未成年人遭受性侵害的损害赔偿请求权的诉讼时效期间，自受害人年满十八周岁之日起计算。

第一百九十二条 诉讼时效期间届满的，义务人可以提出不履行义务的抗辩。

诉讼时效期间届满后，义务人同意履行的，不得以诉讼时效期间届满为由抗辩；义务人已经自愿履行的，不得请求返还。

第一百九十三条 人民法院不得主动适用诉讼时效的规定。

第一百九十四条 在诉讼时效期间的最后六个月内，因下列障碍，不能行使请求权的，诉讼时效中止：

（一）不可抗力；

（二）无民事行为能力人或者限制民事行为能力人没有法定代理人，或者法定代理人死亡、丧失民事行为能力、丧失代理权；

（三）继承开始后未确定继承人或者遗产管理人；

（四）权利人被义务人或者其他人控制；

（五）其他导致权利人不能行使请求权的障碍。

自中止时效的原因消除之日起满六个月，诉讼时效期间届满。

第一百九十五条　有下列情形之一的，诉讼时效中断，从中断、有关程序终结时起，诉讼时效期间重新计算：

（一）权利人向义务人提出履行请求；

（二）义务人同意履行义务；

（三）权利人提起诉讼或者申请仲裁；

（四）与提起诉讼或者申请仲裁具有同等效力的其他情形。

第一百九十六条　下列请求权不适用诉讼时效的规定：

（一）请求停止侵害、排除妨碍、消除危险；

（二）不动产物权和登记的动产物权的权利人请求返还财产；

（三）请求支付抚养费、赡养费或者扶养费；

（四）依法不适用诉讼时效的其他请求权。

第一百九十七条　诉讼时效的期间、计算方法以及中止、中断的事由由法律规定，当事人约定无效。

当事人对诉讼时效利益的预先放弃无效。

第一百九十八条　法律对仲裁时效有规定的，依照其规定；没有规定的，适用诉讼时效的规定。

第一百九十九条　法律规定或者当事人约定的撤销权、解除权等权利的存续期间，除法律另有规定外，自权利人知道或者应当知道权利产生之日起计算，不适用有关诉讼时效中止、中断和延长的规定。存续期间届满，撤销权、解除权等权利消灭。

第十章　期间计算

第二百条　民法所称的期间按照公历年、月、日、小时计算。

第二百零一条　按照年、月、日计算期间的，开始的当日不计入，自下一日开始计算。

按照小时计算期间的，自法律规定或者当事人约定的时间开始计算。

第二百零二条　按照年、月计算期间的，到期月的对应日为期间的最后一日；没有对应日的，月末日为期间的最后一日。

第二百零三条　期间的最后一日是法定休假日的，以法定休假日结束的次日为期间的最后一日。

期间的最后一日的截止时间为二十四时；有业务时间的，停止业务活动的时间为截止时间。

第二百零四条 期间的计算方法依照本法的规定，但是法律另有规定或者当事人另有约定的除外。

第二编 物　　权

第一分编 通　　则

第一章 一般规定

第二百零五条 本编调整因物的归属和利用产生的民事关系。

第二百零六条 国家坚持和完善公有制为主体、多种所有制经济共同发展，按劳分配为主体、多种分配方式并存，社会主义市场经济体制等社会主义基本经济制度。

国家巩固和发展公有制经济，鼓励、支持和引导非公有制经济的发展。

国家实行社会主义市场经济，保障一切市场主体的平等法律地位和发展权利。

第二百零七条 国家、集体、私人的物权和其他权利人的物权受法律平等保护，任何组织或者个人不得侵犯。

第二百零八条 不动产物权的设立、变更、转让和消灭，应当依照法律规定登记。动产物权的设立和转让，应当依照法律规定交付。

第二章 物权的设立、变更、转让和消灭

第一节 不动产登记

第二百零九条 不动产物权的设立、变更、转让和消灭，经依法登记，发生效力；未经登记，不发生效力，但是法律另有规定的除外。

依法属于国家所有的自然资源，所有权可以不登记。

第二百一十条 不动产登记，由不动产所在地的登记机构办理。

国家对不动产实行统一登记制度。统一登记的范围、登记机构和登记办法，由法律、行政法规规定。

第二百一十一条 当事人申请登记，应当根据不同登记事项提供权属证明和不动产界址、面积等必要材料。

第二百一十二条 登记机构应当履行下列职责：

（一）查验申请人提供的权属证明和其他必要材料；

（二）就有关登记事项询问申请人；

（三）如实、及时登记有关事项；

（四）法律、行政法规规定的其他职责。

申请登记的不动产的有关情况需要进一步证明的，登记机构可以要求申请人补充材料，必要时可以实地查看。

第二百一十三条 登记机构不得有下列行为：

（一）要求对不动产进行评估；

（二）以年检等名义进行重复登记；

（三）超出登记职责范围的其他行为。

第二百一十四条 不动产物权的设立、变更、转让和消灭，依照法律规定应当登记的，自记载于不动产登记簿时发生效力。

第二百一十五条 当事人之间订立有关设立、变更、转让和消灭不动产物权的合同，除法律另有规定或者当事人另有约定外，自合同成立时生效；未办理物权登记的，不影响合同效力。

第二百一十六条 不动产登记簿是物权归属和内容的根据。

不动产登记簿由登记机构管理。

第二百一十七条 不动产权属证书是权利人享有该不动产物权的证明。不动产权属证书记载的事项，应当与不动产登记簿一致；记载不一致的，除有证据证明不动产登记簿确有错误外，以不动产登记簿为准。

第二百一十八条 权利人、利害关系人可以申请查询、复制不动产登记资料，登记机构应当提供。

第二百一十九条 利害关系人不得公开、非法使用权利人的不动产登记资料。

第二百二十条 权利人、利害关系人认为不动产登记簿记载的事项错误的，可以申请更正登记。不动产登记簿记载的权利人书面同意更正或者有证据证明登记确有错误的，登记机构应当予以更正。

不动产登记簿记载的权利人不同意更正的，利害关系人可以申请异议登记。登记机构予以异议登记，申请人自异议登记之日起十五日内不提起诉讼的，异议登记失效。异议登记不当，造成权利人损害的，权利人可以向申请人请求损害赔偿。

第二百二十一条　当事人签订买卖房屋的协议或者签订其他不动产物权的协议，为保障将来实现物权，按照约定可以向登记机构申请预告登记。预告登记后，未经预告登记的权利人同意，处分该不动产的，不发生物权效力。

预告登记后，债权消灭或者自能够进行不动产登记之日起九十日内未申请登记的，预告登记失效。

第二百二十二条　当事人提供虚假材料申请登记，造成他人损害的，应当承担赔偿责任。

因登记错误，造成他人损害的，登记机构应当承担赔偿责任。登记机构赔偿后，可以向造成登记错误的人追偿。

第二百二十三条　不动产登记费按件收取，不得按照不动产的面积、体积或者价款的比例收取。

第二节　动产交付

第二百二十四条　动产物权的设立和转让，自交付时发生效力，但是法律另有规定的除外。

第二百二十五条　船舶、航空器和机动车等的物权的设立、变更、转让和消灭，未经登记，不得对抗善意第三人。

第二百二十六条　动产物权设立和转让前，权利人已经占有该动产的，物权自民事法律行为生效时发生效力。

第二百二十七条　动产物权设立和转让前，第三人占有该动产的，负有交付义务的人可以通过转让请求第三人返还原物的权利代替交付。

第二百二十八条　动产物权转让时，当事人又约定由出让人继续占有该动产的，物权自该约定生效时发生效力。

第三节　其他规定

第二百二十九条　因人民法院、仲裁机构的法律文书或者人民政府的征收决定等，导致物权设立、变更、转让或者消灭的，自法律文书或者征收决定等生效时发生效力。

第二百三十条 因继承取得物权的，自继承开始时发生效力。

第二百三十一条 因合法建造、拆除房屋等事实行为设立或者消灭物权的，自事实行为成就时发生效力。

第二百三十二条 处分依照本节规定享有的不动产物权，依照法律规定需要办理登记的，未经登记，不发生物权效力。

第三章　物权的保护

第二百三十三条 物权受到侵害的，权利人可以通过和解、调解、仲裁、诉讼等途径解决。

第二百三十四条 因物权的归属、内容发生争议的，利害关系人可以请求确认权利。

第二百三十五条 无权占有不动产或者动产的，权利人可以请求返还原物。

第二百三十六条 妨害物权或者可能妨害物权的，权利人可以请求排除妨害或者消除危险。

第二百三十七条 造成不动产或者动产毁损的，权利人可以依法请求修理、重作、更换或者恢复原状。

第二百三十八条 侵害物权，造成权利人损害的，权利人可以依法请求损害赔偿，也可以依法请求承担其他民事责任。

第二百三十九条 本章规定的物权保护方式，可以单独适用，也可以根据权利被侵害的情形合并适用。

第二分编　所有权

第四章　一般规定

第二百四十条 所有权人对自己的不动产或者动产，依法享有占有、使用、收益和处分的权利。

第二百四十一条 所有权人有权在自己的不动产或者动产上设立用益物权和担保物权。用益物权人、担保物权人行使权利，不得损害所有权人的权益。

第二百四十二条 法律规定专属于国家所有的不动产和动产，任何组织或者个人不能取得所有权。

第二百四十三条 为了公共利益的需要，依照法律规定的权限和程序可以征收集体所有的土地和组织、个人的房屋以及其他不动产。

征收集体所有的土地，应当依法及时足额支付土地补偿费、安置补助费以及农村村民住宅、其他地上附着物和青苗等的补偿费用，并安排被征地农民的社会保障费用，保障被征地农民的生活，维护被征地农民的合法权益。

征收组织、个人的房屋以及其他不动产，应当依法给予征收补偿，维护被征收人的合法权益；征收个人住宅的，还应当保障被征收人的居住条件。

任何组织或者个人不得贪污、挪用、私分、截留、拖欠征收补偿费等费用。

第二百四十四条 国家对耕地实行特殊保护，严格限制农用地转为建设用地，控制建设用地总量。不得违反法律规定的权限和程序征收集体所有的土地。

第二百四十五条 因抢险救灾、疫情防控等紧急需要，依照法律规定的权限和程序可以征用组织、个人的不动产或者动产。被征用的不动产或者动产使用后，应当返还被征用人。组织、个人的不动产或者动产被征用或者征用后毁损、灭失的，应当给予补偿。

第五章 国家所有权和集体所有权、私人所有权

第二百四十六条 法律规定属于国家所有的财产，属于国家所有即全民所有。

国有财产由国务院代表国家行使所有权。法律另有规定的，依照其规定。

第二百四十七条 矿藏、水流、海域属于国家所有。

第二百四十八条 无居民海岛属于国家所有，国务院代表国家行使无居民海岛所有权。

第二百四十九条 城市的土地，属于国家所有。法律规定属于国家所有的农村和城市郊区的土地，属于国家所有。

第二百五十条 森林、山岭、草原、荒地、滩涂等自然资源，属于国家所有，但是法律规定属于集体所有的除外。

第二百五十一条 法律规定属于国家所有的野生动植物资源，属于国家所有。

第二百五十二条 无线电频谱资源属于国家所有。

第二百五十三条 法律规定属于国家所有的文物，属于国家所有。

第二百五十四条 国防资产属于国家所有。

铁路、公路、电力设施、电信设施和油气管道等基础设施，依照法律规定为国家所有的，属于国家所有。

第二百五十五条 国家机关对其直接支配的不动产和动产，享有占有、使用以及依照法律和国务院的有关规定处分的权利。

第二百五十六条 国家举办的事业单位对其直接支配的不动产和动产，享有占有、使用以及依照法律和国务院的有关规定收益、处分的权利。

第二百五十七条 国家出资的企业，由国务院、地方人民政府依照法律、行政法规规定分别代表国家履行出资人职责，享有出资人权益。

第二百五十八条 国家所有的财产受法律保护，禁止任何组织或者个人侵占、哄抢、私分、截留、破坏。

第二百五十九条 履行国有财产管理、监督职责的机构及其工作人员，应当依法加强对国有财产的管理、监督，促进国有财产保值增值，防止国有财产损失；滥用职权，玩忽职守，造成国有财产损失的，应当依法承担法律责任。

违反国有财产管理规定，在企业改制、合并分立、关联交易等过程中，低价转让、合谋私分、擅自担保或者以其他方式造成国有财产损失的，应当依法承担法律责任。

第二百六十条 集体所有的不动产和动产包括：

（一）法律规定属于集体所有的土地和森林、山岭、草原、荒地、滩涂；

（二）集体所有的建筑物、生产设施、农田水利设施；

（三）集体所有的教育、科学、文化、卫生、体育等设施；

（四）集体所有的其他不动产和动产。

第二百六十一条 农民集体所有的不动产和动产，属于本集体成员集体所有。

下列事项应当依照法定程序经本集体成员决定：

（一）土地承包方案以及将土地发包给本集体以外的组织或者个人承包；

（二）个别土地承包经营权人之间承包地的调整；

（三）土地补偿费等费用的使用、分配办法；

（四）集体出资的企业的所有权变动等事项；

（五）法律规定的其他事项。

第二百六十二条　对于集体所有的土地和森林、山岭、草原、荒地、滩涂等，依照下列规定行使所有权：

（一）属于村农民集体所有的，由村集体经济组织或者村民委员会依法代表集体行使所有权；

（二）分别属于村内两个以上农民集体所有的，由村内各该集体经济组织或者村民小组依法代表集体行使所有权；

（三）属于乡镇农民集体所有的，由乡镇集体经济组织代表集体行使所有权。

第二百六十三条　城镇集体所有的不动产和动产，依照法律、行政法规的规定由本集体享有占有、使用、收益和处分的权利。

第二百六十四条　农村集体经济组织或者村民委员会、村民小组应当依照法律、行政法规以及章程、村规民约向本集体成员公布集体财产的状况。集体成员有权查阅、复制相关资料。

第二百六十五条　集体所有的财产受法律保护，禁止任何组织或者个人侵占、哄抢、私分、破坏。

农村集体经济组织、村民委员会或者其负责人作出的决定侵害集体成员合法权益的，受侵害的集体成员可以请求人民法院予以撤销。

第二百六十六条　私人对其合法的收入、房屋、生活用品、生产工具、原材料等不动产和动产享有所有权。

第二百六十七条　私人的合法财产受法律保护，禁止任何组织或者个人侵占、哄抢、破坏。

第二百六十八条　国家、集体和私人依法可以出资设立有限责任公司、股份有限公司或者其他企业。国家、集体和私人所有的不动产或者动产投到企业的，由出资人按照约定或者出资比例享有资产收益、重大决策以及选择经营管理者等权利并履行义务。

第二百六十九条　营利法人对其不动产和动产依照法律、行政法规以及章程享有占有、使用、收益和处分的权利。

营利法人以外的法人，对其不动产和动产的权利，适用有关法律、行政法规以及章程的规定。

第二百七十条 社会团体法人、捐助法人依法所有的不动产和动产，受法律保护。

第六章 业主的建筑物区分所有权

第二百七十一条 业主对建筑物内的住宅、经营性用房等专有部分享有所有权，对专有部分以外的共有部分享有共有和共同管理的权利。

第二百七十二条 业主对其建筑物专有部分享有占有、使用、收益和处分的权利。业主行使权利不得危及建筑物的安全，不得损害其他业主的合法权益。

第二百七十三条 业主对建筑物专有部分以外的共有部分，享有权利，承担义务；不得以放弃权利为由不履行义务。

业主转让建筑物内的住宅、经营性用房，其对共有部分享有的共有和共同管理的权利一并转让。

第二百七十四条 建筑区划内的道路，属于业主共有，但是属于城镇公共道路的除外。建筑区划内的绿地，属于业主共有，但是属于城镇公共绿地或者明示属于个人的除外。建筑区划内的其他公共场所、公用设施和物业服务用房，属于业主共有。

第二百七十五条 建筑区划内，规划用于停放汽车的车位、车库的归属，由当事人通过出售、附赠或者出租等方式约定。

占用业主共有的道路或者其他场地用于停放汽车的车位，属于业主共有。

第二百七十六条 建筑区划内，规划用于停放汽车的车位、车库应当首先满足业主的需要。

第二百七十七条 业主可以设立业主大会，选举业主委员会。业主大会、业主委员会成立的具体条件和程序，依照法律、法规的规定。

地方人民政府有关部门、居民委员会应当对设立业主大会和选举业主委员会给予指导和协助。

第二百七十八条 下列事项由业主共同决定：

（一）制定和修改业主大会议事规则；

（二）制定和修改管理规约；

（三）选举业主委员会或者更换业主委员会成员；

（四）选聘和解聘物业服务企业或者其他管理人；

（五）使用建筑物及其附属设施的维修资金；

（六）筹集建筑物及其附属设施的维修资金；

（七）改建、重建建筑物及其附属设施；

（八）改变共有部分的用途或者利用共有部分从事经营活动；

（九）有关共有和共同管理权利的其他重大事项。

业主共同决定事项，应当由专有部分面积占比三分之二以上的业主且人数占比三分之二以上的业主参与表决。决定前款第六项至第八项规定的事项，应当经参与表决专有部分面积四分之三以上的业主且参与表决人数四分之三以上的业主同意。决定前款其他事项，应当经参与表决专有部分面积过半数的业主且参与表决人数过半数的业主同意。

第二百七十九条 业主不得违反法律、法规以及管理规约，将住宅改变为经营性用房。业主将住宅改变为经营性用房的，除遵守法律、法规以及管理规约外，应当经有利害关系的业主一致同意。

第二百八十条 业主大会或者业主委员会的决定，对业主具有法律约束力。

业主大会或者业主委员会作出的决定侵害业主合法权益的，受侵害的业主可以请求人民法院予以撤销。

第二百八十一条 建筑物及其附属设施的维修资金，属于业主共有。经业主共同决定，可以用于电梯、屋顶、外墙、无障碍设施等共有部分的维修、更新和改造。建筑物及其附属设施的维修资金的筹集、使用情况应当定期公布。

紧急情况下需要维修建筑物及其附属设施的，业主大会或者业主委员会可以依法申请使用建筑物及其附属设施的维修资金。

第二百八十二条 建设单位、物业服务企业或者其他管理人等利用业主的共有部分产生的收入，在扣除合理成本之后，属于业主共有。

第二百八十三条 建筑物及其附属设施的费用分摊、收益分配等事项，有约定的，按照约定；没有约定或者约定不明确的，按照业主专有部分面积所占比例确定。

第二百八十四条 业主可以自行管理建筑物及其附属设施，也可以委托物业服务企业或者其他管理人管理。

对建设单位聘请的物业服务企业或者其他管理人，业主有权依法更换。

第二百八十五条 物业服务企业或者其他管理人根据业主的委托，依照本法第三编有关物业服务合同的规定管理建筑区划内的建筑物及其附属设施，接受业主的监督，并及时答复业主对物业服务情况提出的询问。

物业服务企业或者其他管理人应当执行政府依法实施的应急处置措施和其他管理措施，积极配合开展相关工作。

第二百八十六条 业主应当遵守法律、法规以及管理规约，相关行为应当符合节约资源、保护生态环境的要求。对于物业服务企业或者其他管理人执行政府依法实施的应急处置措施和其他管理措施，业主应当依法予以配合。

业主大会或者业主委员会，对任意弃置垃圾、排放污染物或者噪声、违反规定饲养动物、违章搭建、侵占通道、拒付物业费等损害他人合法权益的行为，有权依照法律、法规以及管理规约，请求行为人停止侵害、排除妨碍、消除危险、恢复原状、赔偿损失。

业主或者其他行为人拒不履行相关义务的，有关当事人可以向有关行政主管部门报告或者投诉，有关行政主管部门应当依法处理。

第二百八十七条 业主对建设单位、物业服务企业或者其他管理人以及其他业主侵害自己合法权益的行为，有权请求其承担民事责任。

第七章　相邻关系

第二百八十八条 不动产的相邻权利人应当按照有利生产、方便生活、团结互助、公平合理的原则，正确处理相邻关系。

第二百八十九条 法律、法规对处理相邻关系有规定的，依照其规定；法律、法规没有规定的，可以按照当地习惯。

第二百九十条 不动产权利人应当为相邻权利人用水、排水提供必要的便利。

对自然流水的利用，应当在不动产的相邻权利人之间合理分配。对自然流水的排放，应当尊重自然流向。

第二百九十一条 不动产权利人对相邻权利人因通行等必须利用其土地的，应当提供必要的便利。

第二百九十二条 不动产权利人因建造、修缮建筑物以及铺设电线、电缆、水管、暖气和燃气管线等必须利用相邻土地、建筑物的，该土地、建筑物的权利人应当提供必要的便利。

第二百九十三条 建造建筑物，不得违反国家有关工程建设标准，不得妨碍相邻建筑物的通风、采光和日照。

第二百九十四条 不动产权利人不得违反国家规定弃置固体废物，排放大气污染物、水污染物、土壤污染物、噪声、光辐射、电磁辐射等有害物质。

第二百九十五条 不动产权利人挖掘土地、建造建筑物、铺设管线以及安装设备等，不得危及相邻不动产的安全。

第二百九十六条 不动产权利人因用水、排水、通行、铺设管线等利用相邻不动产的，应当尽量避免对相邻的不动产权利人造成损害。

第八章 共 有

第二百九十七条 不动产或者动产可以由两个以上组织、个人共有。共有包括按份共有和共同共有。

第二百九十八条 按份共有人对共有的不动产或者动产按照其份额享有所有权。

第二百九十九条 共同共有人对共有的不动产或者动产共同享有所有权。

第三百条 共有人按照约定管理共有的不动产或者动产；没有约定或者约定不明确的，各共有人都有管理的权利和义务。

第三百零一条 处分共有的不动产或者动产以及对共有的不动产或者动产作重大修缮、变更性质或者用途的，应当经占份额三分之二以上的按份共有人或者全体共同共有人同意，但是共有人之间另有约定的除外。

第三百零二条 共有人对共有物的管理费用以及其他负担，有约定的，按照其约定；没有约定或者约定不明确的，按份共有人按照其份额负担，共同共有人共同负担。

第三百零三条 共有人约定不得分割共有的不动产或者动产，以维持共有关系的，应当按照约定，但是共有人有重大理由需要分割的，可以请求分割；没有约定或者约定不明确的，按份共有人可以随时请求分割，共同共有人在共有的基础丧失或者有重大理由需要分割时可以请求分割。因分割造成其他共有人损害的,应当给予赔偿。

第三百零四条 共有人可以协商确定分割方式。达不成协议,共有的不动产或者动产可以分割且不会因分割减损价值的,应当对实物予以分割;难以分割或者因分割会减损价值的,应当对折价或者拍卖、变卖取得的价款予以分割。

共有人分割所得的不动产或者动产有瑕疵的,其他共有人应当分担损失。

第三百零五条 按份共有人可以转让其享有的共有的不动产或者动产份额。其他共有人在同等条件下享有优先购买的权利。

第三百零六条 按份共有人转让其享有的共有的不动产或者动产份额的,应当将转让条件及时通知其他共有人。其他共有人应当在合理期限内行使优先购买权。

两个以上其他共有人主张行使优先购买权的,协商确定各自的购买比例;协商不成的,按照转让时各自的共有份额比例行使优先购买权。

第三百零七条 因共有的不动产或者动产产生的债权债务,在对外关系上,共有人享有连带债权、承担连带债务,但是法律另有规定或者第三人知道共有人不具有连带债权债务关系的除外;在共有人内部关系上,除共有人另有约定外,按份共有人按照份额享有债权、承担债务,共同共有人共同享有债权、承担债务。偿还债务超过自己应当承担份额的按份共有人,有权向其他共有人追偿。

第三百零八条 共有人对共有的不动产或者动产没有约定为按份共有或者共同共有,或者约定不明确的,除共有人具有家庭关系等外,视为按份共有。

第三百零九条 按份共有人对共有的不动产或者动产享有的份额,没有约定或者约定不明确的,按照出资额确定;不能确定出资额的,视为等额享有。

第三百一十条 两个以上组织、个人共同享有用益物权、担保物权的,参照适用本章的有关规定。

第九章 所有权取得的特别规定

第三百一十一条 无处分权人将不动产或者动产转让给受让人的,所有权人有权追回;除法律另有规定外,符合下列情形的,受让人取得该不动产或者动产的所有权：

（一）受让人受让该不动产或者动产时是善意；

（二）以合理的价格转让；

（三）转让的不动产或者动产依照法律规定应当登记的已经登记，不需要登记的已经交付给受让人。

受让人依据前款规定取得不动产或者动产的所有权的，原所有权人有权向无处分权人请求损害赔偿。

当事人善意取得其他物权的，参照适用前两款规定。

第三百一十二条 所有权人或者其他权利人有权追回遗失物。该遗失物通过转让被他人占有的，权利人有权向无处分权人请求损害赔偿，或者自知道或者应当知道受让人之日起二年内向受让人请求返还原物；但是，受让人通过拍卖或者向具有经营资格的经营者购得该遗失物的，权利人请求返还原物时应当支付受让人所付的费用。权利人向受让人支付所付费用后，有权向无处分权人追偿。

第三百一十三条 善意受让人取得动产后，该动产上的原有权利消灭。但是，善意受让人在受让时知道或者应当知道该权利的除外。

第三百一十四条 拾得遗失物，应当返还权利人。拾得人应当及时通知权利人领取，或者送交公安等有关部门。

第三百一十五条 有关部门收到遗失物，知道权利人的，应当及时通知其领取；不知道的，应当及时发布招领公告。

第三百一十六条 拾得人在遗失物送交有关部门前，有关部门在遗失物被领取前，应当妥善保管遗失物。因故意或者重大过失致使遗失物毁损、灭失的，应当承担民事责任。

第三百一十七条 权利人领取遗失物时，应当向拾得人或者有关部门支付保管遗失物等支出的必要费用。

权利人悬赏寻找遗失物的，领取遗失物时应当按照承诺履行义务。

拾得人侵占遗失物的，无权请求保管遗失物等支出的费用，也无权请求权利人按照承诺履行义务。

第三百一十八条 遗失物自发布招领公告之日起一年内无人认领的，归国家所有。

第三百一十九条 拾得漂流物、发现埋藏物或者隐藏物的，参照适用拾得遗失物的有关规定。法律另有规定的，依照其规定。

第三百二十条 主物转让的，从物随主物转让，但是当事人另有约定的除外。

第三百二十一条 天然孳息，由所有权人取得；既有所有权人又有用益物权人的，由用益物权人取得。当事人另有约定的，按照其约定。

法定孳息，当事人有约定的，按照约定取得；没有约定或者约定不明确的，按照交易习惯取得。

第三百二十二条 因加工、附合、混合而产生的物的归属，有约定的，按照约定；没有约定或者约定不明确的，依照法律规定；法律没有规定的，按照充分发挥物的效用以及保护无过错当事人的原则确定。因一方当事人的过错或者确定物的归属造成另一方当事人损害的，应当给予赔偿或者补偿。

第三分编 用益物权

第十章 一般规定

第三百二十三条 用益物权人对他人所有的不动产或者动产，依法享有占有、使用和收益的权利。

第三百二十四条 国家所有或者国家所有由集体使用以及法律规定属于集体所有的自然资源，组织、个人依法可以占有、使用和收益。

第三百二十五条 国家实行自然资源有偿使用制度，但是法律另有规定的除外。

第三百二十六条 用益物权人行使权利，应当遵守法律有关保护和合理开发利用资源、保护生态环境的规定。所有权人不得干涉用益物权人行使权利。

第三百二十七条 因不动产或者动产被征收、征用致使用益物权消灭或者影响用益物权行使的，用益物权人有权依据本法第二百四十三条、第二百四十五条的规定获得相应补偿。

第三百二十八条 依法取得的海域使用权受法律保护。

第三百二十九条 依法取得的探矿权、采矿权、取水权和使用水域、滩涂从事养殖、捕捞的权利受法律保护。

第十一章 土地承包经营权

第三百三十条 农村集体经济组织实行家庭承包经营为基础、统分结合的双层经营体制。

农民集体所有和国家所有由农民集体使用的耕地、林地、草地以及其他用于农业的土地，依法实行土地承包经营制度。

第三百三十一条　土地承包经营权人依法对其承包经营的耕地、林地、草地等享有占有、使用和收益的权利，有权从事种植业、林业、畜牧业等农业生产。

第三百三十二条　耕地的承包期为三十年。草地的承包期为三十年至五十年。林地的承包期为三十年至七十年。

前款规定的承包期限届满，由土地承包经营权人依照农村土地承包的法律规定继续承包。

第三百三十三条　土地承包经营权自土地承包经营权合同生效时设立。

登记机构应当向土地承包经营权人发放土地承包经营权证、林权证等证书，并登记造册，确认土地承包经营权。

第三百三十四条　土地承包经营权人依照法律规定，有权将土地承包经营权互换、转让。未经依法批准，不得将承包地用于非农建设。

第三百三十五条　土地承包经营权互换、转让的，当事人可以向登记机构申请登记；未经登记，不得对抗善意第三人。

第三百三十六条　承包期内发包人不得调整承包地。

因自然灾害严重毁损承包地等特殊情形，需要适当调整承包的耕地和草地的，应当依照农村土地承包的法律规定办理。

第三百三十七条　承包期内发包人不得收回承包地。法律另有规定的，依照其规定。

第三百三十八条　承包地被征收的，土地承包经营权人有权依据本法第二百四十三条的规定获得相应补偿。

第三百三十九条　土地承包经营权人可以自主决定依法采取出租、入股或者其他方式向他人流转土地经营权。

第三百四十条　土地经营权人有权在合同约定的期限内占有农村土地，自主开展农业生产经营并取得收益。

第三百四十一条　流转期限为五年以上的土地经营权，自流转合同生效时设立。当事人可以向登记机构申请土地经营权登记；未经登记，不得对抗善意第三人。

第三百四十二条 通过招标、拍卖、公开协商等方式承包农村土地，经依法登记取得权属证书的，可以依法采取出租、入股、抵押或者其他方式流转土地经营权。

第三百四十三条 国家所有的农用地实行承包经营的，参照适用本编的有关规定。

第十二章 建设用地使用权

第三百四十四条 建设用地使用权人依法对国家所有的土地享有占有、使用和收益的权利，有权利用该土地建造建筑物、构筑物及其附属设施。

第三百四十五条 建设用地使用权可以在土地的地表、地上或者地下分别设立。

第三百四十六条 设立建设用地使用权，应当符合节约资源、保护生态环境的要求，遵守法律、行政法规关于土地用途的规定，不得损害已经设立的用益物权。

第三百四十七条 设立建设用地使用权，可以采取出让或者划拨等方式。

工业、商业、旅游、娱乐和商品住宅等经营性用地以及同一土地有两个以上意向用地者的，应当采取招标、拍卖等公开竞价的方式出让。

严格限制以划拨方式设立建设用地使用权。

第三百四十八条 通过招标、拍卖、协议等出让方式设立建设用地使用权的，当事人应当采用书面形式订立建设用地使用权出让合同。

建设用地使用权出让合同一般包括下列条款：

（一）当事人的名称和住所；
（二）土地界址、面积等；
（三）建筑物、构筑物及其附属设施占用的空间；
（四）土地用途、规划条件；
（五）建设用地使用权期限；
（六）出让金等费用及其支付方式；
（七）解决争议的方法。

第三百四十九条 设立建设用地使用权的，应当向登记机构申请建设用地使用权登记。建设用地使用权自登记时设立。登记机构应当向建设用地使用权人发放权属证书。

第三百五十条 建设用地使用权人应当合理利用土地，不得改变土地用途；需要改变土地用途的，应当依法经有关行政主管部门批准。

第三百五十一条 建设用地使用权人应当依照法律规定以及合同约定支付出让金等费用。

第三百五十二条 建设用地使用权人建造的建筑物、构筑物及其附属设施的所有权属于建设用地使用权人，但是有相反证据证明的除外。

第三百五十三条 建设用地使用权人有权将建设用地使用权转让、互换、出资、赠与或者抵押，但是法律另有规定的除外。

第三百五十四条 建设用地使用权转让、互换、出资、赠与或者抵押的，当事人应当采用书面形式订立相应的合同。使用期限由当事人约定，但是不得超过建设用地使用权的剩余期限。

第三百五十五条 建设用地使用权转让、互换、出资或者赠与的，应当向登记机构申请变更登记。

第三百五十六条 建设用地使用权转让、互换、出资或者赠与的，附着于该土地上的建筑物、构筑物及其附属设施一并处分。

第三百五十七条 建筑物、构筑物及其附属设施转让、互换、出资或者赠与的，该建筑物、构筑物及其附属设施占用范围内的建设用地使用权一并处分。

第三百五十八条 建设用地使用权期限届满前，因公共利益需要提前收回该土地的，应当依据本法第二百四十三条的规定对该土地上的房屋以及其他不动产给予补偿，并退还相应的出让金。

第三百五十九条 住宅建设用地使用权期限届满的，自动续期。续期费用的缴纳或者减免，依照法律、行政法规的规定办理。

非住宅建设用地使用权期限届满后的续期，依照法律规定办理。该土地上的房屋以及其他不动产的归属，有约定的，按照约定；没有约定或者约定不明确的，依照法律、行政法规的规定办理。

第三百六十条 建设用地使用权消灭的，出让人应当及时办理注销登记。登记机构应当收回权属证书。

第三百六十一条 集体所有的土地作为建设用地的，应当依照土地管理的法律规定办理。

第十三章　宅基地使用权

第三百六十二条　宅基地使用权人依法对集体所有的土地享有占有和使用的权利,有权依法利用该土地建造住宅及其附属设施。

第三百六十三条　宅基地使用权的取得、行使和转让,适用土地管理的法律和国家有关规定。

第三百六十四条　宅基地因自然灾害等原因灭失的,宅基地使用权消灭。对失去宅基地的村民,应当依法重新分配宅基地。

第三百六十五条　已经登记的宅基地使用权转让或者消灭的,应当及时办理变更登记或者注销登记。

第十四章　居住权

第三百六十六条　居住权人有权按照合同约定,对他人的住宅享有占有、使用的用益物权,以满足生活居住的需要。

第三百六十七条　设立居住权,当事人应当采用书面形式订立居住权合同。

居住权合同一般包括下列条款:

(一)当事人的姓名或者名称和住所;

(二)住宅的位置;

(三)居住的条件和要求;

(四)居住权期限;

(五)解决争议的方法。

第三百六十八条　居住权无偿设立,但是当事人另有约定的除外。设立居住权的,应当向登记机构申请居住权登记。居住权自登记时设立。

第三百六十九条　居住权不得转让、继承。设立居住权的住宅不得出租,但是当事人另有约定的除外。

第三百七十条　居住权期限届满或者居住权人死亡的,居住权消灭。居住权消灭的,应当及时办理注销登记。

第三百七十一条　以遗嘱方式设立居住权的,参照适用本章的有关规定。

第十五章　地役权

第三百七十二条　地役权人有权按照合同约定,利用他人的不动产,以提高自己的不动产的效益。

前款所称他人的不动产为供役地，自己的不动产为需役地。

第三百七十三条 设立地役权，当事人应当采用书面形式订立地役权合同。

地役权合同一般包括下列条款：

（一）当事人的姓名或者名称和住所；

（二）供役地和需役地的位置；

（三）利用目的和方法；

（四）地役权期限；

（五）费用及其支付方式；

（六）解决争议的方法。

第三百七十四条 地役权自地役权合同生效时设立。当事人要求登记的，可以向登记机构申请地役权登记；未经登记，不得对抗善意第三人。

第三百七十五条 供役地权利人应当按照合同约定，允许地役权人利用其不动产，不得妨害地役权人行使权利。

第三百七十六条 地役权人应当按照合同约定的利用目的和方法利用供役地，尽量减少对供役地权利人物权的限制。

第三百七十七条 地役权期限由当事人约定；但是，不得超过土地承包经营权、建设用地使用权等用益物权的剩余期限。

第三百七十八条 土地所有权人享有地役权或者负担地役权的，设立土地承包经营权、宅基地使用权等用益物权时，该用益物权人继续享有或者负担已经设立的地役权。

第三百七十九条 土地上已经设立土地承包经营权、建设用地使用权、宅基地使用权等用益物权的，未经用益物权人同意，土地所有权人不得设立地役权。

第三百八十条 地役权不得单独转让。土地承包经营权、建设用地使用权等转让的，地役权一并转让，但是合同另有约定的除外。

第三百八十一条 地役权不得单独抵押。土地经营权、建设用地使用权等抵押的，在实现抵押权时，地役权一并转让。

第三百八十二条 需役地以及需役地上的土地承包经营权、建设用地使用权等部分转让时，转让部分涉及地役权的，受让人同时享有地役权。

第三百八十三条 供役地以及供役地上的土地承包经营权、建设用地使用权等部分转让时，转让部分涉及地役权的，地役权对受让人具有法律约束力。

第三百八十四条 地役权人有下列情形之一的，供役地权利人有权解除地役权合同，地役权消灭：

（一）违反法律规定或者合同约定，滥用地役权；

（二）有偿利用供役地，约定的付款期限届满后在合理期限内经两次催告未支付费用。

第三百八十五条 已经登记的地役权变更、转让或者消灭的，应当及时办理变更登记或者注销登记。

第四分编 担保物权

第十六章 一般规定

第三百八十六条 担保物权人在债务人不履行到期债务或者发生当事人约定的实现担保物权的情形，依法享有就担保财产优先受偿的权利，但是法律另有规定的除外。

第三百八十七条 债权人在借贷、买卖等民事活动中，为保障实现其债权，需要担保的，可以依照本法和其他法律的规定设立担保物权。

第三人为债务人向债权人提供担保的，可以要求债务人提供反担保。反担保适用本法和其他法律的规定。

第三百八十八条 设立担保物权，应当依照本法和其他法律的规定订立担保合同。担保合同包括抵押合同、质押合同和其他具有担保功能的合同。担保合同是主债权债务合同的从合同。主债权债务合同无效的，担保合同无效，但是法律另有规定的除外。

担保合同被确认无效后，债务人、担保人、债权人有过错的，应当根据其过错各自承担相应的民事责任。

第三百八十九条 担保物权的担保范围包括主债权及其利息、违约金、损害赔偿金、保管担保财产和实现担保物权的费用。当事人另有约定的，按照其约定。

第三百九十条 担保期间，担保财产毁损、灭失或者被征收等，担保物权人可以就获得的保险金、赔偿金或者补偿金等优先受偿。被担保债权的履行期限未届满的，也可以提存该保险金、赔偿金或者补偿金等。

第三百九十一条 第三人提供担保,未经其书面同意,债权人允许债务人转移全部或者部分债务的,担保人不再承担相应的担保责任。

第三百九十二条 被担保的债权既有物的担保又有人的担保的,债务人不履行到期债务或者发生当事人约定的实现担保物权的情形,债权人应当按照约定实现债权;没有约定或者约定不明确,债务人自己提供物的担保的,债权人应当先就该物的担保实现债权;第三人提供物的担保的,债权人可以就物的担保实现债权,也可以请求保证人承担保证责任。提供担保的第三人承担担保责任后,有权向债务人追偿。

第三百九十三条 有下列情形之一的,担保物权消灭:

(一)主债权消灭;

(二)担保物权实现;

(三)债权人放弃担保物权;

(四)法律规定担保物权消灭的其他情形。

第十七章 抵押权

第一节 一般抵押权

第三百九十四条 为担保债务的履行,债务人或者第三人不转移财产的占有,将该财产抵押给债权人的,债务人不履行到期债务或者发生当事人约定的实现抵押权的情形,债权人有权就该财产优先受偿。

前款规定的债务人或者第三人为抵押人,债权人为抵押权人,提供担保的财产为抵押财产。

第三百九十五条 债务人或者第三人有权处分的下列财产可以抵押:

(一)建筑物和其他土地附着物;

(二)建设用地使用权;

(三)海域使用权;

(四)生产设备、原材料、半成品、产品;

(五)正在建造的建筑物、船舶、航空器;

(六)交通运输工具;

(七)法律、行政法规未禁止抵押的其他财产。

抵押人可以将前款所列财产一并抵押。

第三百九十六条 企业、个体工商户、农业生产经营者可以将现有的以及将有的生产设备、原材料、半成品、产品抵押，债务人不履行到期债务或者发生当事人约定的实现抵押权的情形，债权人有权就抵押财产确定时的动产优先受偿。

第三百九十七条 以建筑物抵押的，该建筑物占用范围内的建设用地使用权一并抵押。以建设用地使用权抵押的，该土地上的建筑物一并抵押。

抵押人未依据前款规定一并抵押的，未抵押的财产视为一并抵押。

第三百九十八条 乡镇、村企业的建设用地使用权不得单独抵押。以乡镇、村企业的厂房等建筑物抵押的，其占用范围内的建设用地使用权一并抵押。

第三百九十九条 下列财产不得抵押：

（一）土地所有权；

（二）宅基地、自留地、自留山等集体所有土地的使用权，但是法律规定可以抵押的除外；

（三）学校、幼儿园、医疗机构等为公益目的成立的非营利法人的教育设施、医疗卫生设施和其他公益设施；

（四）所有权、使用权不明或者有争议的财产；

（五）依法被查封、扣押、监管的财产；

（六）法律、行政法规规定不得抵押的其他财产。

第四百条 设立抵押权，当事人应当采用书面形式订立抵押合同。

抵押合同一般包括下列条款：

（一）被担保债权的种类和数额；

（二）债务人履行债务的期限；

（三）抵押财产的名称、数量等情况；

（四）担保的范围。

第四百零一条 抵押权人在债务履行期限届满前，与抵押人约定债务人不履行到期债务时抵押财产归债权人所有的，只能依法就抵押财产优先受偿。

第四百零二条 以本法第三百九十五条第一款第一项至第三项规定的财产或者第五项规定的正在建造的建筑物抵押的，应当办理抵押登记。抵押权自登记时设立。

第四百零三条 以动产抵押的，抵押权自抵押合同生效时设立；未经登记，不得对抗善意第三人。

第四百零四条 以动产抵押的，不得对抗正常经营活动中已经支付合理价款并取得抵押财产的买受人。

第四百零五条 抵押权设立前，抵押财产已经出租并转移占有的，原租赁关系不受该抵押权的影响。

第四百零六条 抵押期间，抵押人可以转让抵押财产。当事人另有约定的，按照其约定。抵押财产转让的，抵押权不受影响。

抵押人转让抵押财产的，应当及时通知抵押权人。抵押权人能够证明抵押财产转让可能损害抵押权的，可以请求抵押人将转让所得的价款向抵押权人提前清偿债务或者提存。转让的价款超过债权数额的部分归抵押人所有，不足部分由债务人清偿。

第四百零七条 抵押权不得与债权分离而单独转让或者作为其他债权的担保。债权转让的，担保该债权的抵押权一并转让，但是法律另有规定或者当事人另有约定的除外。

第四百零八条 抵押人的行为足以使抵押财产价值减少的，抵押权人有权请求抵押人停止其行为；抵押财产价值减少的，抵押权人有权请求恢复抵押财产的价值，或者提供与减少的价值相应的担保。抵押人不恢复抵押财产的价值，也不提供担保的，抵押权人有权请求债务人提前清偿债务。

第四百零九条 抵押权人可以放弃抵押权或者抵押权的顺位。抵押权人与抵押人可以协议变更抵押权顺位以及被担保的债权数额等内容。但是，抵押权的变更未经其他抵押权人书面同意的，不得对其他抵押权人产生不利影响。

债务人以自己的财产设定抵押，抵押权人放弃该抵押权、抵押权顺位或者变更抵押权的，其他担保人在抵押权人丧失优先受偿权益的范围内免除担保责任，但是其他担保人承诺仍然提供担保的除外。

第四百一十条 债务人不履行到期债务或者发生当事人约定的实现抵押权的情形，抵押权人可以与抵押人协议以抵押财产折价或者以拍卖、变卖该抵押财产所得的价款优先受偿。协议损害其他债权人利益的，其他债权人可以请求人民法院撤销该协议。

抵押权人与抵押人未就抵押权实现方式达成协议的，抵押权人可以请求人民法院拍卖、变卖抵押财产。

抵押财产折价或者变卖的，应当参照市场价格。

第四百一十一条 依据本法第三百九十六条规定设定抵押的，抵押财产自下列情形之一发生时确定：

（一）债务履行期限届满，债权未实现；

（二）抵押人被宣告破产或者解散；

（三）当事人约定的实现抵押权的情形；

（四）严重影响债权实现的其他情形。

第四百一十二条 债务人不履行到期债务或者发生当事人约定的实现抵押权的情形，致使抵押财产被人民法院依法扣押的，自扣押之日起，抵押权人有权收取该抵押财产的天然孳息或者法定孳息，但是抵押权人未通知应当清偿法定孳息义务人的除外。

前款规定的孳息应当先充抵收取孳息的费用。

第四百一十三条 抵押财产折价或者拍卖、变卖后，其价款超过债权数额的部分归抵押人所有，不足部分由债务人清偿。

第四百一十四条 同一财产向两个以上债权人抵押的，拍卖、变卖抵押财产所得的价款依照下列规定清偿：

（一）抵押权已经登记的，按照登记的时间先后确定清偿顺序；

（二）抵押权已经登记的先于未登记的受偿；

（三）抵押权未登记的，按照债权比例清偿。

其他可以登记的担保物权，清偿顺序参照适用前款规定。

第四百一十五条 同一财产既设立抵押权又设立质权的，拍卖、变卖该财产所得的价款按照登记、交付的时间先后确定清偿顺序。

第四百一十六条 动产抵押担保的主债权是抵押物的价款，标的物交付后十日内办理抵押登记的，该抵押权人优先于抵押物买受人的其他担保物权人受偿，但是留置权人除外。

第四百一十七条 建设用地使用权抵押后，该土地上新增的建筑物不属于抵押财产。该建设用地使用权实现抵押权时，应当将该土地上新增的建筑物与建设用地使用权一并处分。但是，新增建筑物所得的价款，抵押权人无权优先受偿。

第四百一十八条 以集体所有土地的使用权依法抵押的，实现抵押权后，未经法定程序，不得改变土地所有权的性质和土地用途。

第四百一十九条 抵押权人应当在主债权诉讼时效期间行使抵押权；

未行使的，人民法院不予保护。

第二节 最高额抵押权

第四百二十条 为担保债务的履行，债务人或者第三人对一定期间内将要连续发生的债权提供担保财产的，债务人不履行到期债务或者发生当事人约定的实现抵押权的情形，抵押权人有权在最高债权额限度内就该担保财产优先受偿。

最高额抵押权设立前已经存在的债权，经当事人同意，可以转入最高额抵押担保的债权范围。

第四百二十一条 最高额抵押担保的债权确定前，部分债权转让的，最高额抵押权不得转让，但是当事人另有约定的除外。

第四百二十二条 最高额抵押担保的债权确定前，抵押权人与抵押人可以通过协议变更债权确定的期间、债权范围以及最高债权额。但是，变更的内容不得对其他抵押权人产生不利影响。

第四百二十三条 有下列情形之一的，抵押权人的债权确定：

（一）约定的债权确定期间届满；

（二）没有约定债权确定期间或者约定不明确，抵押权人或者抵押人自最高额抵押权设立之日起满二年后请求确定债权；

（三）新的债权不可能发生；

（四）抵押权人知道或者应当知道抵押财产被查封、扣押；

（五）债务人、抵押人被宣告破产或者解散；

（六）法律规定债权确定的其他情形。

第四百二十四条 最高额抵押权除适用本节规定外，适用本章第一节的有关规定。

第十八章 质 权

第一节 动产质权

第四百二十五条 为担保债务的履行，债务人或者第三人将其动产出质给债权人占有的，债务人不履行到期债务或者发生当事人约定的实现质权的情形，债权人有权就该动产优先受偿。

前款规定的债务人或者第三人为出质人，债权人为质权人，交付的动产为质押财产。

第四百二十六条 法律、行政法规禁止转让的动产不得出质。

第四百二十七条 设立质权,当事人应当采用书面形式订立质押合同。

质押合同一般包括下列条款:

(一)被担保债权的种类和数额;

(二)债务人履行债务的期限;

(三)质押财产的名称、数量等情况;

(四)担保的范围;

(五)质押财产交付的时间、方式。

第四百二十八条 质权人在债务履行期限届满前,与出质人约定债务人不履行到期债务时质押财产归债权人所有的,只能依法就质押财产优先受偿。

第四百二十九条 质权自出质人交付质押财产时设立。

第四百三十条 质权人有权收取质押财产的孳息,但是合同另有约定的除外。

前款规定的孳息应当先充抵收取孳息的费用。

第四百三十一条 质权人在质权存续期间,未经出质人同意,擅自使用、处分质押财产,造成出质人损害的,应当承担赔偿责任。

第四百三十二条 质权人负有妥善保管质押财产的义务;因保管不善致使质押财产毁损、灭失的,应当承担赔偿责任。

质权人的行为可能使质押财产毁损、灭失的,出质人可以请求质权人将质押财产提存,或者请求提前清偿债务并返还质押财产。

第四百三十三条 因不可归责于质权人的事由可能使质押财产毁损或者价值明显减少,足以危害质权人权利的,质权人有权请求出质人提供相应的担保;出质人不提供的,质权人可以拍卖、变卖质押财产,并与出质人协议将拍卖、变卖所得的价款提前清偿债务或者提存。

第四百三十四条 质权人在质权存续期间,未经出质人同意转质,造成质押财产毁损、灭失的,应当承担赔偿责任。

第四百三十五条 质权人可以放弃质权。债务人以自己的财产出质,质权人放弃该质权的,其他担保人在质权人丧失优先受偿权益的范围内免除担保责任,但是其他担保人承诺仍然提供担保的除外。

第四百三十六条 债务人履行债务或者出质人提前清偿所担保的债权的，质权人应当返还质押财产。

债务人不履行到期债务或者发生当事人约定的实现质权的情形，质权人可以与出质人协议以质押财产折价，也可以就拍卖、变卖质押财产所得的价款优先受偿。

质押财产折价或者变卖的，应当参照市场价格。

第四百三十七条 出质人可以请求质权人在债务履行期限届满后及时行使质权；质权人不行使的，出质人可以请求人民法院拍卖、变卖质押财产。

出质人请求质权人及时行使质权，因质权人怠于行使权利造成出质人损害的，由质权人承担赔偿责任。

第四百三十八条 质押财产折价或者拍卖、变卖后，其价款超过债权数额的部分归出质人所有，不足部分由债务人清偿。

第四百三十九条 出质人与质权人可以协议设立最高额质权。

最高额质权除适用本节有关规定外，参照适用本编第十七章第二节的有关规定。

第二节　权利质权

第四百四十条 债务人或者第三人有权处分的下列权利可以出质：

（一）汇票、本票、支票；

（二）债券、存款单；

（三）仓单、提单；

（四）可以转让的基金份额、股权；

（五）可以转让的注册商标专用权、专利权、著作权等知识产权中的财产权；

（六）现有的以及将有的应收账款；

（七）法律、行政法规规定可以出质的其他财产权利。

第四百四十一条 以汇票、本票、支票、债券、存款单、仓单、提单出质的，质权自权利凭证交付质权人时设立；没有权利凭证的，质权自办理出质登记时设立。法律另有规定的，依照其规定。

第四百四十二条 汇票、本票、支票、债券、存款单、仓单、提单的兑现日期或者提货日期先于主债权到期的，质权人可以兑现或者提货，并与出质人协议将兑现的价款或者提取的货物提前清偿债务或者提存。

第四百四十三条 以基金份额、股权出质的，质权自办理出质登记时设立。

基金份额、股权出质后，不得转让，但是出质人与质权人协商同意的除外。出质人转让基金份额、股权所得的价款，应当向质权人提前清偿债务或者提存。

第四百四十四条 以注册商标专用权、专利权、著作权等知识产权中的财产权出质的，质权自办理出质登记时设立。

知识产权中的财产权出质后，出质人不得转让或者许可他人使用，但是出质人与质权人协商同意的除外。出质人转让或者许可他人使用出质的知识产权中的财产权所得的价款，应当向质权人提前清偿债务或者提存。

第四百四十五条 以应收账款出质的，质权自办理出质登记时设立。

应收账款出质后，不得转让，但是出质人与质权人协商同意的除外。出质人转让应收账款所得的价款，应当向质权人提前清偿债务或者提存。

第四百四十六条 权利质权除适用本节规定外，适用本章第一节的有关规定。

第十九章 留置权

第四百四十七条 债务人不履行到期债务，债权人可以留置已经合法占有的债务人的动产，并有权就该动产优先受偿。

前款规定的债权人为留置权人，占有的动产为留置财产。

第四百四十八条 债权人留置的动产，应当与债权属于同一法律关系，但是企业之间留置的除外。

第四百四十九条 法律规定或者当事人约定不得留置的动产，不得留置。

第四百五十条 留置财产为可分物的，留置财产的价值应当相当于债务的金额。

第四百五十一条 留置权人负有妥善保管留置财产的义务；因保管不善致使留置财产毁损、灭失的，应当承担赔偿责任。

第四百五十二条 留置权人有权收取留置财产的孳息。

前款规定的孳息应当先充抵收取孳息的费用。

第四百五十三条 留置权人与债务人应当约定留置财产后的债务履行

期限；没有约定或者约定不明确的，留置权人应当给债务人六十日以上履行债务的期限，但是鲜活易腐等不易保管的动产除外。债务人逾期未履行的，留置权人可以与债务人协议以留置财产折价，也可以就拍卖、变卖留置财产所得的价款优先受偿。

留置财产折价或者变卖的，应当参照市场价格。

第四百五十四条 债务人可以请求留置权人在债务履行期限届满后行使留置权；留置权人不行使的，债务人可以请求人民法院拍卖、变卖留置财产。

第四百五十五条 留置财产折价或者拍卖、变卖后，其价款超过债权数额的部分归债务人所有，不足部分由债务人清偿。

第四百五十六条 同一动产上已经设立抵押权或者质权，该动产又被留置的，留置权人优先受偿。

第四百五十七条 留置权人对留置财产丧失占有或者留置权人接受债务人另行提供担保的，留置权消灭。

第五分编 占　　有

第二十章 占　　有

第四百五十八条 基于合同关系等产生的占有，有关不动产或者动产的使用、收益、违约责任等，按照合同约定；合同没有约定或者约定不明确的，依照有关法律规定。

第四百五十九条 占有人因使用占有的不动产或者动产，致使该不动产或者动产受到损害的，恶意占有人应当承担赔偿责任。

第四百六十条 不动产或者动产被占有人占有的，权利人可以请求返还原物及其孳息；但是，应当支付善意占有人因维护该不动产或者动产支出的必要费用。

第四百六十一条 占有的不动产或者动产毁损、灭失，该不动产或者动产的权利人请求赔偿的，占有人应当将因毁损、灭失取得的保险金、赔偿金或者补偿金等返还给权利人；权利人的损害未得到足够弥补的，恶意占有人还应当赔偿损失。

第四百六十二条 占有的不动产或者动产被侵占的，占有人有权请求返还原物；对妨害占有的行为，占有人有权请求排除妨害或者消除危险；

因侵占或者妨害造成损害的，占有人有权依法请求损害赔偿。

占有人返还原物的请求权，自侵占发生之日起一年内未行使的，该请求权消灭。

第三编 合 同

第一分编 通 则

第一章 一般规定

第四百六十三条 本编调整因合同产生的民事关系。

第四百六十四条 合同是民事主体之间设立、变更、终止民事法律关系的协议。

婚姻、收养、监护等有关身份关系的协议，适用有关该身份关系的法律规定；没有规定的，可以根据其性质参照适用本编规定。

第四百六十五条 依法成立的合同，受法律保护。

依法成立的合同，仅对当事人具有法律约束力，但是法律另有规定的除外。

第四百六十六条 当事人对合同条款的理解有争议的，应当依据本法第一百四十二条第一款的规定，确定争议条款的含义。

合同文本采用两种以上文字订立并约定具有同等效力的，对各文本使用的词句推定具有相同含义。各文本使用的词句不一致的，应当根据合同的相关条款、性质、目的以及诚信原则等予以解释。

第四百六十七条 本法或者其他法律没有明文规定的合同，适用本编通则的规定，并可以参照适用本编或者其他法律最相类似合同的规定。

在中华人民共和国境内履行的中外合资经营企业合同、中外合作经营企业合同、中外合作勘探开发自然资源合同，适用中华人民共和国法律。

第四百六十八条 非因合同产生的债权债务关系，适用有关该债权债务关系的法律规定；没有规定的，适用本编通则的有关规定，但是根据其性质不能适用的除外。

第二章 合同的订立

第四百六十九条 当事人订立合同，可以采用书面形式、口头形式或者其他形式。

书面形式是合同书、信件、电报、电传、传真等可以有形地表现所载内容的形式。

以电子数据交换、电子邮件等方式能够有形地表现所载内容，并可以随时调取查用的数据电文，视为书面形式。

第四百七十条 合同的内容由当事人约定，一般包括下列条款：

（一）当事人的姓名或者名称和住所；

（二）标的；

（三）数量；

（四）质量；

（五）价款或者报酬；

（六）履行期限、地点和方式；

（七）违约责任；

（八）解决争议的方法。

当事人可以参照各类合同的示范文本订立合同。

第四百七十一条 当事人订立合同，可以采取要约、承诺方式或者其他方式。

第四百七十二条 要约是希望与他人订立合同的意思表示，该意思表示应当符合下列条件：

（一）内容具体确定；

（二）表明经受要约人承诺，要约人即受该意思表示约束。

第四百七十三条 要约邀请是希望他人向自己发出要约的表示。拍卖公告、招标公告、招股说明书、债券募集办法、基金招募说明书、商业广告和宣传、寄送的价目表等为要约邀请。

商业广告和宣传的内容符合要约条件的，构成要约。

第四百七十四条 要约生效的时间适用本法第一百三十七条的规定。

第四百七十五条 要约可以撤回。要约的撤回适用本法第一百四十一条的规定。

第四百七十六条 要约可以撤销，但是有下列情形之一的除外：

（一）要约人以确定承诺期限或者其他形式明示要约不可撤销；

（二）受要约人有理由认为要约是不可撤销的，并已经为履行合同做了合理准备工作。

第四百七十七条 撤销要约的意思表示以对话方式作出的,该意思表示的内容应当在受要约人作出承诺之前为受要约人所知道;撤销要约的意思表示以非对话方式作出的,应当在受要约人作出承诺之前到达受要约人。

第四百七十八条 有下列情形之一的,要约失效:
(一)要约被拒绝;
(二)要约被依法撤销;
(三)承诺期限届满,受要约人未作出承诺;
(四)受要约人对要约的内容作出实质性变更。

第四百七十九条 承诺是受要约人同意要约的意思表示。

第四百八十条 承诺应当以通知的方式作出;但是,根据交易习惯或者要约表明可以通过行为作出承诺的除外。

第四百八十一条 承诺应当在要约确定的期限内到达要约人。

要约没有确定承诺期限的,承诺应当依照下列规定到达:
(一)要约以对话方式作出的,应当即时作出承诺;
(二)要约以非对话方式作出的,承诺应当在合理期限内到达。

第四百八十二条 要约以信件或者电报作出的,承诺期限自信件载明的日期或者电报交发之日开始计算。信件未载明日期的,自投寄该信件的邮戳日期开始计算。要约以电话、传真、电子邮件等快速通讯方式作出的,承诺期限自要约到达受要约人时开始计算。

第四百八十三条 承诺生效时合同成立,但是法律另有规定或者当事人另有约定的除外。

第四百八十四条 以通知方式作出的承诺,生效的时间适用本法第一百三十七条的规定。

承诺不需要通知的,根据交易习惯或者要约的要求作出承诺的行为时生效。

第四百八十五条 承诺可以撤回。承诺的撤回适用本法第一百四十一条的规定。

第四百八十六条 受要约人超过承诺期限发出承诺,或者在承诺期限内发出承诺,按照通常情形不能及时到达要约人的,为新要约;但是,要约人及时通知受要约人该承诺有效的除外。

第四百八十七条 受要约人在承诺期限内发出承诺,按照通常情形能够及时到达要约人，但是因其他原因致使承诺到达要约人时超过承诺期限的，除要约人及时通知受要约人因承诺超过期限不接受该承诺外，该承诺有效。

第四百八十八条 承诺的内容应当与要约的内容一致。受要约人对要约的内容作出实质性变更的，为新要约。有关合同标的、数量、质量、价款或者报酬、履行期限、履行地点和方式、违约责任和解决争议方法等的变更，是对要约内容的实质性变更。

第四百八十九条 承诺对要约的内容作出非实质性变更的，除要约人及时表示反对或者要约表明承诺不得对要约的内容作出任何变更外，该承诺有效，合同的内容以承诺的内容为准。

第四百九十条 当事人采用合同书形式订立合同的，自当事人均签名、盖章或者按指印时合同成立。在签名、盖章或者按指印之前，当事人一方已经履行主要义务，对方接受时，该合同成立。

法律、行政法规规定或者当事人约定合同应当采用书面形式订立，当事人未采用书面形式但是一方已经履行主要义务，对方接受时，该合同成立。

第四百九十一条 当事人采用信件、数据电文等形式订立合同要求签订确认书的，签订确认书时合同成立。

当事人一方通过互联网等信息网络发布的商品或者服务信息符合要约条件的，对方选择该商品或者服务并提交订单成功时合同成立，但是当事人另有约定的除外。

第四百九十二条 承诺生效的地点为合同成立的地点。

采用数据电文形式订立合同的，收件人的主营业地为合同成立的地点；没有主营业地的，其住所地为合同成立的地点。当事人另有约定的，按照其约定。

第四百九十三条 当事人采用合同书形式订立合同的，最后签名、盖章或者按指印的地点为合同成立的地点，但是当事人另有约定的除外。

第四百九十四条 国家根据抢险救灾、疫情防控或者其他需要下达国家订货任务、指令性任务的，有关民事主体之间应当依照有关法律、行政法规规定的权利和义务订立合同。

依照法律、行政法规的规定负有发出要约义务的当事人，应当及时发出合理的要约。

依照法律、行政法规的规定负有作出承诺义务的当事人，不得拒绝对方合理的订立合同要求。

第四百九十五条 当事人约定在将来一定期限内订立合同的认购书、订购书、预订书等，构成预约合同。

当事人一方不履行预约合同约定的订立合同义务的，对方可以请求其承担预约合同的违约责任。

第四百九十六条 格式条款是当事人为了重复使用而预先拟定，并在订立合同时未与对方协商的条款。

采用格式条款订立合同的，提供格式条款的一方应当遵循公平原则确定当事人之间的权利和义务，并采取合理的方式提示对方注意免除或者减轻其责任等与对方有重大利害关系的条款，按照对方的要求，对该条款予以说明。提供格式条款的一方未履行提示或者说明义务，致使对方没有注意或者理解与其有重大利害关系的条款的，对方可以主张该条款不成为合同的内容。

第四百九十七条 有下列情形之一的，该格式条款无效：

（一）具有本法第一编第六章第三节和本法第五百零六条规定的无效情形；

（二）提供格式条款一方不合理地免除或者减轻其责任、加重对方责任、限制对方主要权利；

（三）提供格式条款一方排除对方主要权利。

第四百九十八条 对格式条款的理解发生争议的，应当按照通常理解予以解释。对格式条款有两种以上解释的，应当作出不利于提供格式条款一方的解释。格式条款和非格式条款不一致的，应当采用非格式条款。

第四百九十九条 悬赏人以公开方式声明对完成特定行为的人支付报酬的，完成该行为的人可以请求其支付。

第五百条 当事人在订立合同过程中有下列情形之一，造成对方损失的，应当承担赔偿责任：

（一）假借订立合同，恶意进行磋商；

（二）故意隐瞒与订立合同有关的重要事实或者提供虚假情况；

（三）有其他违背诚信原则的行为。

第五百零一条 当事人在订立合同过程中知悉的商业秘密或者其他应当保密的信息，无论合同是否成立，不得泄露或者不正当地使用；泄露、不正当地使用该商业秘密或者信息，造成对方损失的，应当承担赔偿责任。

第三章 合同的效力

第五百零二条 依法成立的合同，自成立时生效，但是法律另有规定或者当事人另有约定的除外。

依照法律、行政法规的规定，合同应当办理批准等手续的，依照其规定。未办理批准等手续影响合同生效的，不影响合同中履行报批等义务条款以及相关条款的效力。应当办理申请批准等手续的当事人未履行义务的，对方可以请求其承担违反该义务的责任。

依照法律、行政法规的规定，合同的变更、转让、解除等情形应当办理批准等手续的，适用前款规定。

第五百零三条 无权代理人以被代理人的名义订立合同，被代理人已经开始履行合同义务或者接受相对人履行的，视为对合同的追认。

第五百零四条 法人的法定代表人或者非法人组织的负责人超越权限订立的合同，除相对人知道或者应当知道其超越权限外，该代表行为有效，订立的合同对法人或者非法人组织发生效力。

第五百零五条 当事人超越经营范围订立的合同的效力，应当依照本法第一编第六章第三节和本编的有关规定确定，不得仅以超越经营范围确认合同无效。

第五百零六条 合同中的下列免责条款无效：

（一）造成对方人身损害的；

（二）因故意或者重大过失造成对方财产损失的。

第五百零七条 合同不生效、无效、被撤销或者终止的，不影响合同中有关解决争议方法的条款的效力。

第五百零八条 本编对合同的效力没有规定的，适用本法第一编第六章的有关规定。

第四章 合同的履行

第五百零九条 当事人应当按照约定全面履行自己的义务。

当事人应当遵循诚信原则，根据合同的性质、目的和交易习惯履行通知、协助、保密等义务。

当事人在履行合同过程中，应当避免浪费资源、污染环境和破坏生态。

第五百一十条 合同生效后，当事人就质量、价款或者报酬、履行地点等内容没有约定或者约定不明确的，可以协议补充；不能达成补充协议的，按照合同相关条款或者交易习惯确定。

第五百一十一条 当事人就有关合同内容约定不明确，依据前条规定仍不能确定的，适用下列规定：

（一）质量要求不明确的，按照强制性国家标准履行；没有强制性国家标准的，按照推荐性国家标准履行；没有推荐性国家标准的，按照行业标准履行；没有国家标准、行业标准的，按照通常标准或者符合合同目的的特定标准履行。

（二）价款或者报酬不明确的，按照订立合同时履行地的市场价格履行；依法应当执行政府定价或者政府指导价的，依照规定履行。

（三）履行地点不明确，给付货币的，在接受货币一方所在地履行；交付不动产的，在不动产所在地履行；其他标的，在履行义务一方所在地履行。

（四）履行期限不明确的，债务人可以随时履行，债权人也可以随时请求履行，但是应当给对方必要的准备时间。

（五）履行方式不明确的，按照有利于实现合同目的的方式履行。

（六）履行费用的负担不明确的，由履行义务一方负担；因债权人原因增加的履行费用，由债权人负担。

第五百一十二条 通过互联网等信息网络订立的电子合同的标的为交付商品并采用快递物流方式交付的，收货人的签收时间为交付时间。电子合同的标的为提供服务的，生成的电子凭证或者实物凭证中载明的时间为提供服务时间；前述凭证没有载明时间或者载明时间与实际提供服务时间不一致的，以实际提供服务的时间为准。

电子合同的标的物为采用在线传输方式交付的，合同标的物进入对方当事人指定的特定系统且能够检索识别的时间为交付时间。

电子合同当事人对交付商品或者提供服务的方式、时间另有约定的，按照其约定。

第五百一十三条 执行政府定价或者政府指导价的，在合同约定的交付期限内政府价格调整时，按照交付时的价格计价。逾期交付标的物的，遇价格上涨时，按照原价格执行；价格下降时，按照新价格执行。逾期提取标的物或者逾期付款的，遇价格上涨时，按照新价格执行；价格下降时，按照原价格执行。

第五百一十四条 以支付金钱为内容的债，除法律另有规定或者当事人另有约定外，债权人可以请求债务人以实际履行地的法定货币履行。

第五百一十五条 标的有多项而债务人只需履行其中一项的，债务人享有选择权；但是，法律另有规定、当事人另有约定或者另有交易习惯的除外。

享有选择权的当事人在约定期限内或者履行期限届满未作选择，经催告后在合理期限内仍未选择的，选择权转移至对方。

第五百一十六条 当事人行使选择权应当及时通知对方，通知到达对方时，标的确定。标的确定后不得变更，但是经对方同意的除外。

可选择的标的发生不能履行情形的，享有选择权的当事人不得选择不能履行的标的，但是该不能履行的情形是由对方造成的除外。

第五百一十七条 债权人为二人以上，标的可分，按照份额各自享有债权的，为按份债权；债务人为二人以上，标的可分，按照份额各自负担债务的，为按份债务。

按份债权人或者按份债务人的份额难以确定的，视为份额相同。

第五百一十八条 债权人为二人以上，部分或者全部债权人均可以请求债务人履行债务的，为连带债权；债务人为二人以上，债权人可以请求部分或者全部债务人履行全部债务的，为连带债务。

连带债权或者连带债务，由法律规定或者当事人约定。

第五百一十九条 连带债务人之间的份额难以确定的，视为份额相同。

实际承担债务超过自己份额的连带债务人，有权就超出部分在其他连带债务人未履行的份额范围内向其追偿，并相应地享有债权人的权利，但是不得损害债权人的利益。其他连带债务人对债权人的抗辩，可以向该债务人主张。

被追偿的连带债务人不能履行其应分担份额的，其他连带债务人应当在相应范围内按比例分担。

第五百二十条 部分连带债务人履行、抵销债务或者提存标的物的，其他债务人对债权人的债务在相应范围内消灭；该债务人可以依据前条规定向其他债务人追偿。

部分连带债务人的债务被债权人免除的,在该连带债务人应当承担的份额范围内,其他债务人对债权人的债务消灭。

部分连带债务人的债务与债权人的债权同归于一人的,在扣除该债务人应当承担的份额后,债权人对其他债务人的债权继续存在。

债权人对部分连带债务人的给付受领迟延的,对其他连带债务人发生效力。

第五百二十一条 连带债权人之间的份额难以确定的,视为份额相同。

实际受领债权的连带债权人,应当按比例向其他连带债权人返还。

连带债权参照适用本章连带债务的有关规定。

第五百二十二条 当事人约定由债务人向第三人履行债务,债务人未向第三人履行债务或者履行债务不符合约定的,应当向债权人承担违约责任。

法律规定或者当事人约定第三人可以直接请求债务人向其履行债务,第三人未在合理期限内明确拒绝,债务人未向第三人履行债务或者履行债务不符合约定的,第三人可以请求债务人承担违约责任;债务人对债权人的抗辩,可以向第三人主张。

第五百二十三条 当事人约定由第三人向债权人履行债务,第三人不履行债务或者履行债务不符合约定的,债务人应当向债权人承担违约责任。

第五百二十四条 债务人不履行债务,第三人对履行该债务具有合法利益的,第三人有权向债权人代为履行;但是,根据债务性质、按照当事人约定或者依照法律规定只能由债务人履行的除外。

债权人接受第三人履行后,其对债务人的债权转让给第三人,但是债务人和第三人另有约定的除外。

第五百二十五条 当事人互负债务,没有先后履行顺序的,应当同时履行。一方在对方履行之前有权拒绝其履行请求。一方在对方履行债务不符合约定时,有权拒绝其相应的履行请求。

第五百二十六条 当事人互负债务,有先后履行顺序,应当先履行债务一方未履行的,后履行一方有权拒绝其履行请求。先履行一方履行债务不符合约定的,后履行一方有权拒绝其相应的履行请求。

第五百二十七条 应当先履行债务的当事人，有确切证据证明对方有下列情形之一的，可以中止履行：

（一）经营状况严重恶化；

（二）转移财产、抽逃资金，以逃避债务；

（三）丧失商业信誉；

（四）有丧失或者可能丧失履行债务能力的其他情形。

当事人没有确切证据中止履行的，应当承担违约责任。

第五百二十八条 当事人依据前条规定中止履行的，应当及时通知对方。对方提供适当担保的，应当恢复履行。中止履行后，对方在合理期限内未恢复履行能力且未提供适当担保的，视为以自己的行为表明不履行主要债务，中止履行的一方可以解除合同并可以请求对方承担违约责任。

第五百二十九条 债权人分立、合并或者变更住所没有通知债务人，致使履行债务发生困难的，债务人可以中止履行或者将标的物提存。

第五百三十条 债权人可以拒绝债务人提前履行债务，但是提前履行不损害债权人利益的除外。

债务人提前履行债务给债权人增加的费用，由债务人负担。

第五百三十一条 债权人可以拒绝债务人部分履行债务，但是部分履行不损害债权人利益的除外。

债务人部分履行债务给债权人增加的费用，由债务人负担。

第五百三十二条 合同生效后，当事人不得因姓名、名称的变更或者法定代表人、负责人、承办人的变动而不履行合同义务。

第五百三十三条 合同成立后，合同的基础条件发生了当事人在订立合同时无法预见的、不属于商业风险的重大变化，继续履行合同对于当事人一方明显不公平的，受不利影响的当事人可以与对方重新协商；在合理期限内协商不成的，当事人可以请求人民法院或者仲裁机构变更或者解除合同。

人民法院或者仲裁机构应当结合案件的实际情况，根据公平原则变更或者解除合同。

第五百三十四条 对当事人利用合同实施危害国家利益、社会公共利益行为的，市场监督管理和其他有关行政主管部门依照法律、行政法规的规定负责监督处理。

第五章　合同的保全

第五百三十五条　因债务人怠于行使其债权或者与该债权有关的从权利，影响债权人的到期债权实现的，债权人可以向人民法院请求以自己的名义代位行使债务人对相对人的权利，但是该权利专属于债务人自身的除外。

代位权的行使范围以债权人的到期债权为限。债权人行使代位权的必要费用，由债务人负担。

相对人对债务人的抗辩，可以向债权人主张。

第五百三十六条　债权人的债权到期前，债务人的债权或者与该债权有关的从权利存在诉讼时效期间即将届满或者未及时申报破产债权等情形，影响债权人的债权实现的，债权人可以代位向债务人的相对人请求其向债务人履行、向破产管理人申报或者作出其他必要的行为。

第五百三十七条　人民法院认定代位权成立的，由债务人的相对人向债权人履行义务，债权人接受履行后，债权人与债务人、债务人与相对人之间相应的权利义务终止。债务人对相对人的债权或者与该债权有关的从权利被采取保全、执行措施，或者债务人破产的，依照相关法律的规定处理。

第五百三十八条　债务人以放弃其债权、放弃债权担保、无偿转让财产等方式无偿处分财产权益，或者恶意延长其到期债权的履行期限，影响债权人的债权实现的，债权人可以请求人民法院撤销债务人的行为。

第五百三十九条　债务人以明显不合理的低价转让财产、以明显不合理的高价受让他人财产或者为他人的债务提供担保，影响债权人的债权实现，债务人的相对人知道或者应当知道该情形的，债权人可以请求人民法院撤销债务人的行为。

第五百四十条　撤销权的行使范围以债权人的债权为限。债权人行使撤销权的必要费用，由债务人负担。

第五百四十一条　撤销权自债权人知道或者应当知道撤销事由之日起一年内行使。自债务人的行为发生之日起五年内没有行使撤销权的，该撤销权消灭。

第五百四十二条　债务人影响债权人的债权实现的行为被撤销的，自始没有法律约束力。

第六章　合同的变更和转让

第五百四十三条　当事人协商一致,可以变更合同。

第五百四十四条　当事人对合同变更的内容约定不明确的,推定为未变更。

第五百四十五条　债权人可以将债权的全部或者部分转让给第三人,但是有下列情形之一的除外:

(一) 根据债权性质不得转让;

(二) 按照当事人约定不得转让;

(三) 依照法律规定不得转让。

当事人约定非金钱债权不得转让的,不得对抗善意第三人。当事人约定金钱债权不得转让的,不得对抗第三人。

第五百四十六条　债权人转让债权,未通知债务人的,该转让对债务人不发生效力。

债权转让的通知不得撤销,但是经受让人同意的除外。

第五百四十七条　债权人转让债权的,受让人取得与债权有关的从权利,但是该从权利专属于债权人自身的除外。

受让人取得从权利不因该从权利未办理转移登记手续或者未转移占有而受到影响。

第五百四十八条　债务人接到债权转让通知后,债务人对让与人的抗辩,可以向受让人主张。

第五百四十九条　有下列情形之一的,债务人可以向受让人主张抵销:

(一) 债务人接到债权转让通知时,债务人对让与人享有债权,且债务人的债权先于转让的债权到期或者同时到期;

(二) 债务人的债权与转让的债权是基于同一合同产生。

第五百五十条　因债权转让增加的履行费用,由让与人负担。

第五百五十一条　债务人将债务的全部或者部分转移给第三人的,应当经债权人同意。

债务人或者第三人可以催告债权人在合理期限内予以同意,债权人未作表示的,视为不同意。

第五百五十二条　第三人与债务人约定加入债务并通知债权人,或者第三人向债权人表示愿意加入债务，债权人未在合理期限内明确拒绝的，债权人可以请求第三人在其愿意承担的债务范围内和债务人承担连带债务。

第五百五十三条 债务人转移债务的，新债务人可以主张原债务人对债权人的抗辩；原债务人对债权人享有债权的，新债务人不得向债权人主张抵销。

第五百五十四条 债务人转移债务的，新债务人应当承担与主债务有关的从债务，但是该从债务专属于原债务人自身的除外。

第五百五十五条 当事人一方经对方同意，可以将自己在合同中的权利和义务一并转让给第三人。

第五百五十六条 合同的权利和义务一并转让的，适用债权转让、债务转移的有关规定。

第七章　合同的权利义务终止

第五百五十七条 有下列情形之一的，债权债务终止：

（一）债务已经履行；

（二）债务相互抵销；

（三）债务人依法将标的物提存；

（四）债权人免除债务；

（五）债权债务同归于一人；

（六）法律规定或者当事人约定终止的其他情形。

合同解除的，该合同的权利义务关系终止。

第五百五十八条 债权债务终止后，当事人应当遵循诚信等原则，根据交易习惯履行通知、协助、保密、旧物回收等义务。

第五百五十九条 债权债务终止时，债权的从权利同时消灭，但是法律另有规定或者当事人另有约定的除外。

第五百六十条 债务人对同一债权人负担的数项债务种类相同，债务人的给付不足以清偿全部债务的，除当事人另有约定外，由债务人在清偿时指定其履行的债务。

债务人未作指定的，应当优先履行已经到期的债务；数项债务均到期的，优先履行对债权人缺乏担保或者担保最少的债务；均无担保或者担保相等的，优先履行债务人负担较重的债务；负担相同的，按照债务到期的先后顺序履行；到期时间相同的，按照债务比例履行。

第五百六十一条 债务人在履行主债务外还应当支付利息和实现债权的有关费用，其给付不足以清偿全部债务的，除当事人另有约定外，应当按照下列顺序履行：

（一）实现债权的有关费用；

（二）利息；

（三）主债务。

第五百六十二条 当事人协商一致，可以解除合同。

当事人可以约定一方解除合同的事由。解除合同的事由发生时，解除权人可以解除合同。

第五百六十三条 有下列情形之一的，当事人可以解除合同：

（一）因不可抗力致使不能实现合同目的；

（二）在履行期限届满前，当事人一方明确表示或者以自己的行为表明不履行主要债务；

（三）当事人一方迟延履行主要债务，经催告后在合理期限内仍未履行；

（四）当事人一方迟延履行债务或者有其他违约行为致使不能实现合同目的；

（五）法律规定的其他情形。

以持续履行的债务为内容的不定期合同，当事人可以随时解除合同，但是应当在合理期限之前通知对方。

第五百六十四条 法律规定或者当事人约定解除权行使期限，期限届满当事人不行使的，该权利消灭。

法律没有规定或者当事人没有约定解除权行使期限，自解除权人知道或者应当知道解除事由之日起一年内不行使，或者经对方催告后在合理期限内不行使的，该权利消灭。

第五百六十五条 当事人一方依法主张解除合同的，应当通知对方。合同自通知到达对方时解除；通知载明债务人在一定期限内不履行债务则合同自动解除，债务人在该期限内未履行债务的，合同自通知载明的期限届满时解除。对方对解除合同有异议的，任何一方当事人均可以请求人民法院或者仲裁机构确认解除行为的效力。

当事人一方未通知对方，直接以提起诉讼或者申请仲裁的方式依法主张解除合同，人民法院或者仲裁机构确认该主张的，合同自起诉状副本或者仲裁申请书副本送达对方时解除。

第五百六十六条 合同解除后，尚未履行的，终止履行；已经履行的，根据履行情况和合同性质，当事人可以请求恢复原状或者采取其他补救措施，并有权请求赔偿损失。

合同因违约解除的，解除权人可以请求违约方承担违约责任，但是当事人另有约定的除外。

主合同解除后，担保人对债务人应当承担的民事责任仍应当承担担保责任，但是担保合同另有约定的除外。

第五百六十七条 合同的权利义务关系终止，不影响合同中结算和清理条款的效力。

第五百六十八条 当事人互负债务，该债务的标的物种类、品质相同的，任何一方可以将自己的债务与对方的到期债务抵销；但是，根据债务性质、按照当事人约定或者依照法律规定不得抵销的除外。

当事人主张抵销的，应当通知对方。通知自到达对方时生效。抵销不得附条件或者附期限。

第五百六十九条 当事人互负债务，标的物种类、品质不相同的，经协商一致，也可以抵销。

第五百七十条 有下列情形之一，难以履行债务的，债务人可以将标的物提存：

（一）债权人无正当理由拒绝受领；

（二）债权人下落不明；

（三）债权人死亡未确定继承人、遗产管理人，或者丧失民事行为能力未确定监护人；

（四）法律规定的其他情形。

标的物不适于提存或者提存费用过高的，债务人依法可以拍卖或者变卖标的物，提存所得的价款。

第五百七十一条 债务人将标的物或者将标的物依法拍卖、变卖所得价款交付提存部门时，提存成立。

提存成立的，视为债务人在其提存范围内已经交付标的物。

第五百七十二条 标的物提存后，债务人应当及时通知债权人或者债权人的继承人、遗产管理人、监护人、财产代管人。

第五百七十三条 标的物提存后，毁损、灭失的风险由债权人承担。提存期间，标的物的孳息归债权人所有。提存费用由债权人负担。

第五百七十四条 债权人可以随时领取提存物。但是，债权人对债务人负有到期债务的，在债权人未履行债务或者提供担保之前，提存部门根据债务人的要求应当拒绝其领取提存物。

债权人领取提存物的权利，自提存之日起五年内不行使而消灭，提存物扣除提存费用后归国家所有。但是，债权人未履行对债务人的到期债务，或者债权人向提存部门书面表示放弃领取提存物权利的，债务人负担提存费用后有权取回提存物。

第五百七十五条 债权人免除债务人部分或者全部债务的，债权债务部分或者全部终止，但是债务人在合理期限内拒绝的除外。

第五百七十六条 债权和债务同归于一人的，债权债务终止，但是损害第三人利益的除外。

第八章 违约责任

第五百七十七条 当事人一方不履行合同义务或者履行合同义务不符合约定的，应当承担继续履行、采取补救措施或者赔偿损失等违约责任。

第五百七十八条 当事人一方明确表示或者以自己的行为表明不履行合同义务的，对方可以在履行期限届满前请求其承担违约责任。

第五百七十九条 当事人一方未支付价款、报酬、租金、利息，或者不履行其他金钱债务的，对方可以请求其支付。

第五百八十条 当事人一方不履行非金钱债务或者履行非金钱债务不符合约定的，对方可以请求履行，但是有下列情形之一的除外：

（一）法律上或者事实上不能履行；

（二）债务的标的不适于强制履行或者履行费用过高；

（三）债权人在合理期限内未请求履行。

有前款规定的除外情形之一，致使不能实现合同目的的，人民法院或者仲裁机构可以根据当事人的请求终止合同权利义务关系，但是不影响违约责任的承担。

第五百八十一条 当事人一方不履行债务或者履行债务不符合约定，根据债务的性质不得强制履行的，对方可以请求其负担由第三人替代履行的费用。

第五百八十二条 履行不符合约定的，应当按照当事人的约定承担违约责任。对违约责任没有约定或者约定不明确，依据本法第五百一十条的规定仍不能确定的，受损害方根据标的的性质以及损失的大小，可以合理选择请求对方承担修理、重作、更换、退货、减少价款或者报酬等违约责任。

第五百八十三条 当事人一方不履行合同义务或者履行合同义务不符合约定的，在履行义务或者采取补救措施后，对方还有其他损失的，应当赔偿损失。

第五百八十四条 当事人一方不履行合同义务或者履行合同义务不符合约定，造成对方损失的，损失赔偿额应当相当于因违约所造成的损失，包括合同履行后可以获得的利益；但是，不得超过违约一方订立合同时预见到或者应当预见到的因违约可能造成的损失。

第五百八十五条 当事人可以约定一方违约时应当根据违约情况向对方支付一定数额的违约金，也可以约定因违约产生的损失赔偿额的计算方法。

约定的违约金低于造成的损失的，人民法院或者仲裁机构可以根据当事人的请求予以增加；约定的违约金过分高于造成的损失的，人民法院或者仲裁机构可以根据当事人的请求予以适当减少。

当事人就迟延履行约定违约金的，违约方支付违约金后，还应当履行债务。

第五百八十六条 当事人可以约定一方向对方给付定金作为债权的担保。定金合同自实际交付定金时成立。

定金的数额由当事人约定；但是，不得超过主合同标的额的百分之二十，超过部分不产生定金的效力。实际交付的定金数额多于或者少于约定数额的，视为变更约定的定金数额。

第五百八十七条 债务人履行债务的，定金应当抵作价款或者收回。给付定金的一方不履行债务或者履行债务不符合约定，致使不能实现合同目的的，无权请求返还定金；收受定金的一方不履行债务或者履行债务不符合约定，致使不能实现合同目的的，应当双倍返还定金。

第五百八十八条 当事人既约定违约金，又约定定金的，一方违约时，对方可以选择适用违约金或者定金条款。

定金不足以弥补一方违约造成的损失的，对方可以请求赔偿超过定金数额的损失。

第五百八十九条 债务人按照约定履行债务，债权人无正当理由拒绝受领的，债务人可以请求债权人赔偿增加的费用。

在债权人受领迟延期间，债务人无须支付利息。

第五百九十条 当事人一方因不可抗力不能履行合同的，根据不可抗力的影响，部分或者全部免除责任，但是法律另有规定的除外。因不可抗力不能履行合同的，应当及时通知对方，以减轻可能给对方造成的损失，并应当在合理期限内提供证明。

当事人迟延履行后发生不可抗力的，不免除其违约责任。

第五百九十一条 当事人一方违约后，对方应当采取适当措施防止损失的扩大；没有采取适当措施致使损失扩大的，不得就扩大的损失请求赔偿。

当事人因防止损失扩大而支出的合理费用，由违约方负担。

第五百九十二条 当事人都违反合同的，应当各自承担相应的责任。

当事人一方违约造成对方损失，对方对损失的发生有过错的，可以减少相应的损失赔偿额。

第五百九十三条 当事人一方因第三人的原因造成违约的，应当依法向对方承担违约责任。当事人一方和第三人之间的纠纷，依照法律规定或者按照约定处理。

第五百九十四条 因国际货物买卖合同和技术进出口合同争议提起诉讼或者申请仲裁的时效期间为四年。

第二分编　典型合同

第九章　买卖合同

第五百九十五条 买卖合同是出卖人转移标的物的所有权于买受人，买受人支付价款的合同。

第五百九十六条 买卖合同的内容一般包括标的物的名称、数量、质量、价款、履行期限、履行地点和方式、包装方式、检验标准和方法、结算方式、合同使用的文字及其效力等条款。

第五百九十七条 因出卖人未取得处分权致使标的物所有权不能转移的，买受人可以解除合同并请求出卖人承担违约责任。

法律、行政法规禁止或者限制转让的标的物，依照其规定。

第五百九十八条 出卖人应当履行向买受人交付标的物或者交付提取标的物的单证，并转移标的物所有权的义务。

第五百九十九条 出卖人应当按照约定或者交易习惯向买受人交付提取标的物单证以外的有关单证和资料。

第六百条 出卖具有知识产权的标的物的，除法律另有规定或者当事人另有约定外，该标的物的知识产权不属于买受人。

第六百零一条 出卖人应当按照约定的时间交付标的物。约定交付期限的，出卖人可以在该交付期限内的任何时间交付。

第六百零二条 当事人没有约定标的物的交付期限或者约定不明确的，适用本法第五百一十条、第五百一十一条第四项的规定。

第六百零三条 出卖人应当按照约定的地点交付标的物。

当事人没有约定交付地点或者约定不明确，依据本法第五百一十条的规定仍不能确定的，适用下列规定：

（一）标的物需要运输的，出卖人应当将标的物交付给第一承运人以运交给买受人；

（二）标的物不需要运输，出卖人和买受人订立合同时知道标的物在某一地点的，出卖人应当在该地点交付标的物；不知道标的物在某一地点的，应当在出卖人订立合同时的营业地交付标的物。

第六百零四条 标的物毁损、灭失的风险，在标的物交付之前由出卖人承担，交付之后由买受人承担，但是法律另有规定或者当事人另有约定的除外。

第六百零五条 因买受人的原因致使标的物未按照约定的期限交付的，买受人应当自违反约定时起承担标的物毁损、灭失的风险。

第六百零六条 出卖人出卖交由承运人运输的在途标的物，除当事人另有约定外，毁损、灭失的风险自合同成立时起由买受人承担。

第六百零七条 出卖人按照约定将标的物运送至买受人指定地点并交付给承运人后，标的物毁损、灭失的风险由买受人承担。

当事人没有约定交付地点或者约定不明确，依据本法第六百零三条第二款第一项的规定标的物需要运输的，出卖人将标的物交付给第一承运人后，标的物毁损、灭失的风险由买受人承担。

第六百零八条 出卖人按照约定或者依据本法第六百零三条第二款第

二项的规定将标的物置于交付地点，买受人违反约定没有收取的，标的物毁损、灭失的风险自违反约定时起由买受人承担。

第六百零九条 出卖人按照约定未交付有关标的物的单证和资料的，不影响标的物毁损、灭失风险的转移。

第六百一十条 因标的物不符合质量要求，致使不能实现合同目的的，买受人可以拒绝接受标的物或者解除合同。买受人拒绝接受标的物或者解除合同的，标的物毁损、灭失的风险由出卖人承担。

第六百一十一条 标的物毁损、灭失的风险由买受人承担的，不影响因出卖人履行义务不符合约定，买受人请求其承担违约责任的权利。

第六百一十二条 出卖人就交付的标的物，负有保证第三人对该标的物不享有任何权利的义务，但是法律另有规定的除外。

第六百一十三条 买受人订立合同时知道或者应当知道第三人对买卖的标的物享有权利的，出卖人不承担前条规定的义务。

第六百一十四条 买受人有确切证据证明第三人对标的物享有权利的，可以中止支付相应的价款，但是出卖人提供适当担保的除外。

第六百一十五条 出卖人应当按照约定的质量要求交付标的物。出卖人提供有关标的物质量说明的，交付的标的物应当符合该说明的质量要求。

第六百一十六条 当事人对标的物的质量要求没有约定或者约定不明确，依据本法第五百一十条的规定仍不能确定的，适用本法第五百一十一条第一项的规定。

第六百一十七条 出卖人交付的标的物不符合质量要求的，买受人可以依据本法第五百八十二条至第五百八十四条的规定请求承担违约责任。

第六百一十八条 当事人约定减轻或者免除出卖人对标的物瑕疵承担的责任，因出卖人故意或者重大过失不告知买受人标的物瑕疵的，出卖人无权主张减轻或者免除责任。

第六百一十九条 出卖人应当按照约定的包装方式交付标的物。对包装方式没有约定或者约定不明确，依据本法第五百一十条的规定仍不能确定的，应当按照通用的方式包装；没有通用方式的，应当采取足以保护标的物且有利于节约资源、保护生态环境的包装方式。

第六百二十条 买受人收到标的物时应当在约定的检验期限内检验。没有约定检验期限的，应当及时检验。

第六百二十一条 当事人约定检验期限的,买受人应当在检验期限内将标的物的数量或者质量不符合约定的情形通知出卖人。买受人怠于通知的,视为标的物的数量或者质量符合约定。

当事人没有约定检验期限的,买受人应当在发现或者应当发现标的物的数量或者质量不符合约定的合理期限内通知出卖人。买受人在合理期限内未通知或者自收到标的物之日起二年内未通知出卖人的,视为标的物的数量或者质量符合约定;但是,对标的物有质量保证期的,适用质量保证期,不适用该二年的规定。

出卖人知道或者应当知道提供的标的物不符合约定的,买受人不受前两款规定的通知时间的限制。

第六百二十二条 当事人约定的检验期限过短,根据标的物的性质和交易习惯,买受人在检验期限内难以完成全面检验的,该期限仅视为买受人对标的物的外观瑕疵提出异议的期限。

约定的检验期限或者质量保证期短于法律、行政法规规定期限的,应当以法律、行政法规规定的期限为准。

第六百二十三条 当事人对检验期限未作约定,买受人签收的送货单、确认单等载明标的物数量、型号、规格的,推定买受人已经对数量和外观瑕疵进行检验,但是有相关证据足以推翻的除外。

第六百二十四条 出卖人依照买受人的指示向第三人交付标的物,出卖人和买受人约定的检验标准与买受人和第三人约定的检验标准不一致的,以出卖人和买受人约定的检验标准为准。

第六百二十五条 依照法律、行政法规的规定或者按照当事人的约定,标的物在有效使用年限届满后应予回收的,出卖人负有自行或者委托第三人对标的物予以回收的义务。

第六百二十六条 买受人应当按照约定的数额和支付方式支付价款。对价款的数额和支付方式没有约定或者约定不明确的,适用本法第五百一十条、第五百一十一条第二项和第五项的规定。

第六百二十七条 买受人应当按照约定的地点支付价款。对支付地点没有约定或者约定不明确,依据本法第五百一十条的规定仍不能确定的,买受人应当在出卖人的营业地支付;但是,约定支付价款以交付标的物或者交付提取标的物单证为条件的,在交付标的物或者交付提取标的物单证的所在地支付。

第六百二十八条 买受人应当按照约定的时间支付价款。对支付时间没有约定或者约定不明确，依据本法第五百一十条的规定仍不能确定的，买受人应当在收到标的物或者提取标的物单证的同时支付。

第六百二十九条 出卖人多交标的物的，买受人可以接收或者拒绝接收多交的部分。买受人接收多交部分的，按照约定的价格支付价款；买受人拒绝接收多交部分的，应当及时通知出卖人。

第六百三十条 标的物在交付之前产生的孳息，归出卖人所有；交付之后产生的孳息，归买受人所有。但是，当事人另有约定的除外。

第六百三十一条 因标的物的主物不符合约定而解除合同的，解除合同的效力及于从物。因标的物的从物不符合约定被解除的，解除的效力不及于主物。

第六百三十二条 标的物为数物，其中一物不符合约定的，买受人可以就该物解除。但是，该物与他物分离使标的物的价值显受损害的，买受人可以就数物解除合同。

第六百三十三条 出卖人分批交付标的物的，出卖人对其中一批标的物不交付或者交付不符合约定，致使该批标的物不能实现合同目的的，买受人可以就该批标的物解除。

出卖人不交付其中一批标的物或者交付不符合约定，致使之后其他各批标的物的交付不能实现合同目的的，买受人可以就该批以及之后其他各批标的物解除。

买受人如果就其中一批标的物解除，该批标的物与其他各批标的物相互依存的，可以就已经交付和未交付的各批标的物解除。

第六百三十四条 分期付款的买受人未支付到期价款的数额达到全部价款的五分之一，经催告后在合理期限内仍未支付到期价款的，出卖人可以请求买受人支付全部价款或者解除合同。

出卖人解除合同的，可以向买受人请求支付该标的物的使用费。

第六百三十五条 凭样品买卖的当事人应当封存样品，并可以对样品质量予以说明。出卖人交付的标的物应当与样品及其说明的质量相同。

第六百三十六条 凭样品买卖的买受人不知道样品有隐蔽瑕疵的，即使交付的标的物与样品相同，出卖人交付的标的物的质量仍然应当符合同种物的通常标准。

第六百三十七条 试用买卖的当事人可以约定标的物的试用期限。对试用期限没有约定或者约定不明确，依据本法第五百一十条的规定仍不能确定的，由出卖人确定。

第六百三十八条 试用买卖的买受人在试用期内可以购买标的物，也可以拒绝购买。试用期限届满，买受人对是否购买标的物未作表示的，视为购买。

试用买卖的买受人在试用期内已经支付部分价款或者对标的物实施出卖、出租、设立担保物权等行为的，视为同意购买。

第六百三十九条 试用买卖的当事人对标的物使用费没有约定或者约定不明确的，出卖人无权请求买受人支付。

第六百四十条 标的物在试用期内毁损、灭失的风险由出卖人承担。

第六百四十一条 当事人可以在买卖合同中约定买受人未履行支付价款或者其他义务的，标的物的所有权属于出卖人。

出卖人对标的物保留的所有权，未经登记，不得对抗善意第三人。

第六百四十二条 当事人约定出卖人保留合同标的物的所有权，在标的物所有权转移前，买受人有下列情形之一，造成出卖人损害的，除当事人另有约定外，出卖人有权取回标的物：

（一）未按照约定支付价款，经催告后在合理期限内仍未支付；

（二）未按照约定完成特定条件；

（三）将标的物出卖、出质或者作出其他不当处分。

出卖人可以与买受人协商取回标的物；协商不成的，可以参照适用担保物权的实现程序。

第六百四十三条 出卖人依据前条第一款的规定取回标的物后，买受人在双方约定或者出卖人指定的合理回赎期限内，消除出卖人取回标的物的事由的，可以请求回赎标的物。

买受人在回赎期限内没有回赎标的物，出卖人可以以合理价格将标的物出卖给第三人，出卖所得价款扣除买受人未支付的价款以及必要费用后仍有剩余的，应当返还买受人；不足部分由买受人清偿。

第六百四十四条 招标投标买卖的当事人的权利和义务以及招标投标程序等，依照有关法律、行政法规的规定。

第六百四十五条 拍卖的当事人的权利和义务以及拍卖程序等，依照有关法律、行政法规的规定。

第六百四十六条 法律对其他有偿合同有规定的，依照其规定；没有规定的，参照适用买卖合同的有关规定。

第六百四十七条　当事人约定易货交易，转移标的物的所有权的，参照适用买卖合同的有关规定。

第十章　供用电、水、气、热力合同

第六百四十八条　供用电合同是供电人向用电人供电，用电人支付电费的合同。

向社会公众供电的供电人，不得拒绝用电人合理的订立合同要求。

第六百四十九条　供用电合同的内容一般包括供电的方式、质量、时间，用电容量、地址、性质，计量方式，电价、电费的结算方式，供用电设施的维护责任等条款。

第六百五十条　供用电合同的履行地点，按照当事人约定；当事人没有约定或者约定不明确的，供电设施的产权分界处为履行地点。

第六百五十一条　供电人应当按照国家规定的供电质量标准和约定安全供电。供电人未按照国家规定的供电质量标准和约定安全供电，造成用电人损失的，应当承担赔偿责任。

第六百五十二条　供电人因供电设施计划检修、临时检修、依法限电或者用电人违法用电等原因，需要中断供电时，应当按照国家有关规定事先通知用电人；未事先通知用电人中断供电，造成用电人损失的，应当承担赔偿责任。

第六百五十三条　因自然灾害等原因断电，供电人应当按照国家有关规定及时抢修；未及时抢修，造成用电人损失的，应当承担赔偿责任。

第六百五十四条　用电人应当按照国家有关规定和当事人的约定及时支付电费。用电人逾期不支付电费的，应当按照约定支付违约金。经催告用电人在合理期限内仍不支付电费和违约金的，供电人可以按照国家规定的程序中止供电。

供电人依据前款规定中止供电的，应当事先通知用电人。

第六百五十五条　用电人应当按照国家有关规定和当事人的约定安全、节约和计划用电。用电人未按照国家有关规定和当事人的约定用电，造成供电人损失的，应当承担赔偿责任。

第六百五十六条　供用水、供用气、供用热力合同，参照适用供用电合同的有关规定。

第十一章 赠与合同

第六百五十七条 赠与合同是赠与人将自己的财产无偿给予受赠人，受赠人表示接受赠与的合同。

第六百五十八条 赠与人在赠与财产的权利转移之前可以撤销赠与。

经过公证的赠与合同或者依法不得撤销的具有救灾、扶贫、助残等公益、道德义务性质的赠与合同，不适用前款规定。

第六百五十九条 赠与的财产依法需要办理登记或者其他手续的，应当办理有关手续。

第六百六十条 经过公证的赠与合同或者依法不得撤销的具有救灾、扶贫、助残等公益、道德义务性质的赠与合同，赠与人不交付赠与财产的，受赠人可以请求交付。

依据前款规定应当交付的赠与财产因赠与人故意或者重大过失致使毁损、灭失的，赠与人应当承担赔偿责任。

第六百六十一条 赠与可以附义务。

赠与附义务的，受赠人应当按照约定履行义务。

第六百六十二条 赠与的财产有瑕疵的，赠与人不承担责任。附义务的赠与，赠与的财产有瑕疵的，赠与人在附义务的限度内承担与出卖人相同的责任。

赠与人故意不告知瑕疵或者保证无瑕疵，造成受赠人损失的，应当承担赔偿责任。

第六百六十三条 受赠人有下列情形之一的，赠与人可以撤销赠与：

（一）严重侵害赠与人或者赠与人近亲属的合法权益；

（二）对赠与人有扶养义务而不履行；

（三）不履行赠与合同约定的义务。

赠与人的撤销权，自知道或者应当知道撤销事由之日起一年内行使。

第六百六十四条 因受赠人的违法行为致使赠与人死亡或者丧失民事行为能力的，赠与人的继承人或者法定代理人可以撤销赠与。

赠与人的继承人或者法定代理人的撤销权，自知道或者应当知道撤销事由之日起六个月内行使。

第六百六十五条 撤销权人撤销赠与的，可以向受赠人请求返还赠与的财产。

第六百六十六条 赠与人的经济状况显著恶化，严重影响其生产经营或者家庭生活的，可以不再履行赠与义务。

第十二章　借款合同

第六百六十七条 借款合同是借款人向贷款人借款，到期返还借款并支付利息的合同。

第六百六十八条 借款合同应当采用书面形式，但是自然人之间借款另有约定的除外。

借款合同的内容一般包括借款种类、币种、用途、数额、利率、期限和还款方式等条款。

第六百六十九条 订立借款合同，借款人应当按照贷款人的要求提供与借款有关的业务活动和财务状况的真实情况。

第六百七十条 借款的利息不得预先在本金中扣除。利息预先在本金中扣除的，应当按照实际借款数额返还借款并计算利息。

第六百七十一条 贷款人未按照约定的日期、数额提供借款，造成借款人损失的，应当赔偿损失。

借款人未按照约定的日期、数额收取借款的，应当按照约定的日期、数额支付利息。

第六百七十二条 贷款人按照约定可以检查、监督借款的使用情况。借款人应当按照约定向贷款人定期提供有关财务会计报表或者其他资料。

第六百七十三条 借款人未按照约定的借款用途使用借款的，贷款人可以停止发放借款、提前收回借款或者解除合同。

第六百七十四条 借款人应当按照约定的期限支付利息。对支付利息的期限没有约定或者约定不明确，依据本法第五百一十条的规定仍不能确定，借款期间不满一年的，应当在返还借款时一并支付；借款期间一年以上的，应当在每届满一年时支付，剩余期间不满一年的，应当在返还借款时一并支付。

第六百七十五条 借款人应当按照约定的期限返还借款。对借款期限没有约定或者约定不明确，依据本法第五百一十条的规定仍不能确定的，借款人可以随时返还；贷款人可以催告借款人在合理期限内返还。

第六百七十六条 借款人未按照约定的期限返还借款的，应当按照约定或者国家有关规定支付逾期利息。

第六百七十七条 借款人提前返还借款的,除当事人另有约定外,应当按照实际借款的期间计算利息。

第六百七十八条 借款人可以在还款期限届满前向贷款人申请展期;贷款人同意的,可以展期。

第六百七十九条 自然人之间的借款合同,自贷款人提供借款时成立。

第六百八十条 禁止高利放贷,借款的利率不得违反国家有关规定。

借款合同对支付利息没有约定的,视为没有利息。

借款合同对支付利息约定不明确,当事人不能达成补充协议的,按照当地或者当事人的交易方式、交易习惯、市场利率等因素确定利息;自然人之间借款的,视为没有利息。

第十三章 保证合同

第一节 一般规定

第六百八十一条 保证合同是为保障债权的实现,保证人和债权人约定,当债务人不履行到期债务或者发生当事人约定的情形时,保证人履行债务或者承担责任的合同。

第六百八十二条 保证合同是主债权债务合同的从合同。主债权债务合同无效的,保证合同无效,但是法律另有规定的除外。

保证合同被确认无效后,债务人、保证人、债权人有过错的,应当根据其过错各自承担相应的民事责任。

第六百八十三条 机关法人不得为保证人,但是经国务院批准为使用外国政府或者国际经济组织贷款进行转贷的除外。

以公益为目的的非营利法人、非法人组织不得为保证人。

第六百八十四条 保证合同的内容一般包括被保证的主债权的种类、数额,债务人履行债务的期限,保证的方式、范围和期间等条款。

第六百八十五条 保证合同可以是单独订立的书面合同,也可以是主债权债务合同中的保证条款。

第三人单方以书面形式向债权人作出保证,债权人接收且未提出异议的,保证合同成立。

第六百八十六条 保证的方式包括一般保证和连带责任保证。

当事人在保证合同中对保证方式没有约定或者约定不明确的,按照一般保证承担保证责任。

第六百八十七条 当事人在保证合同中约定,债务人不能履行债务时,由保证人承担保证责任的,为一般保证。

一般保证的保证人在主合同纠纷未经审判或者仲裁,并就债务人财产依法强制执行仍不能履行债务前,有权拒绝向债权人承担保证责任,但是有下列情形之一的除外:

(一)债务人下落不明,且无财产可供执行;

(二)人民法院已经受理债务人破产案件;

(三)债权人有证据证明债务人的财产不足以履行全部债务或者丧失履行债务能力;

(四)保证人书面表示放弃本款规定的权利。

第六百八十八条 当事人在保证合同中约定保证人和债务人对债务承担连带责任的,为连带责任保证。

连带责任保证的债务人不履行到期债务或者发生当事人约定的情形时,债权人可以请求债务人履行债务,也可以请求保证人在其保证范围内承担保证责任。

第六百八十九条 保证人可以要求债务人提供反担保。

第六百九十条 保证人与债权人可以协商订立最高额保证的合同,约定在最高债权额限度内就一定期间连续发生的债权提供保证。

最高额保证除适用本章规定外,参照适用本法第二编最高额抵押权的有关规定。

第二节 保证责任

第六百九十一条 保证的范围包括主债权及其利息、违约金、损害赔偿金和实现债权的费用。当事人另有约定的,按照其约定。

第六百九十二条 保证期间是确定保证人承担保证责任的期间,不发生中止、中断和延长。

债权人与保证人可以约定保证期间,但是约定的保证期间早于主债务履行期限或者与主债务履行期限同时届满的,视为没有约定;没有约定或者约定不明确的,保证期间为主债务履行期限届满之日起六个月。

债权人与债务人对主债务履行期限没有约定或者约定不明确的,保证期间自债权人请求债务人履行债务的宽限期届满之日起计算。

第六百九十三条 一般保证的债权人未在保证期间对债务人提起诉讼或者申请仲裁的，保证人不再承担保证责任。

连带责任保证的债权人未在保证期间请求保证人承担保证责任的，保证人不再承担保证责任。

第六百九十四条 一般保证的债权人在保证期间届满前对债务人提起诉讼或者申请仲裁的，从保证人拒绝承担保证责任的权利消灭之日起，开始计算保证债务的诉讼时效。

连带责任保证的债权人在保证期间届满前请求保证人承担保证责任的，从债权人请求保证人承担保证责任之日起，开始计算保证债务的诉讼时效。

第六百九十五条 债权人和债务人未经保证人书面同意，协商变更主债权债务合同内容，减轻债务的，保证人仍对变更后的债务承担保证责任；加重债务的，保证人对加重的部分不承担保证责任。

债权人和债务人变更主债权债务合同的履行期限，未经保证人书面同意的，保证期间不受影响。

第六百九十六条 债权人转让全部或者部分债权，未通知保证人的，该转让对保证人不发生效力。

保证人与债权人约定禁止债权转让，债权人未经保证人书面同意转让债权的，保证人对受让人不再承担保证责任。

第六百九十七条 债权人未经保证人书面同意，允许债务人转移全部或者部分债务，保证人对未经其同意转移的债务不再承担保证责任，但是债权人和保证人另有约定的除外。

第三人加入债务的，保证人的保证责任不受影响。

第六百九十八条 一般保证的保证人在主债务履行期限届满后，向债权人提供债务人可供执行财产的真实情况，债权人放弃或者怠于行使权利致使该财产不能被执行的，保证人在其提供可供执行财产的价值范围内不再承担保证责任。

第六百九十九条 同一债务有两个以上保证人的，保证人应当按照保证合同约定的保证份额，承担保证责任；没有约定保证份额的，债权人可以请求任何一个保证人在其保证范围内承担保证责任。

第七百条 保证人承担保证责任后，除当事人另有约定外，有权在其承担保证责任的范围内向债务人追偿，享有债权人对债务人的权利，但是不得损害债权人的利益。

第七百零一条 保证人可以主张债务人对债权人的抗辩。债务人放弃抗辩的，保证人仍有权向债权人主张抗辩。

第七百零二条 债务人对债权人享有抵销权或者撤销权的，保证人可以在相应范围内拒绝承担保证责任。

第十四章 租赁合同

第七百零三条 租赁合同是出租人将租赁物交付承租人使用、收益，承租人支付租金的合同。

第七百零四条 租赁合同的内容一般包括租赁物的名称、数量、用途、租赁期限、租金及其支付期限和方式、租赁物维修等条款。

第七百零五条 租赁期限不得超过二十年。超过二十年的，超过部分无效。

租赁期限届满，当事人可以续订租赁合同；但是，约定的租赁期限自续订之日起不得超过二十年。

第七百零六条 当事人未依照法律、行政法规规定办理租赁合同登记备案手续的，不影响合同的效力。

第七百零七条 租赁期限六个月以上的，应当采用书面形式。当事人未采用书面形式，无法确定租赁期限的，视为不定期租赁。

第七百零八条 出租人应当按照约定将租赁物交付承租人，并在租赁期限内保持租赁物符合约定的用途。

第七百零九条 承租人应当按照约定的方法使用租赁物。对租赁物的使用方法没有约定或者约定不明确，依据本法第五百一十条的规定仍不能确定的，应当根据租赁物的性质使用。

第七百一十条 承租人按照约定的方法或者根据租赁物的性质使用租赁物，致使租赁物受到损耗的，不承担赔偿责任。

第七百一十一条 承租人未按照约定的方法或者未根据租赁物的性质使用租赁物，致使租赁物受到损失的，出租人可以解除合同并请求赔偿损失。

第七百一十二条 出租人应当履行租赁物的维修义务，但是当事人另有约定的除外。

第七百一十三条 承租人在租赁物需要维修时可以请求出租人在合理期限内维修。出租人未履行维修义务的，承租人可以自行维修，维修费用由出租人负担。因维修租赁物影响承租人使用的，应当相应减少租金或者延长租期。

因承租人的过错致使租赁物需要维修的，出租人不承担前款规定的维修义务。

第七百一十四条 承租人应当妥善保管租赁物，因保管不善造成租赁物毁损、灭失的，应当承担赔偿责任。

第七百一十五条 承租人经出租人同意，可以对租赁物进行改善或者增设他物。

承租人未经出租人同意，对租赁物进行改善或者增设他物的，出租人可以请求承租人恢复原状或者赔偿损失。

第七百一十六条 承租人经出租人同意，可以将租赁物转租给第三人。承租人转租的，承租人与出租人之间的租赁合同继续有效；第三人造成租赁物损失的，承租人应当赔偿损失。

承租人未经出租人同意转租的，出租人可以解除合同。

第七百一十七条 承租人经出租人同意将租赁物转租给第三人，转租期限超过承租人剩余租赁期限的，超过部分的约定对出租人不具有法律约束力，但是出租人与承租人另有约定的除外。

第七百一十八条 出租人知道或者应当知道承租人转租，但是在六个月内未提出异议的，视为出租人同意转租。

第七百一十九条 承租人拖欠租金的，次承租人可以代承租人支付其欠付的租金和违约金，但是转租合同对出租人不具有法律约束力的除外。

次承租人代为支付的租金和违约金，可以充抵次承租人应当向承租人支付的租金；超出其应付的租金数额的，可以向承租人追偿。

第七百二十条 在租赁期限内因占有、使用租赁物获得的收益，归承租人所有，但是当事人另有约定的除外。

第七百二十一条 承租人应当按照约定的期限支付租金。对支付租金的期限没有约定或者约定不明确，依据本法第五百一十条的规定仍不能确定，租赁期限不满一年的，应当在租赁期限届满时支付；租赁期限一年以上的，应当在每届满一年时支付，剩余期限不满一年的，应当在租赁期限届满时支付。

第七百二十二条 承租人无正当理由未支付或者迟延支付租金的，出租人可以请求承租人在合理期限内支付；承租人逾期不支付的，出租人可以解除合同。

第七百二十三条 因第三人主张权利，致使承租人不能对租赁物使用、收益的，承租人可以请求减少租金或者不支付租金。

第三人主张权利的，承租人应当及时通知出租人。

第七百二十四条 有下列情形之一，非因承租人原因致使租赁物无法使用的，承租人可以解除合同：

（一）租赁物被司法机关或者行政机关依法查封、扣押；

（二）租赁物权属有争议；

（三）租赁物具有违反法律、行政法规关于使用条件的强制性规定情形。

第七百二十五条 租赁物在承租人按照租赁合同占有期限内发生所有权变动的，不影响租赁合同的效力。

第七百二十六条 出租人出卖租赁房屋的，应当在出卖之前的合理期限内通知承租人，承租人享有以同等条件优先购买的权利；但是，房屋按份共有人行使优先购买权或者出租人将房屋出卖给近亲属的除外。

出租人履行通知义务后，承租人在十五日内未明确表示购买的，视为承租人放弃优先购买权。

第七百二十七条 出租人委托拍卖人拍卖租赁房屋的，应当在拍卖五日前通知承租人。承租人未参加拍卖的，视为放弃优先购买权。

第七百二十八条 出租人未通知承租人或者有其他妨害承租人行使优先购买权情形的，承租人可以请求出租人承担赔偿责任。但是，出租人与第三人订立的房屋买卖合同的效力不受影响。

第七百二十九条 因不可归责于承租人的事由，致使租赁物部分或者全部毁损、灭失的，承租人可以请求减少租金或者不支付租金；因租赁物部分或者全部毁损、灭失，致使不能实现合同目的的，承租人可以解除合同。

第七百三十条 当事人对租赁期限没有约定或者约定不明确，依据本法第五百一十条的规定仍不能确定的，视为不定期租赁；当事人可以随时解除合同，但是应当在合理期限之前通知对方。

第七百三十一条 租赁物危及承租人的安全或者健康的，即使承租人订立合同时明知该租赁物质量不合格,承租人仍然可以随时解除合同。

第七百三十二条 承租人在房屋租赁期限内死亡的,与其生前共同居住的人或者共同经营人可以按照原租赁合同租赁该房屋。

第七百三十三条 租赁期限届满,承租人应当返还租赁物。返还的租赁物应当符合按照约定或者根据租赁物的性质使用后的状态。

第七百三十四条 租赁期限届满,承租人继续使用租赁物,出租人没有提出异议的,原租赁合同继续有效,但是租赁期限为不定期。

租赁期限届满,房屋承租人享有以同等条件优先承租的权利。

第十五章　融资租赁合同

第七百三十五条 融资租赁合同是出租人根据承租人对出卖人、租赁物的选择,向出卖人购买租赁物,提供给承租人使用,承租人支付租金的合同。

第七百三十六条 融资租赁合同的内容一般包括租赁物的名称、数量、规格、技术性能、检验方法,租赁期限,租金构成及其支付期限和方式、币种,租赁期限届满租赁物的归属等条款。

融资租赁合同应当采用书面形式。

第七百三十七条 当事人以虚构租赁物方式订立的融资租赁合同无效。

第七百三十八条 依照法律、行政法规的规定,对于租赁物的经营使用应当取得行政许可的,出租人未取得行政许可不影响融资租赁合同的效力。

第七百三十九条 出租人根据承租人对出卖人、租赁物的选择订立的买卖合同,出卖人应当按照约定向承租人交付标的物,承租人享有与受领标的物有关的买受人的权利。

第七百四十条 出卖人违反向承租人交付标的物的义务,有下列情形之一的,承租人可以拒绝受领出卖人向其交付的标的物:

(一)标的物严重不符合约定;

(二)未按照约定交付标的物,经承租人或者出租人催告后在合理期限内仍未交付。

承租人拒绝受领标的物的,应当及时通知出租人。

第七百四十一条 出租人、出卖人、承租人可以约定,出卖人不履行买卖合同义务的，由承租人行使索赔的权利。承租人行使索赔权利的，出租人应当协助。

第七百四十二条 承租人对出卖人行使索赔权利，不影响其履行支付租金的义务。但是，承租人依赖出租人的技能确定租赁物或者出租人干预选择租赁物的，承租人可以请求减免相应租金。

第七百四十三条 出租人有下列情形之一，致使承租人对出卖人行使索赔权利失败的，承租人有权请求出租人承担相应的责任：

（一）明知租赁物有质量瑕疵而不告知承租人；

（二）承租人行使索赔权利时，未及时提供必要协助。

出租人怠于行使只能由其对出卖人行使的索赔权利，造成承租人损失的，承租人有权请求出租人承担赔偿责任。

第七百四十四条 出租人根据承租人对出卖人、租赁物的选择订立的买卖合同，未经承租人同意，出租人不得变更与承租人有关的合同内容。

第七百四十五条 出租人对租赁物享有的所有权，未经登记，不得对抗善意第三人。

第七百四十六条 融资租赁合同的租金，除当事人另有约定外，应当根据购买租赁物的大部分或者全部成本以及出租人的合理利润确定。

第七百四十七条 租赁物不符合约定或者不符合使用目的的，出租人不承担责任。但是，承租人依赖出租人的技能确定租赁物或者出租人干预选择租赁物的除外。

第七百四十八条 出租人应当保证承租人对租赁物的占有和使用。

出租人有下列情形之一的，承租人有权请求其赔偿损失：

（一）无正当理由收回租赁物；

（二）无正当理由妨碍、干扰承租人对租赁物的占有和使用；

（三）因出租人的原因致使第三人对租赁物主张权利；

（四）不当影响承租人对租赁物占有和使用的其他情形。

第七百四十九条 承租人占有租赁物期间，租赁物造成第三人人身损害或者财产损失的，出租人不承担责任。

第七百五十条 承租人应当妥善保管、使用租赁物。

承租人应当履行占有租赁物期间的维修义务。

第七百五十一条 承租人占有租赁物期间，租赁物毁损、灭失的，出租人有权请求承租人继续支付租金，但是法律另有规定或者当事人另有约定的除外。

第七百五十二条 承租人应当按照约定支付租金。承租人经催告后在合理期限内仍不支付租金的,出租人可以请求支付全部租金;也可以解除合同,收回租赁物。

第七百五十三条 承租人未经出租人同意,将租赁物转让、抵押、质押、投资入股或者以其他方式处分的,出租人可以解除融资租赁合同。

第七百五十四条 有下列情形之一的,出租人或者承租人可以解除融资租赁合同:

(一)出租人与出卖人订立的买卖合同解除、被确认无效或者被撤销,且未能重新订立买卖合同;

(二)租赁物因不可归责于当事人的原因毁损、灭失,且不能修复或者确定替代物;

(三)因出卖人的原因致使融资租赁合同的目的不能实现。

第七百五十五条 融资租赁合同因买卖合同解除、被确认无效或者被撤销而解除,出卖人、租赁物系由承租人选择的,出租人有权请求承租人赔偿相应损失;但是,因出租人原因致使买卖合同解除、被确认无效或者被撤销的除外。

出租人的损失已经在买卖合同解除、被确认无效或者被撤销时获得赔偿的,承租人不再承担相应的赔偿责任。

第七百五十六条 融资租赁合同因租赁物交付承租人后意外毁损、灭失等不可归责于当事人的原因解除的,出租人可以请求承租人按照租赁物折旧情况给予补偿。

第七百五十七条 出租人和承租人可以约定租赁期限届满租赁物的归属;对租赁物的归属没有约定或者约定不明确,依据本法第五百一十条的规定仍不能确定的,租赁物的所有权归出租人。

第七百五十八条 当事人约定租赁期限届满租赁物归承租人所有,承租人已经支付大部分租金,但是无力支付剩余租金,出租人因此解除合同收回租赁物,收回的租赁物的价值超过承租人欠付的租金以及其他费用的,承租人可以请求相应返还。

当事人约定租赁期限届满租赁物归出租人所有,因租赁物毁损、灭失或者附合、混合于他物致使承租人不能返还的,出租人有权请求承租人给予合理补偿。

第七百五十九条 当事人约定租赁期限届满，承租人仅需向出租人支付象征性价款的，视为约定的租金义务履行完毕后租赁物的所有权归承租人。

第七百六十条 融资租赁合同无效，当事人就该情形下租赁物的归属有约定的，按照其约定；没有约定或者约定不明确的，租赁物应当返还出租人。但是，因承租人原因致使合同无效，出租人不请求返还或者返还后会显著降低租赁物效用的，租赁物的所有权归承租人，由承租人给予出租人合理补偿。

第十六章　保理合同

第七百六十一条 保理合同是应收账款债权人将现有的或者将有的应收账款转让给保理人，保理人提供资金融通、应收账款管理或者催收、应收账款债务人付款担保等服务的合同。

第七百六十二条 保理合同的内容一般包括业务类型、服务范围、服务期限、基础交易合同情况、应收账款信息、保理融资款或者服务报酬及其支付方式等条款。

保理合同应当采用书面形式。

第七百六十三条 应收账款债权人与债务人虚构应收账款作为转让标的，与保理人订立保理合同的，应收账款债务人不得以应收账款不存在为由对抗保理人，但是保理人明知虚构的除外。

第七百六十四条 保理人向应收账款债务人发出应收账款转让通知的，应当表明保理人身份并附有必要凭证。

第七百六十五条 应收账款债务人接到应收账款转让通知后，应收账款债权人与债务人无正当理由协商变更或者终止基础交易合同，对保理人产生不利影响的，对保理人不发生效力。

第七百六十六条 当事人约定有追索权保理的，保理人可以向应收账款债权人主张返还保理融资款本息或者回购应收账款债权，也可以向应收账款债务人主张应收账款债权。保理人向应收账款债务人主张应收账款债权，在扣除保理融资款本息和相关费用后有剩余的，剩余部分应当返还给应收账款债权人。

第七百六十七条 当事人约定无追索权保理的，保理人应当向应收账款债务人主张应收账款债权，保理人取得超过保理融资款本息和相关费用的部分，无需向应收账款债权人返还。

第七百六十八条 应收账款债权人就同一应收账款订立多个保理合同，致使多个保理人主张权利的，已经登记的先于未登记的取得应收账款；均已经登记的，按照登记时间的先后顺序取得应收账款；均未登记的，由最先到达应收账款债务人的转让通知中载明的保理人取得应收账款；既未登记也未通知的，按照保理融资款或者服务报酬的比例取得应收账款。

第七百六十九条 本章没有规定的，适用本编第六章债权转让的有关规定。

第十七章 承揽合同

第七百七十条 承揽合同是承揽人按照定作人的要求完成工作，交付工作成果，定作人支付报酬的合同。

承揽包括加工、定作、修理、复制、测试、检验等工作。

第七百七十一条 承揽合同的内容一般包括承揽的标的、数量、质量、报酬、承揽方式，材料的提供，履行期限，验收标准和方法等条款。

第七百七十二条 承揽人应当以自己的设备、技术和劳力，完成主要工作，但是当事人另有约定的除外。

承揽人将其承揽的主要工作交由第三人完成的，应当就该第三人完成的工作成果向定作人负责；未经定作人同意的，定作人也可以解除合同。

第七百七十三条 承揽人可以将其承揽的辅助工作交由第三人完成。承揽人将其承揽的辅助工作交由第三人完成的，应当就该第三人完成的工作成果向定作人负责。

第七百七十四条 承揽人提供材料的，应当按照约定选用材料，并接受定作人检验。

第七百七十五条 定作人提供材料的，应当按照约定提供材料。承揽人对定作人提供的材料应当及时检验，发现不符合约定时，应当及时通知定作人更换、补齐或者采取其他补救措施。

承揽人不得擅自更换定作人提供的材料，不得更换不需要修理的零部件。

第七百七十六条 承揽人发现定作人提供的图纸或者技术要求不合理的，应当及时通知定作人。因定作人怠于答复等原因造成承揽人损失的，应当赔偿损失。

第七百七十七条 定作人中途变更承揽工作的要求，造成承揽人损失的，应当赔偿损失。

第七百七十八条 承揽工作需要定作人协助的，定作人有协助的义务。定作人不履行协助义务致使承揽工作不能完成的，承揽人可以催告定作人在合理期限内履行义务，并可以顺延履行期限；定作人逾期不履行的，承揽人可以解除合同。

第七百七十九条 承揽人在工作期间，应当接受定作人必要的监督检验。定作人不得因监督检验妨碍承揽人的正常工作。

第七百八十条 承揽人完成工作的，应当向定作人交付工作成果，并提交必要的技术资料和有关质量证明。定作人应当验收该工作成果。

第七百八十一条 承揽人交付的工作成果不符合质量要求的，定作人可以合理选择请求承揽人承担修理、重作、减少报酬、赔偿损失等违约责任。

第七百八十二条 定作人应当按照约定的期限支付报酬。对支付报酬的期限没有约定或者约定不明确，依据本法第五百一十条的规定仍不能确定的，定作人应当在承揽人交付工作成果时支付；工作成果部分交付的，定作人应当相应支付。

第七百八十三条 定作人未向承揽人支付报酬或者材料费等价款的，承揽人对完成的工作成果享有留置权或者有权拒绝交付，但是当事人另有约定的除外。

第七百八十四条 承揽人应当妥善保管定作人提供的材料以及完成的工作成果，因保管不善造成毁损、灭失的，应当承担赔偿责任。

第七百八十五条 承揽人应当按照定作人的要求保守秘密，未经定作人许可，不得留存复制品或者技术资料。

第七百八十六条 共同承揽人对定作人承担连带责任，但是当事人另有约定的除外。

第七百八十七条 定作人在承揽人完成工作前可以随时解除合同，造成承揽人损失的，应当赔偿损失。

第十八章　建设工程合同

第七百八十八条 建设工程合同是承包人进行工程建设，发包人支付价款的合同。

建设工程合同包括工程勘察、设计、施工合同。

第七百八十九条 建设工程合同应当采用书面形式。

第七百九十条 建设工程的招标投标活动，应当依照有关法律的规定公开、公平、公正进行。

第七百九十一条 发包人可以与总承包人订立建设工程合同，也可以分别与勘察人、设计人、施工人订立勘察、设计、施工承包合同。发包人不得将应当由一个承包人完成的建设工程支解成若干部分发包给数个承包人。

总承包人或者勘察、设计、施工承包人经发包人同意，可以将自己承包的部分工作交由第三人完成。第三人就其完成的工作成果与总承包人或者勘察、设计、施工承包人向发包人承担连带责任。承包人不得将其承包的全部建设工程转包给第三人或者将其承包的全部建设工程支解以后以分包的名义分别转包给第三人。

禁止承包人将工程分包给不具备相应资质条件的单位。禁止分包单位将其承包的工程再分包。建设工程主体结构的施工必须由承包人自行完成。

第七百九十二条 国家重大建设工程合同，应当按照国家规定的程序和国家批准的投资计划、可行性研究报告等文件订立。

第七百九十三条 建设工程施工合同无效，但是建设工程经验收合格的，可以参照合同关于工程价款的约定折价补偿承包人。

建设工程施工合同无效，且建设工程经验收不合格的，按照以下情形处理：

（一）修复后的建设工程经验收合格的，发包人可以请求承包人承担修复费用；

（二）修复后的建设工程经验收不合格的，承包人无权请求参照合同关于工程价款的约定折价补偿。

发包人对因建设工程不合格造成的损失有过错的，应当承担相应的责任。

第七百九十四条 勘察、设计合同的内容一般包括提交有关基础资料和概预算等文件的期限、质量要求、费用以及其他协作条件等条款。

第七百九十五条 施工合同的内容一般包括工程范围、建设工期、中间交工工程的开工和竣工时间、工程质量、工程造价、技术资料交付时间、材料和设备供应责任、拨款和结算、竣工验收、质量保修范围和质量保证期、相互协作等条款。

第七百九十六条 建设工程实行监理的，发包人应当与监理人采用书面形式订立委托监理合同。发包人与监理人的权利和义务以及法律责任，应当依照本编委托合同以及其他有关法律、行政法规的规定。

第七百九十七条 发包人在不妨碍承包人正常作业的情况下，可以随时对作业进度、质量进行检查。

第七百九十八条 隐蔽工程在隐蔽以前，承包人应当通知发包人检查。发包人没有及时检查的，承包人可以顺延工程日期，并有权请求赔偿停工、窝工等损失。

第七百九十九条 建设工程竣工后，发包人应当根据施工图纸及说明书、国家颁发的施工验收规范和质量检验标准及时进行验收。验收合格的，发包人应当按照约定支付价款，并接收该建设工程。

建设工程竣工经验收合格后，方可交付使用；未经验收或者验收不合格的，不得交付使用。

第八百条 勘察、设计的质量不符合要求或者未按照期限提交勘察、设计文件拖延工期，造成发包人损失的，勘察人、设计人应当继续完善勘察、设计，减收或者免收勘察、设计费并赔偿损失。

第八百零一条 因施工人的原因致使建设工程质量不符合约定的，发包人有权请求施工人在合理期限内无偿修理或者返工、改建。经过修理或者返工、改建后，造成逾期交付的，施工人应当承担违约责任。

第八百零二条 因承包人的原因致使建设工程在合理使用期限内造成人身损害和财产损失的，承包人应当承担赔偿责任。

第八百零三条 发包人未按照约定的时间和要求提供原材料、设备、场地、资金、技术资料的，承包人可以顺延工程日期，并有权请求赔偿停工、窝工等损失。

第八百零四条 因发包人的原因致使工程中途停建、缓建的，发包人应当采取措施弥补或者减少损失，赔偿承包人因此造成的停工、窝工、倒运、机械设备调迁、材料和构件积压等损失和实际费用。

第八百零五条 因发包人变更计划，提供的资料不准确，或者未按照期限提供必需的勘察、设计工作条件而造成勘察、设计的返工、停工或者修改设计，发包人应当按照勘察人、设计人实际消耗的工作量增付费用。

第八百零六条 承包人将建设工程转包、违法分包的，发包人可以解除合同。

发包人提供的主要建筑材料、建筑构配件和设备不符合强制性标准或者不履行协助义务，致使承包人无法施工，经催告后在合理期限内仍未履行相应义务的，承包人可以解除合同。

合同解除后，已经完成的建设工程质量合格的，发包人应当按照约定支付相应的工程价款；已经完成的建设工程质量不合格的，参照本法第七百九十三条的规定处理。

第八百零七条 发包人未按照约定支付价款的，承包人可以催告发包人在合理期限内支付价款。发包人逾期不支付的，除根据建设工程的性质不宜折价、拍卖外，承包人可以与发包人协议将该工程折价，也可以请求人民法院将该工程依法拍卖。建设工程的价款就该工程折价或者拍卖的价款优先受偿。

第八百零八条 本章没有规定的，适用承揽合同的有关规定。

第十九章 运输合同

第一节 一般规定

第八百零九条 运输合同是承运人将旅客或者货物从起运地点运输到约定地点，旅客、托运人或者收货人支付票款或者运输费用的合同。

第八百一十条 从事公共运输的承运人不得拒绝旅客、托运人通常、合理的运输要求。

第八百一十一条 承运人应当在约定期限或者合理期限内将旅客、货物安全运输到约定地点。

第八百一十二条 承运人应当按照约定的或者通常的运输路线将旅客、货物运输到约定地点。

第八百一十三条 旅客、托运人或者收货人应当支付票款或者运输费用。承运人未按照约定路线或者通常路线运输增加票款或者运输费用的，旅客、托运人或者收货人可以拒绝支付增加部分的票款或者运输费用。

第二节 客运合同

第八百一十四条 客运合同自承运人向旅客出具客票时成立，但是当事人另有约定或者另有交易习惯的除外。

第八百一十五条 旅客应当按照有效客票记载的时间、班次和座位号乘坐。旅客无票乘坐、超程乘坐、越级乘坐或者持不符合减价条件的优惠客票乘坐的，应当补交票款，承运人可以按照规定加收票款；旅客不支付票款的，承运人可以拒绝运输。

实名制客运合同的旅客丢失客票的，可以请求承运人挂失补办，承运人不得再次收取票款和其他不合理费用。

第八百一十六条 旅客因自己的原因不能按照客票记载的时间乘坐的，应当在约定的期限内办理退票或者变更手续；逾期办理的，承运人可以不退票款，并不再承担运输义务。

第八百一十七条 旅客随身携带行李应当符合约定的限量和品类要求；超过限量或者违反品类要求携带行李的，应当办理托运手续。

第八百一十八条 旅客不得随身携带或者在行李中夹带易燃、易爆、有毒、有腐蚀性、有放射性以及可能危及运输工具上人身和财产安全的危险物品或者违禁物品。

旅客违反前款规定的，承运人可以将危险物品或者违禁物品卸下、销毁或者送交有关部门。旅客坚持携带或者夹带危险物品或者违禁物品的，承运人应当拒绝运输。

第八百一十九条 承运人应当严格履行安全运输义务，及时告知旅客安全运输应当注意的事项。旅客对承运人为安全运输所作的合理安排应当积极协助和配合。

第八百二十条 承运人应当按照有效客票记载的时间、班次和座位号运输旅客。承运人迟延运输或者有其他不能正常运输情形的，应当及时告知和提醒旅客，采取必要的安置措施，并根据旅客的要求安排改乘其他班次或者退票；由此造成旅客损失的，承运人应当承担赔偿责任，但是不可归责于承运人的除外。

第八百二十一条 承运人擅自降低服务标准的，应当根据旅客的请求退票或者减收票款；提高服务标准的，不得加收票款。

第八百二十二条 承运人在运输过程中，应当尽力救助患有急病、分娩、遇险的旅客。

第八百二十三条 承运人应当对运输过程中旅客的伤亡承担赔偿责任；但是，伤亡是旅客自身健康原因造成的或者承运人证明伤亡是旅客故意、重大过失造成的除外。

前款规定适用于按照规定免票、持优待票或者经承运人许可搭乘的无票旅客。

第八百二十四条 在运输过程中旅客随身携带物品毁损、灭失，承运人有过错的，应当承担赔偿责任。

旅客托运的行李毁损、灭失的，适用货物运输的有关规定。

第三节 货运合同

第八百二十五条 托运人办理货物运输，应当向承运人准确表明收货人的姓名、名称或者凭指示的收货人，货物的名称、性质、重量、数量，收货地点等有关货物运输的必要情况。

因托运人申报不实或者遗漏重要情况，造成承运人损失的，托运人应当承担赔偿责任。

第八百二十六条 货物运输需要办理审批、检验等手续的，托运人应当将办理完有关手续的文件提交承运人。

第八百二十七条 托运人应当按照约定的方式包装货物。对包装方式没有约定或者约定不明确的，适用本法第六百一十九条的规定。

托运人违反前款规定的，承运人可以拒绝运输。

第八百二十八条 托运人托运易燃、易爆、有毒、有腐蚀性、有放射性等危险物品的，应当按照国家有关危险物品运输的规定对危险物品妥善包装，做出危险物品标志和标签，并将有关危险物品的名称、性质和防范措施的书面材料提交承运人。

托运人违反前款规定的，承运人可以拒绝运输，也可以采取相应措施以避免损失的发生，因此产生的费用由托运人负担。

第八百二十九条 在承运人将货物交付收货人之前，托运人可以要求承运人中止运输、返还货物、变更到达地或者将货物交给其他收货人，但是应当赔偿承运人因此受到的损失。

第八百三十条 货物运输到达后，承运人知道收货人的，应当及时通知收货人，收货人应当及时提货。收货人逾期提货的，应当向承运人支付保管费等费用。

第八百三十一条 收货人提货时应当按照约定的期限检验货物。对检验货物的期限没有约定或者约定不明确，依据本法第五百一十条的规定仍不能确定的,应当在合理期限内检验货物。收货人在约定的期限或者合理期限内对货物的数量、毁损等未提出异议的,视为承运人已经按照运输单证的记载交付的初步证据。

第八百三十二条 承运人对运输过程中货物的毁损、灭失承担赔偿责任。但是,承运人证明货物的毁损、灭失是因不可抗力、货物本身的自然性质或者合理损耗以及托运人、收货人的过错造成的,不承担赔偿责任。

第八百三十三条 货物的毁损、灭失的赔偿额,当事人有约定的,按照其约定;没有约定或者约定不明确,依据本法第五百一十条的规定仍不能确定的,按照交付或者应当交付时货物到达地的市场价格计算。法律、行政法规对赔偿额的计算方法和赔偿限额另有规定的,依照其规定。

第八百三十四条 两个以上承运人以同一运输方式联运的,与托运人订立合同的承运人应当对全程运输承担责任;损失发生在某一运输区段的,与托运人订立合同的承运人和该区段的承运人承担连带责任。

第八百三十五条 货物在运输过程中因不可抗力灭失,未收取运费的,承运人不得请求支付运费;已经收取运费的,托运人可以请求返还。法律另有规定的,依照其规定。

第八百三十六条 托运人或者收货人不支付运费、保管费或者其他费用的,承运人对相应的运输货物享有留置权,但是当事人另有约定的除外。

第八百三十七条 收货人不明或者收货人无正当理由拒绝受领货物的,承运人依法可以提存货物。

第四节 多式联运合同

第八百三十八条 多式联运经营人负责履行或者组织履行多式联运合同,对全程运输享有承运人的权利,承担承运人的义务。

第八百三十九条 多式联运经营人可以与参加多式联运的各区段承运人就多式联运合同的各区段运输约定相互之间的责任;但是,该约定不影响多式联运经营人对全程运输承担的义务。

第八百四十条 多式联运经营人收到托运人交付的货物时,应当签发多式联运单据。按照托运人的要求,多式联运单据可以是可转让单据,也可以是不可转让单据。

第八百四十一条 因托运人托运货物时的过错造成多式联运经营人损

失的，即使托运人已经转让多式联运单据，托运人仍然应当承担赔偿责任。

第八百四十二条 货物的毁损、灭失发生于多式联运的某一运输区段的，多式联运经营人的赔偿责任和责任限额，适用调整该区段运输方式的有关法律规定；货物毁损、灭失发生的运输区段不能确定的，依照本章规定承担赔偿责任。

第二十章 技术合同

第一节 一般规定

第八百四十三条 技术合同是当事人就技术开发、转让、许可、咨询或者服务订立的确立相互之间权利和义务的合同。

第八百四十四条 订立技术合同，应当有利于知识产权的保护和科学技术的进步，促进科学技术成果的研发、转化、应用和推广。

第八百四十五条 技术合同的内容一般包括项目的名称，标的的内容、范围和要求，履行的计划、地点和方式，技术信息和资料的保密，技术成果的归属和收益的分配办法，验收标准和方法，名词和术语的解释等条款。

与履行合同有关的技术背景资料、可行性论证和技术评价报告、项目任务书和计划书、技术标准、技术规范、原始设计和工艺文件，以及其他技术文档，按照当事人的约定可以作为合同的组成部分。

技术合同涉及专利的，应当注明发明创造的名称、专利申请人和专利权人、申请日期、申请号、专利号以及专利权的有效期限。

第八百四十六条 技术合同价款、报酬或者使用费的支付方式由当事人约定，可以采取一次总算、一次总付或者一次总算、分期支付，也可以采取提成支付或者提成支付附加预付入门费的方式。

约定提成支付的，可以按照产品价格、实施专利和使用技术秘密后新增的产值、利润或者产品销售额的一定比例提成，也可以按照约定的其他方式计算。提成支付的比例可以采取固定比例、逐年递增比例或者逐年递减比例。

约定提成支付的，当事人可以约定查阅有关会计账目的办法。

第八百四十七条 职务技术成果的使用权、转让权属于法人或者非法人组织的，法人或者非法人组织可以就该项职务技术成果订立技术合同。法人或者非法人组织订立技术合同转让职务技术成果时，职务技术成果的完成人享有以同等条件优先受让的权利。

职务技术成果是执行法人或者非法人组织的工作任务，或者主要是利用法人或者非法人组织的物质技术条件所完成的技术成果。

第八百四十八条 非职务技术成果的使用权、转让权属于完成技术成果的个人，完成技术成果的个人可以就该项非职务技术成果订立技术合同。

第八百四十九条 完成技术成果的个人享有在有关技术成果文件上写明自己是技术成果完成者的权利和取得荣誉证书、奖励的权利。

第八百五十条 非法垄断技术或者侵害他人技术成果的技术合同无效。

第二节 技术开发合同

第八百五十一条 技术开发合同是当事人之间就新技术、新产品、新工艺、新品种或者新材料及其系统的研究开发所订立的合同。

技术开发合同包括委托开发合同和合作开发合同。

技术开发合同应当采用书面形式。

当事人之间就具有实用价值的科技成果实施转化订立的合同，参照适用技术开发合同的有关规定。

第八百五十二条 委托开发合同的委托人应当按照约定支付研究开发经费和报酬，提供技术资料，提出研究开发要求，完成协作事项，接受研究开发成果。

第八百五十三条 委托开发合同的研究开发人应当按照约定制定和实施研究开发计划，合理使用研究开发经费，按期完成研究开发工作，交付研究开发成果，提供有关的技术资料和必要的技术指导，帮助委托人掌握研究开发成果。

第八百五十四条 委托开发合同的当事人违反约定造成研究开发工作停滞、延误或者失败的，应当承担违约责任。

第八百五十五条 合作开发合同的当事人应当按照约定进行投资，包括以技术进行投资，分工参与研究开发工作，协作配合研究开发工作。

第八百五十六条 合作开发合同的当事人违反约定造成研究开发工

停滞、延误或者失败的，应当承担违约责任。

第八百五十七条 作为技术开发合同标的的技术已经由他人公开，致使技术开发合同的履行没有意义的，当事人可以解除合同。

第八百五十八条 技术开发合同履行过程中，因出现无法克服的技术困难，致使研究开发失败或者部分失败的，该风险由当事人约定；没有约定或者约定不明确，依据本法第五百一十条的规定仍不能确定的，风险由当事人合理分担。

当事人一方发现前款规定的可能致使研究开发失败或者部分失败的情形时，应当及时通知另一方并采取适当措施减少损失；没有及时通知并采取适当措施，致使损失扩大的，应当就扩大的损失承担责任。

第八百五十九条 委托开发完成的发明创造，除法律另有规定或者当事人另有约定外，申请专利的权利属于研究开发人。研究开发人取得专利权的，委托人可以依法实施该专利。

研究开发人转让专利申请权的，委托人享有以同等条件优先受让的权利。

第八百六十条 合作开发完成的发明创造，申请专利的权利属于合作开发的当事人共有；当事人一方转让其共有的专利申请权的，其他各方享有以同等条件优先受让的权利。但是，当事人另有约定的除外。

合作开发的当事人一方声明放弃其共有的专利申请权的，除当事人另有约定外，可以由另一方单独申请或者由其他各方共同申请。申请人取得专利权的，放弃专利申请权的一方可以免费实施该专利。

合作开发的当事人一方不同意申请专利的，另一方或者其他各方不得申请专利。

第八百六十一条 委托开发或者合作开发完成的技术秘密成果的使用权、转让权以及收益的分配办法，由当事人约定；没有约定或者约定不明确，依据本法第五百一十条的规定仍不能确定的，在没有相同技术方案被授予专利权前，当事人均有使用和转让的权利。但是，委托开发的研究开发人不得在向委托人交付研究开发成果之前，将研究开发成果转让给第三人。

第三节　技术转让合同和技术许可合同

第八百六十二条 技术转让合同是合法拥有技术的权利人，将现有特定的专利、专利申请、技术秘密的相关权利让与他人所订立的合同。

技术许可合同是合法拥有技术的权利人，将现有特定的专利、技术秘密的相关权利许可他人实施、使用所订立的合同。

技术转让合同和技术许可合同中关于提供实施技术的专用设备、原材料或者提供有关的技术咨询、技术服务的约定，属于合同的组成部分。

第八百六十三条 技术转让合同包括专利权转让、专利申请权转让、技术秘密转让等合同。

技术许可合同包括专利实施许可、技术秘密使用许可等合同。

技术转让合同和技术许可合同应当采用书面形式。

第八百六十四条 技术转让合同和技术许可合同可以约定实施专利或者使用技术秘密的范围，但是不得限制技术竞争和技术发展。

第八百六十五条 专利实施许可合同仅在该专利权的存续期限内有效。专利权有效期限届满或者专利权被宣告无效的，专利权人不得就该专利与他人订立专利实施许可合同。

第八百六十六条 专利实施许可合同的许可人应当按照约定许可被许可人实施专利，交付实施专利有关的技术资料，提供必要的技术指导。

第八百六十七条 专利实施许可合同的被许可人应当按照约定实施专利，不得许可约定以外的第三人实施该专利，并按照约定支付使用费。

第八百六十八条 技术秘密转让合同的让与人和技术秘密使用许可合同的许可人应当按照约定提供技术资料，进行技术指导，保证技术的实用性、可靠性，承担保密义务。

前款规定的保密义务，不限制许可人申请专利，但是当事人另有约定的除外。

第八百六十九条 技术秘密转让合同的受让人和技术秘密使用许可合同的被许可人应当按照约定使用技术，支付转让费、使用费，承担保密义务。

第八百七十条 技术转让合同的让与人和技术许可合同的许可人应当保证自己是所提供的技术的合法拥有者，并保证所提供的技术完整、无误、有效，能够达到约定的目标。

第八百七十一条 技术转让合同的受让人和技术许可合同的被许可人应当按照约定的范围和期限，对让与人、许可人提供的技术中尚未公开的秘密部分，承担保密义务。

第八百七十二条 许可人未按照约定许可技术的，应当返还部分或者全部使用费，并应当承担违约责任；实施专利或者使用技术秘密超越约定的范围的，违反约定擅自许可第三人实施该项专利或者使用该项技术秘密的，应当停止违约行为，承担违约责任；违反约定的保密义务的，应当承担违约责任。

让与人承担违约责任，参照适用前款规定。

第八百七十三条 被许可人未按照约定支付使用费的，应当补交使用费并按照约定支付违约金；不补交使用费或者支付违约金的，应当停止实施专利或者使用技术秘密，交还技术资料，承担违约责任；实施专利或者使用技术秘密超越约定的范围的，未经许可人同意擅自许可第三人实施该专利或者使用该技术秘密的，应当停止违约行为，承担违约责任；违反约定的保密义务的，应当承担违约责任。

受让人承担违约责任，参照适用前款规定。

第八百七十四条 受让人或者被许可人按照约定实施专利、使用技术秘密侵害他人合法权益的，由让与人或者许可人承担责任，但是当事人另有约定的除外。

第八百七十五条 当事人可以按照互利的原则，在合同中约定实施专利、使用技术秘密后续改进的技术成果的分享办法；没有约定或者约定不明确，依据本法第五百一十条的规定仍不能确定的，一方后续改进的技术成果，其他各方无权分享。

第八百七十六条 集成电路布图设计专有权、植物新品种权、计算机软件著作权等其他知识产权的转让和许可，参照适用本节的有关规定。

第八百七十七条 法律、行政法规对技术进出口合同或者专利、专利申请合同另有规定的，依照其规定。

第四节 技术咨询合同和技术服务合同

第八百七十八条 技术咨询合同是当事人一方以技术知识为对方就特定技术项目提供可行性论证、技术预测、专题技术调查、分析评价报告等所订立的合同。

技术服务合同是当事人一方以技术知识为对方解决特定技术问题所订立的合同，不包括承揽合同和建设工程合同。

第八百七十九条 技术咨询合同的委托人应当按照约定阐明咨询的问

题，提供技术背景材料及有关技术资料，接受受托人的工作成果，支付报酬。

第八百八十条 技术咨询合同的受托人应当按照约定的期限完成咨询报告或者解答问题，提出的咨询报告应当达到约定的要求。

第八百八十一条 技术咨询合同的委托人未按照约定提供必要的资料，影响工作进度和质量，不接受或者逾期接受工作成果的，支付的报酬不得追回，未支付的报酬应当支付。

技术咨询合同的受托人未按期提出咨询报告或者提出的咨询报告不符合约定的，应当承担减收或者免收报酬等违约责任。

技术咨询合同的委托人按照受托人符合约定要求的咨询报告和意见作出决策所造成的损失，由委托人承担，但是当事人另有约定的除外。

第八百八十二条 技术服务合同的委托人应当按照约定提供工作条件，完成配合事项，接受工作成果并支付报酬。

第八百八十三条 技术服务合同的受托人应当按照约定完成服务项目，解决技术问题，保证工作质量，并传授解决技术问题的知识。

第八百八十四条 技术服务合同的委托人不履行合同义务或者履行合同义务不符合约定，影响工作进度和质量，不接受或者逾期接受工作成果的，支付的报酬不得追回，未支付的报酬应当支付。

技术服务合同的受托人未按照约定完成服务工作的，应当承担免收报酬等违约责任。

第八百八十五条 技术咨询合同、技术服务合同履行过程中，受托人利用委托人提供的技术资料和工作条件完成的新的技术成果，属于受托人。委托人利用受托人的工作成果完成的新的技术成果，属于委托人。当事人另有约定的，按照其约定。

第八百八十六条 技术咨询合同和技术服务合同对受托人正常开展工作所需费用的负担没有约定或者约定不明确的，由受托人负担。

第八百八十七条 法律、行政法规对技术中介合同、技术培训合同另有规定的，依照其规定。

第二十一章 保管合同

第八百八十八条 保管合同是保管人保管寄存人交付的保管物，并返还该物的合同。

寄存人到保管人处从事购物、就餐、住宿等活动，将物品存放在指定场所的，视为保管，但是当事人另有约定或者另有交易习惯的除外。

第八百八十九条 寄存人应当按照约定向保管人支付保管费。

当事人对保管费没有约定或者约定不明确，依据本法第五百一十条的规定仍不能确定的，视为无偿保管。

第八百九十条 保管合同自保管物交付时成立，但是当事人另有约定的除外。

第八百九十一条 寄存人向保管人交付保管物的，保管人应当出具保管凭证，但是另有交易习惯的除外。

第八百九十二条 保管人应当妥善保管保管物。

当事人可以约定保管场所或者方法。除紧急情况或者为维护寄存人利益外，不得擅自改变保管场所或者方法。

第八百九十三条 寄存人交付的保管物有瑕疵或者根据保管物的性质需要采取特殊保管措施的，寄存人应当将有关情况告知保管人。寄存人未告知，致使保管物受损失的，保管人不承担赔偿责任；保管人因此受损失的，除保管人知道或者应当知道且未采取补救措施外，寄存人应当承担赔偿责任。

第八百九十四条 保管人不得将保管物转交第三人保管，但是当事人另有约定的除外。

保管人违反前款规定，将保管物转交第三人保管，造成保管物损失的，应当承担赔偿责任。

第八百九十五条 保管人不得使用或者许可第三人使用保管物，但是当事人另有约定的除外。

第八百九十六条 第三人对保管物主张权利的，除依法对保管物采取保全或者执行措施外，保管人应当履行向寄存人返还保管物的义务。

第三人对保管人提起诉讼或者对保管物申请扣押的，保管人应当及时通知寄存人。

第八百九十七条 保管期内，因保管人保管不善造成保管物毁损、灭失的，保管人应当承担赔偿责任。但是，无偿保管人证明自己没有故意或者重大过失的，不承担赔偿责任。

第八百九十八条 寄存人寄存货币、有价证券或者其他贵重物品的，应当向保管人声明，由保管人验收或者封存；寄存人未声明的，该物品毁损、灭失后，保管人可以按照一般物品予以赔偿。

第八百九十九条 寄存人可以随时领取保管物。

当事人对保管期限没有约定或者约定不明确的，保管人可以随时请求寄存人领取保管物；约定保管期限的，保管人无特别事由，不得请求寄存人提前领取保管物。

第九百条 保管期限届满或者寄存人提前领取保管物的，保管人应当将原物及其孳息归还寄存人。

第九百零一条 保管人保管货币的，可以返还相同种类、数量的货币；保管其他可替代物的，可以按照约定返还相同种类、品质、数量的物品。

第九百零二条 有偿的保管合同，寄存人应当按照约定的期限向保管人支付保管费。

当事人对支付期限没有约定或者约定不明确，依据本法第五百一十条的规定仍不能确定的，应当在领取保管物的同时支付。

第九百零三条 寄存人未按照约定支付保管费或者其他费用的，保管人对保管物享有留置权，但是当事人另有约定的除外。

第二十二章 仓储合同

第九百零四条 仓储合同是保管人储存存货人交付的仓储物，存货人支付仓储费的合同。

第九百零五条 仓储合同自保管人和存货人意思表示一致时成立。

第九百零六条 储存易燃、易爆、有毒、有腐蚀性、有放射性等危险物品或者易变质物品的，存货人应当说明该物品的性质，提供有关资料。

存货人违反前款规定的，保管人可以拒收仓储物，也可以采取相应措施以避免损失的发生，因此产生的费用由存货人负担。

保管人储存易燃、易爆、有毒、有腐蚀性、有放射性等危险物品的，应当具备相应的保管条件。

第九百零七条 保管人应当按照约定对入库仓储物进行验收。保管人验收时发现入库仓储物与约定不符合的，应当及时通知存货人。保管人验收后，发生仓储物的品种、数量、质量不符合约定的，保管人应当承担赔偿责任。

第九百零八条 存货人交付仓储物的，保管人应当出具仓单、入库单等凭证。

第九百零九条 保管人应当在仓单上签名或者盖章。仓单包括下列事项：

（一）存货人的姓名或者名称和住所；

（二）仓储物的品种、数量、质量、包装及其件数和标记；

（三）仓储物的损耗标准；

（四）储存场所；

（五）储存期限；

（六）仓储费；

（七）仓储物已经办理保险的，其保险金额、期间以及保险人的名称；

（八）填发人、填发地和填发日期。

第九百一十条 仓单是提取仓储物的凭证。存货人或者仓单持有人在仓单上背书并经保管人签名或者盖章的，可以转让提取仓储物的权利。

第九百一十一条 保管人根据存货人或者仓单持有人的要求，应当同意其检查仓储物或者提取样品。

第九百一十二条 保管人发现入库仓储物有变质或者其他损坏的，应当及时通知存货人或者仓单持有人。

第九百一十三条 保管人发现入库仓储物有变质或者其他损坏，危及其他仓储物的安全和正常保管的，应当催告存货人或者仓单持有人作出必要的处置。因情况紧急，保管人可以作出必要的处置；但是，事后应当将该情况及时通知存货人或者仓单持有人。

第九百一十四条 当事人对储存期限没有约定或者约定不明确的，存货人或者仓单持有人可以随时提取仓储物，保管人也可以随时请求存货人或者仓单持有人提取仓储物，但是应当给予必要的准备时间。

第九百一十五条 储存期限届满，存货人或者仓单持有人应当凭仓单、入库单等提取仓储物。存货人或者仓单持有人逾期提取的，应当加收仓储费；提前提取的，不减收仓储费。

第九百一十六条 储存期限届满，存货人或者仓单持有人不提取仓储物的，保管人可以催告其在合理期限内提取；逾期不提取的，保管人可以提存仓储物。

第九百一十七条 储存期内，因保管不善造成仓储物毁损、灭失的，保管人应当承担赔偿责任。因仓储物本身的自然性质、包装不符合约定或者超过有效储存期造成仓储物变质、损坏的，保管人不承担赔偿责任。

第九百一十八条　本章没有规定的，适用保管合同的有关规定。

第二十三章　委托合同

第九百一十九条　委托合同是委托人和受托人约定，由受托人处理委托人事务的合同。

第九百二十条　委托人可以特别委托受托人处理一项或者数项事务，也可以概括委托受托人处理一切事务。

第九百二十一条　委托人应当预付处理委托事务的费用。受托人为处理委托事务垫付的必要费用，委托人应当偿还该费用并支付利息。

第九百二十二条　受托人应当按照委托人的指示处理委托事务。需要变更委托人指示的，应当经委托人同意；因情况紧急，难以和委托人取得联系的，受托人应当妥善处理委托事务，但是事后应当将该情况及时报告委托人。

第九百二十三条　受托人应当亲自处理委托事务。经委托人同意，受托人可以转委托。转委托经同意或者追认的，委托人可以就委托事务直接指示转委托的第三人，受托人仅就第三人的选任及其对第三人的指示承担责任。转委托未经同意或者追认的，受托人应当对转委托的第三人的行为承担责任；但是，在紧急情况下受托人为了维护委托人的利益需要转委托第三人的除外。

第九百二十四条　受托人应当按照委托人的要求，报告委托事务的处理情况。委托合同终止时，受托人应当报告委托事务的结果。

第九百二十五条　受托人以自己的名义，在委托人的授权范围内与第三人订立的合同，第三人在订立合同时知道受托人与委托人之间的代理关系的，该合同直接约束委托人和第三人；但是，有确切证据证明该合同只约束受托人和第三人的除外。

第九百二十六条　受托人以自己的名义与第三人订立合同时，第三人不知道受托人与委托人之间的代理关系的，受托人因第三人的原因对委托人不履行义务，受托人应当向委托人披露第三人，委托人因此可以行使受托人对第三人的权利。但是，第三人与受托人订立合同时如果知道该委托人就不会订立合同的除外。

受托人因委托人的原因对第三人不履行义务，受托人应当向第三人披露委托人，第三人因此可以选择受托人或者委托人作为相对人主张其权利，但是第三人不得变更选定的相对人。

委托人行使受托人对第三人的权利的，第三人可以向委托人主张其对受托人的抗辩。第三人选定委托人作为其相对人的，委托人可以向第三人主张其对受托人的抗辩以及受托人对第三人的抗辩。

第九百二十七条 受托人处理委托事务取得的财产，应当转交给委托人。

第九百二十八条 受托人完成委托事务的，委托人应当按照约定向其支付报酬。

因不可归责于受托人的事由，委托合同解除或者委托事务不能完成的，委托人应当向受托人支付相应的报酬。当事人另有约定的，按照其约定。

第九百二十九条 有偿的委托合同，因受托人的过错造成委托人损失的，委托人可以请求赔偿损失。无偿的委托合同，因受托人的故意或者重大过失造成委托人损失的，委托人可以请求赔偿损失。

受托人超越权限造成委托人损失的，应当赔偿损失。

第九百三十条 受托人处理委托事务时，因不可归责于自己的事由受到损失的，可以向委托人请求赔偿损失。

第九百三十一条 委托人经受托人同意，可以在受托人之外委托第三人处理委托事务。因此造成受托人损失的，受托人可以向委托人请求赔偿损失。

第九百三十二条 两个以上的受托人共同处理委托事务的，对委托人承担连带责任。

第九百三十三条 委托人或者受托人可以随时解除委托合同。因解除合同造成对方损失的，除不可归责于该当事人的事由外，无偿委托合同的解除方应当赔偿因解除时间不当造成的直接损失，有偿委托合同的解除方应当赔偿对方的直接损失和合同履行后可以获得的利益。

第九百三十四条 委托人死亡、终止或者受托人死亡、丧失民事行为能力、终止的，委托合同终止；但是，当事人另有约定或者根据委托事务的性质不宜终止的除外。

第九百三十五条 因委托人死亡或者被宣告破产、解散，致使委托合同终止将损害委托人利益的，在委托人的继承人、遗产管理人或者清算人承受委托事务之前，受托人应当继续处理委托事务。

第九百三十六条 因受托人死亡、丧失民事行为能力或者被宣告破产、解散，致使委托合同终止的，受托人的继承人、遗产管理人、法定代理人或者清算人应当及时通知委托人。因委托合同终止将损害委托人利益的，在委托人作出善后处理之前，受托人的继承人、遗产管理人、法定代理人或者清算人应当采取必要措施。

第二十四章　物业服务合同

第九百三十七条 物业服务合同是物业服务人在物业服务区域内，为业主提供建筑物及其附属设施的维修养护、环境卫生和相关秩序的管理维护等物业服务，业主支付物业费的合同。

物业服务人包括物业服务企业和其他管理人。

第九百三十八条 物业服务合同的内容一般包括服务事项、服务质量、服务费用的标准和收取办法、维修资金的使用、服务用房的管理和使用、服务期限、服务交接等条款。

物业服务人公开作出的有利于业主的服务承诺，为物业服务合同的组成部分。

物业服务合同应当采用书面形式。

第九百三十九条 建设单位依法与物业服务人订立的前期物业服务合同，以及业主委员会与业主大会依法选聘的物业服务人订立的物业服务合同，对业主具有法律约束力。

第九百四十条 建设单位依法与物业服务人订立的前期物业服务合同约定的服务期限届满前，业主委员会或者业主与新物业服务人订立的物业服务合同生效的，前期物业服务合同终止。

第九百四十一条 物业服务人将物业服务区域内的部分专项服务事项委托给专业性服务组织或者其他第三人的，应当就该部分专项服务事项向业主负责。

物业服务人不得将其应当提供的全部物业服务转委托给第三人，或者将全部物业服务支解后分别转委托给第三人。

第九百四十二条 物业服务人应当按照约定和物业的使用性质，妥善维修、养护、清洁、绿化和经营管理物业服务区域内的业主共有部分，维护物业服务区域内的基本秩序，采取合理措施保护业主的人身、财产安全。

对物业服务区域内违反有关治安、环保、消防等法律法规的行为，物业服务人应当及时采取合理措施制止、向有关行政主管部门报告并协助处理。

第九百四十三条 物业服务人应当定期将服务的事项、负责人员、质量要求、收费项目、收费标准、履行情况，以及维修资金使用情况、业主共有部分的经营与收益情况等以合理方式向业主公开并向业主大会、业主委员会报告。

第九百四十四条 业主应当按照约定向物业服务人支付物业费。物业服务人已经按照约定和有关规定提供服务的，业主不得以未接受或者无需接受相关物业服务为由拒绝支付物业费。

业主违反约定逾期不支付物业费的，物业服务人可以催告其在合理期限内支付；合理期限届满仍不支付的，物业服务人可以提起诉讼或者申请仲裁。

物业服务人不得采取停止供电、供水、供热、供燃气等方式催交物业费。

第九百四十五条 业主装饰装修房屋的，应当事先告知物业服务人，遵守物业服务人提示的合理注意事项，并配合其进行必要的现场检查。

业主转让、出租物业专有部分、设立居住权或者依法改变共有部分用途的，应当及时将相关情况告知物业服务人。

第九百四十六条 业主依照法定程序共同决定解聘物业服务人的，可以解除物业服务合同。决定解聘的，应当提前六十日书面通知物业服务人，但是合同对通知期限另有约定的除外。

依据前款规定解除合同造成物业服务人损失的，除不可归责于业主的事由外，业主应当赔偿损失。

第九百四十七条 物业服务期限届满前，业主依法共同决定续聘的，应当与原物业服务人在合同期限届满前续订物业服务合同。

物业服务期限届满前，物业服务人不同意续聘的，应当在合同期限届满前九十日书面通知业主或者业主委员会，但是合同对通知期限另有约定的除外。

第九百四十八条 物业服务期限届满后，业主没有依法作出续聘或者另聘物业服务人的决定，物业服务人继续提供物业服务的，原物业服务合同继续有效，但是服务期限为不定期。

当事人可以随时解除不定期物业服务合同，但是应当提前六十日书面通知对方。

第九百四十九条 物业服务合同终止的，原物业服务人应当在约定期限或者合理期限内退出物业服务区域，将物业服务用房、相关设施、物业服务所必需的相关资料等交还给业主委员会、决定自行管理的业主或者其指定的人，配合新物业服务人做好交接工作，并如实告知物业的使用和管理状况。

原物业服务人违反前款规定的，不得请求业主支付物业服务合同终止后的物业费；造成业主损失的，应当赔偿损失。

第九百五十条 物业服务合同终止后，在业主或者业主大会选聘的新物业服务人或者决定自行管理的业主接管之前，原物业服务人应当继续处理物业服务事项，并可以请求业主支付该期间的物业费。

第二十五章　行纪合同

第九百五十一条 行纪合同是行纪人以自己的名义为委托人从事贸易活动，委托人支付报酬的合同。

第九百五十二条 行纪人处理委托事务支出的费用，由行纪人负担，但是当事人另有约定的除外。

第九百五十三条 行纪人占有委托物的，应当妥善保管委托物。

第九百五十四条 委托物交付给行纪人时有瑕疵或者容易腐烂、变质的，经委托人同意，行纪人可以处分该物；不能与委托人及时取得联系的，行纪人可以合理处分。

第九百五十五条 行纪人低于委托人指定的价格卖出或者高于委托人指定的价格买入的，应当经委托人同意；未经委托人同意，行纪人补偿其差额的，该买卖对委托人发生效力。

行纪人高于委托人指定的价格卖出或者低于委托人指定的价格买入的，可以按照约定增加报酬；没有约定或者约定不明确，依据本法第五百一十条的规定仍不能确定的，该利益属于委托人。

委托人对价格有特别指示的，行纪人不得违背该指示卖出或者买入。

第九百五十六条 行纪人卖出或者买入具有市场定价的商品，除委托人有相反的意思表示外，行纪人自己可以作为买受人或者出卖人。

行纪人有前款规定情形的,仍然可以请求委托人支付报酬。

第九百五十七条 行纪人按照约定买入委托物,委托人应当及时受领。经行纪人催告,委托人无正当理由拒绝受领的,行纪人依法可以提存委托物。

委托物不能卖出或者委托人撤回出卖,经行纪人催告,委托人不取回或者不处分该物的,行纪人依法可以提存委托物。

第九百五十八条 行纪人与第三人订立合同的,行纪人对该合同直接享有权利、承担义务。

第三人不履行义务致使委托人受到损害的,行纪人应当承担赔偿责任,但是行纪人与委托人另有约定的除外。

第九百五十九条 行纪人完成或者部分完成委托事务的,委托人应当向其支付相应的报酬。委托人逾期不支付报酬的,行纪人对委托物享有留置权,但是当事人另有约定的除外。

第九百六十条 本章没有规定的,参照适用委托合同的有关规定。

第二十六章 中介合同

第九百六十一条 中介合同是中介人向委托人报告订立合同的机会或者提供订立合同的媒介服务,委托人支付报酬的合同。

第九百六十二条 中介人应当就有关订立合同的事项向委托人如实报告。

中介人故意隐瞒与订立合同有关的重要事实或者提供虚假情况,损害委托人利益的,不得请求支付报酬并应当承担赔偿责任。

第九百六十三条 中介人促成合同成立的,委托人应当按照约定支付报酬。对中介人的报酬没有约定或者约定不明确,依据本法第五百一十条的规定仍不能确定的,根据中介人的劳务合理确定。因中介人提供订立合同的媒介服务而促成合同成立的,由该合同的当事人平均负担中介人的报酬。

中介人促成合同成立的,中介活动的费用,由中介人负担。

第九百六十四条 中介人未促成合同成立的,不得请求支付报酬;但是,可以按照约定请求委托人支付从事中介活动支出的必要费用。

第九百六十五条 委托人在接受中介人的服务后,利用中介人提供的交易机会或者媒介服务,绕开中介人直接订立合同的,应当向中介人支付报酬。

第九百六十六条 本章没有规定的，参照适用委托合同的有关规定。

第二十七章 合伙合同

第九百六十七条 合伙合同是两个以上合伙人为了共同的事业目的，订立的共享利益、共担风险的协议。

第九百六十八条 合伙人应当按照约定的出资方式、数额和缴付期限，履行出资义务。

第九百六十九条 合伙人的出资、因合伙事务依法取得的收益和其他财产，属于合伙财产。

合伙合同终止前，合伙人不得请求分割合伙财产。

第九百七十条 合伙人就合伙事务作出决定的，除合伙合同另有约定外，应当经全体合伙人一致同意。

合伙事务由全体合伙人共同执行。按照合伙合同的约定或者全体合伙人的决定，可以委托一个或者数个合伙人执行合伙事务；其他合伙人不再执行合伙事务，但是有权监督执行情况。

合伙人分别执行合伙事务的，执行事务合伙人可以对其他合伙人执行的事务提出异议；提出异议后，其他合伙人应当暂停该项事务的执行。

第九百七十一条 合伙人不得因执行合伙事务而请求支付报酬，但是合伙合同另有约定的除外。

第九百七十二条 合伙的利润分配和亏损分担，按照合伙合同的约定办理；合伙合同没有约定或者约定不明确的，由合伙人协商决定；协商不成的，由合伙人按照实缴出资比例分配、分担；无法确定出资比例的，由合伙人平均分配、分担。

第九百七十三条 合伙人对合伙债务承担连带责任。清偿合伙债务超过自己应当承担份额的合伙人，有权向其他合伙人追偿。

第九百七十四条 除合伙合同另有约定外，合伙人向合伙人以外的人转让其全部或者部分财产份额的，须经其他合伙人一致同意。

第九百七十五条 合伙人的债权人不得代位行使合伙人依照本章规定和合伙合同享有的权利，但是合伙人享有的利益分配请求权除外。

第九百七十六条 合伙人对合伙期限没有约定或者约定不明确，依据本法第五百一十条的规定仍不能确定的，视为不定期合伙。

合伙期限届满，合伙人继续执行合伙事务，其他合伙人没有提出异议的，原合伙合同继续有效，但是合伙期限为不定期。

合伙人可以随时解除不定期合伙合同，但是应当在合理期限之前通知其他合伙人。

第九百七十七条 合伙人死亡、丧失民事行为能力或者终止的，合伙合同终止；但是，合伙合同另有约定或者根据合伙事务的性质不宜终止的除外。

第九百七十八条 合伙合同终止后，合伙财产在支付因终止而产生的费用以及清偿合伙债务后有剩余的，依据本法第九百七十二条的规定进行分配。

第三分编　准合同

第二十八章　无因管理

第九百七十九条 管理人没有法定的或者约定的义务，为避免他人利益受损失而管理他人事务的，可以请求受益人偿还因管理事务而支出的必要费用；管理人因管理事务受到损失的，可以请求受益人给予适当补偿。

管理事务不符合受益人真实意思的，管理人不享有前款规定的权利；但是，受益人的真实意思违反法律或者违背公序良俗的除外。

第九百八十条 管理人管理事务不属于前条规定的情形，但是受益人享有管理利益的，受益人应当在其获得的利益范围内向管理人承担前条第一款规定的义务。

第九百八十一条 管理人管理他人事务，应当采取有利于受益人的方法。中断管理对受益人不利的，无正当理由不得中断。

第九百八十二条 管理人管理他人事务，能够通知受益人的，应当及时通知受益人。管理的事务不需要紧急处理的，应当等待受益人的指示。

第九百八十三条 管理结束后，管理人应当向受益人报告管理事务的情况。管理人管理事务取得的财产，应当及时转交给受益人。

第九百八十四条 管理人管理事务经受益人事后追认的，从管理事务开始时起，适用委托合同的有关规定，但是管理人另有意思表示的除外。

第二十九章　不当得利

第九百八十五条 得利人没有法律根据取得不当利益的，受损失的人可以请求得利人返还取得的利益，但是有下列情形之一的除外：

（一）为履行道德义务进行的给付；

（二）债务到期之前的清偿；

（三）明知无给付义务而进行的债务清偿。

第九百八十六条 得利人不知道且不应当知道取得的利益没有法律根据，取得的利益已经不存在的，不承担返还该利益的义务。

第九百八十七条 得利人知道或者应当知道取得的利益没有法律根据的，受损失的人可以请求得利人返还其取得的利益并依法赔偿损失。

第九百八十八条 得利人已经将取得的利益无偿转让给第三人的，受损失的人可以请求第三人在相应范围内承担返还义务。

第四编　人格权

第一章　一般规定

第九百八十九条 本编调整因人格权的享有和保护产生的民事关系。

第九百九十条 人格权是民事主体享有的生命权、身体权、健康权、姓名权、名称权、肖像权、名誉权、荣誉权、隐私权等权利。

除前款规定的人格权外，自然人享有基于人身自由、人格尊严产生的其他人格权益。

第九百九十一条 民事主体的人格权受法律保护，任何组织或者个人不得侵害。

第九百九十二条 人格权不得放弃、转让或者继承。

第九百九十三条 民事主体可以将自己的姓名、名称、肖像等许可他人使用，但是依照法律规定或者根据其性质不得许可的除外。

第九百九十四条 死者的姓名、肖像、名誉、荣誉、隐私、遗体等受到侵害的，其配偶、子女、父母有权依法请求行为人承担民事责任；死者没有配偶、子女且父母已经死亡的，其他近亲属有权依法请求行为人承担民事责任。

第九百九十五条 人格权受到侵害的，受害人有权依照本法和其他法律的规定请求行为人承担民事责任。受害人的停止侵害、排除妨碍、消除危险、消除影响、恢复名誉、赔礼道歉请求权，不适用诉讼时效的规定。

第九百九十六条　因当事人一方的违约行为,损害对方人格权并造成严重精神损害,受损害方选择请求其承担违约责任的,不影响受损害方请求精神损害赔偿。

第九百九十七条　民事主体有证据证明行为人正在实施或者即将实施侵害其人格权的违法行为,不及时制止将使其合法权益受到难以弥补的损害的,有权依法向人民法院申请采取责令行为人停止有关行为的措施。

第九百九十八条　认定行为人承担侵害除生命权、身体权和健康权外的人格权的民事责任,应当考虑行为人和受害人的职业、影响范围、过错程度,以及行为的目的、方式、后果等因素。

第九百九十九条　为公共利益实施新闻报道、舆论监督等行为的,可以合理使用民事主体的姓名、名称、肖像、个人信息等;使用不合理侵害民事主体人格权的,应当依法承担民事责任。

第一千条　行为人因侵害人格权承担消除影响、恢复名誉、赔礼道歉等民事责任的,应当与行为的具体方式和造成的影响范围相当。

行为人拒不承担前款规定的民事责任的,人民法院可以采取在报刊、网络等媒体上发布公告或者公布生效裁判文书等方式执行,产生的费用由行为人负担。

第一千零一条　对自然人因婚姻家庭关系等产生的身份权利的保护,适用本法第一编、第五编和其他法律的相关规定;没有规定的,可以根据其性质参照适用本编人格权保护的有关规定。

第二章　生命权、身体权和健康权

第一千零二条　自然人享有生命权。自然人的生命安全和生命尊严受法律保护。任何组织或者个人不得侵害他人的生命权。

第一千零三条　自然人享有身体权。自然人的身体完整和行动自由受法律保护。任何组织或者个人不得侵害他人的身体权。

第一千零四条　自然人享有健康权。自然人的身心健康受法律保护。任何组织或者个人不得侵害他人的健康权。

第一千零五条　自然人的生命权、身体权、健康权受到侵害或者处于其他危难情形的,负有法定救助义务的组织或者个人应当及时施救。

第一千零六条　完全民事行为能力人有权依法自主决定无偿捐献其人体细胞、人体组织、人体器官、遗体。任何组织或者个人不得强迫、欺骗、利诱其捐献。

完全民事行为能力人依据前款规定同意捐献的，应当采用书面形式，也可以订立遗嘱。

自然人生前未表示不同意捐献的，该自然人死亡后，其配偶、成年子女、父母可以共同决定捐献，决定捐献应当采用书面形式。

第一千零七条 禁止以任何形式买卖人体细胞、人体组织、人体器官、遗体。

违反前款规定的买卖行为无效。

第一千零八条 为研制新药、医疗器械或者发展新的预防和治疗方法，需要进行临床试验的，应当依法经相关主管部门批准并经伦理委员会审查同意，向受试者或者受试者的监护人告知试验目的、用途和可能产生的风险等详细情况，并经其书面同意。

进行临床试验的，不得向受试者收取试验费用。

第一千零九条 从事与人体基因、人体胚胎等有关的医学和科研活动，应当遵守法律、行政法规和国家有关规定，不得危害人体健康，不得违背伦理道德，不得损害公共利益。

第一千零一十条 违背他人意愿，以言语、文字、图像、肢体行为等方式对他人实施性骚扰的，受害人有权依法请求行为人承担民事责任。

机关、企业、学校等单位应当采取合理的预防、受理投诉、调查处置等措施，防止和制止利用职权、从属关系等实施性骚扰。

第一千零一十一条 以非法拘禁等方式剥夺、限制他人的行动自由，或者非法搜查他人身体的，受害人有权依法请求行为人承担民事责任。

第三章　姓名权和名称权

第一千零一十二条 自然人享有姓名权，有权依法决定、使用、变更或者许可他人使用自己的姓名，但是不得违背公序良俗。

第一千零一十三条 法人、非法人组织享有名称权，有权依法决定、使用、变更、转让或者许可他人使用自己的名称。

第一千零一十四条 任何组织或者个人不得以干涉、盗用、假冒等方式侵害他人的姓名权或者名称权。

第一千零一十五条 自然人应当随父姓或者母姓，但是有下列情形之一的，可以在父姓和母姓之外选取姓氏：

（一）选取其他直系长辈血亲的姓氏；

（二）因由法定扶养人以外的人扶养而选取扶养人姓氏；

（三）有不违背公序良俗的其他正当理由。

少数民族自然人的姓氏可以遵从本民族的文化传统和风俗习惯。

第一千零一十六条 自然人决定、变更姓名，或者法人、非法人组织决定、变更、转让名称的，应当依法向有关机关办理登记手续，但是法律另有规定的除外。

民事主体变更姓名、名称的，变更前实施的民事法律行为对其具有法律约束力。

第一千零一十七条 具有一定社会知名度，被他人使用足以造成公众混淆的笔名、艺名、网名、译名、字号、姓名和名称的简称等，参照适用姓名权和名称权保护的有关规定。

第四章 肖像权

第一千零一十八条 自然人享有肖像权，有权依法制作、使用、公开或者许可他人使用自己的肖像。

肖像是通过影像、雕塑、绘画等方式在一定载体上所反映的特定自然人可以被识别的外部形象。

第一千零一十九条 任何组织或者个人不得以丑化、污损，或者利用信息技术手段伪造等方式侵害他人的肖像权。未经肖像权人同意，不得制作、使用、公开肖像权人的肖像，但是法律另有规定的除外。

未经肖像权人同意，肖像作品权利人不得以发表、复制、发行、出租、展览等方式使用或者公开肖像权人的肖像。

第一千零二十条 合理实施下列行为的，可以不经肖像权人同意：

（一）为个人学习、艺术欣赏、课堂教学或者科学研究，在必要范围内使用肖像权人已经公开的肖像；

（二）为实施新闻报道，不可避免地制作、使用、公开肖像权人的肖像；

（三）为依法履行职责，国家机关在必要范围内制作、使用、公开肖像权人的肖像；

（四）为展示特定公共环境，不可避免地制作、使用、公开肖像权人的肖像；

（五）为维护公共利益或者肖像权人合法权益，制作、使用、公开肖像权人的肖像的其他行为。

第一千零二十一条 当事人对肖像许可使用合同中关于肖像使用条款的理解有争议的，应当作出有利于肖像权人的解释。

第一千零二十二条 当事人对肖像许可使用期限没有约定或者约定不明确的，任何一方当事人可以随时解除肖像许可使用合同，但是应当在合理期限之前通知对方。

当事人对肖像许可使用期限有明确约定，肖像权人有正当理由的，可以解除肖像许可使用合同，但是应当在合理期限之前通知对方。因解除合同造成对方损失的，除不可归责于肖像权人的事由外，应当赔偿损失。

第一千零二十三条 对姓名等的许可使用，参照适用肖像许可使用的有关规定。

对自然人声音的保护，参照适用肖像权保护的有关规定。

第五章 名誉权和荣誉权

第一千零二十四条 民事主体享有名誉权。任何组织或者个人不得以侮辱、诽谤等方式侵害他人的名誉权。

名誉是对民事主体的品德、声望、才能、信用等的社会评价。

第一千零二十五条 行为人为公共利益实施新闻报道、舆论监督等行为，影响他人名誉的，不承担民事责任，但是有下列情形之一的除外：

（一）捏造、歪曲事实；

（二）对他人提供的严重失实内容未尽到合理核实义务；

（三）使用侮辱性言辞等贬损他人名誉。

第一千零二十六条 认定行为人是否尽到前条第二项规定的合理核实义务，应当考虑下列因素：

（一）内容来源的可信度；

（二）对明显可能引发争议的内容是否进行了必要的调查；

（三）内容的时限性；

（四）内容与公序良俗的关联性；

（五）受害人名誉受贬损的可能性；

（六）核实能力和核实成本。

第一千零二十七条 行为人发表的文学、艺术作品以真人真事或者特定人为描述对象，含有侮辱、诽谤内容，侵害他人名誉权的，受害人有权依法请求该行为人承担民事责任。

行为人发表的文学、艺术作品不以特定人为描述对象，仅其中的情节与该特定人的情况相似的，不承担民事责任。

第一千零二十八条　民事主体有证据证明报刊、网络等媒体报道的内容失实，侵害其名誉权的，有权请求该媒体及时采取更正或者删除等必要措施。

第一千零二十九条　民事主体可以依法查询自己的信用评价；发现信用评价不当的，有权提出异议并请求采取更正、删除等必要措施。信用评价人应当及时核查，经核查属实的，应当及时采取必要措施。

第一千零三十条　民事主体与征信机构等信用信息处理者之间的关系，适用本编有关个人信息保护的规定和其他法律、行政法规的有关规定。

第一千零三十一条　民事主体享有荣誉权。任何组织或者个人不得非法剥夺他人的荣誉称号，不得诋毁、贬损他人的荣誉。

获得的荣誉称号应当记载而没有记载的，民事主体可以请求记载；获得的荣誉称号记载错误的，民事主体可以请求更正。

第六章　隐私权和个人信息保护

第一千零三十二条　自然人享有隐私权。任何组织或者个人不得以刺探、侵扰、泄露、公开等方式侵害他人的隐私权。

隐私是自然人的私人生活安宁和不愿为他人知晓的私密空间、私密活动、私密信息。

第一千零三十三条　除法律另有规定或者权利人明确同意外，任何组织或者个人不得实施下列行为：

（一）以电话、短信、即时通讯工具、电子邮件、传单等方式侵扰他人的私人生活安宁；

（二）进入、拍摄、窥视他人的住宅、宾馆房间等私密空间；

（三）拍摄、窥视、窃听、公开他人的私密活动；

（四）拍摄、窥视他人身体的私密部位；

（五）处理他人的私密信息；

（六）以其他方式侵害他人的隐私权。

第一千零三十四条 自然人的个人信息受法律保护。

个人信息是以电子或者其他方式记录的能够单独或者与其他信息结合识别特定自然人的各种信息,包括自然人的姓名、出生日期、身份证件号码、生物识别信息、住址、电话号码、电子邮箱、健康信息、行踪信息等。

个人信息中的私密信息,适用有关隐私权的规定;没有规定的,适用有关个人信息保护的规定。

第一千零三十五条 处理个人信息的,应当遵循合法、正当、必要原则,不得过度处理,并符合下列条件:

(一)征得该自然人或者其监护人同意,但是法律、行政法规另有规定的除外;

(二)公开处理信息的规则;

(三)明示处理信息的目的、方式和范围;

(四)不违反法律、行政法规的规定和双方的约定。

个人信息的处理包括个人信息的收集、存储、使用、加工、传输、提供、公开等。

第一千零三十六条 处理个人信息,有下列情形之一的,行为人不承担民事责任:

(一)在该自然人或者其监护人同意的范围内合理实施的行为;

(二)合理处理该自然人自行公开的或者其他已经合法公开的信息,但是该自然人明确拒绝或者处理该信息侵害其重大利益的除外;

(三)为维护公共利益或者该自然人合法权益,合理实施的其他行为。

第一千零三十七条 自然人可以依法向信息处理者查阅或者复制其个人信息;发现信息有错误的,有权提出异议并请求及时采取更正等必要措施。

自然人发现信息处理者违反法律、行政法规的规定或者双方的约定处理其个人信息的,有权请求信息处理者及时删除。

第一千零三十八条 信息处理者不得泄露或者篡改其收集、存储的个人信息;未经自然人同意,不得向他人非法提供其个人信息,但是经过加工无法识别特定个人且不能复原的除外。

信息处理者应当采取技术措施和其他必要措施,确保其收集、存储的个人信息安全,防止信息泄露、篡改、丢失;发生或者可能发生个人信息泄露、篡改、丢失的，应当及时采取补救措施，按照规定告知自然人并向有关主管部门报告。

第一千零三十九条　国家机关、承担行政职能的法定机构及其工作人员对于履行职责过程中知悉的自然人的隐私和个人信息，应当予以保密，不得泄露或者向他人非法提供。

第五编　婚姻家庭

第一章　一般规定

第一千零四十条　本编调整因婚姻家庭产生的民事关系。

第一千零四十一条　婚姻家庭受国家保护。

实行婚姻自由、一夫一妻、男女平等的婚姻制度。

保护妇女、未成年人、老年人、残疾人的合法权益。

第一千零四十二条　禁止包办、买卖婚姻和其他干涉婚姻自由的行为。禁止借婚姻索取财物。

禁止重婚。禁止有配偶者与他人同居。

禁止家庭暴力。禁止家庭成员间的虐待和遗弃。

第一千零四十三条　家庭应当树立优良家风，弘扬家庭美德，重视家庭文明建设。

夫妻应当互相忠实，互相尊重，互相关爱；家庭成员应当敬老爱幼，互相帮助，维护平等、和睦、文明的婚姻家庭关系。

第一千零四十四条　收养应当遵循最有利于被收养人的原则，保障被收养人和收养人的合法权益。

禁止借收养名义买卖未成年人。

第一千零四十五条　亲属包括配偶、血亲和姻亲。

配偶、父母、子女、兄弟姐妹、祖父母、外祖父母、孙子女、外孙子女为近亲属。

配偶、父母、子女和其他共同生活的近亲属为家庭成员。

第二章　结　婚

第一千零四十六条　结婚应当男女双方完全自愿，禁止任何一方对另一方加以强迫，禁止任何组织或者个人加以干涉。

第一千零四十七条 结婚年龄，男不得早于二十二周岁，女不得早于二十周岁。

第一千零四十八条 直系血亲或者三代以内的旁系血亲禁止结婚。

第一千零四十九条 要求结婚的男女双方应当亲自到婚姻登记机关申请结婚登记。符合本法规定的，予以登记，发给结婚证。完成结婚登记，即确立婚姻关系。未办理结婚登记的，应当补办登记。

第一千零五十条 登记结婚后，按照男女双方约定，女方可以成为男方家庭的成员，男方可以成为女方家庭的成员。

第一千零五十一条 有下列情形之一的，婚姻无效：

（一）重婚；

（二）有禁止结婚的亲属关系；

（三）未到法定婚龄。

第一千零五十二条 因胁迫结婚的，受胁迫的一方可以向人民法院请求撤销婚姻。

请求撤销婚姻的，应当自胁迫行为终止之日起一年内提出。

被非法限制人身自由的当事人请求撤销婚姻的，应当自恢复人身自由之日起一年内提出。

第一千零五十三条 一方患有重大疾病的，应当在结婚登记前如实告知另一方；不如实告知的，另一方可以向人民法院请求撤销婚姻。

请求撤销婚姻的，应当自知道或者应当知道撤销事由之日起一年内提出。

第一千零五十四条 无效的或者被撤销的婚姻自始没有法律约束力，当事人不具有夫妻的权利和义务。同居期间所得的财产，由当事人协议处理；协议不成的，由人民法院根据照顾无过错方的原则判决。对重婚导致的无效婚姻的财产处理，不得侵害合法婚姻当事人的财产权益。当事人所生的子女，适用本法关于父母子女的规定。

婚姻无效或者被撤销的，无过错方有权请求损害赔偿。

第三章　家庭关系

第一节　夫妻关系

第一千零五十五条 夫妻在婚姻家庭中地位平等。

第一千零五十六条 夫妻双方都有各自使用自己姓名的权利。

第一千零五十七条 夫妻双方都有参加生产、工作、学习和社会活动的自由,一方不得对另一方加以限制或者干涉。

第一千零五十八条 夫妻双方平等享有对未成年子女抚养、教育和保护的权利,共同承担对未成年子女抚养、教育和保护的义务。

第一千零五十九条 夫妻有相互扶养的义务。

需要扶养的一方,在另一方不履行扶养义务时,有要求其给付扶养费的权利。

第一千零六十条 夫妻一方因家庭日常生活需要而实施的民事法律行为,对夫妻双方发生效力,但是夫妻一方与相对人另有约定的除外。

夫妻之间对一方可以实施的民事法律行为范围的限制,不得对抗善意相对人。

第一千零六十一条 夫妻有相互继承遗产的权利。

第一千零六十二条 夫妻在婚姻关系存续期间所得的下列财产,为夫妻的共同财产,归夫妻共同所有:

(一)工资、奖金、劳务报酬;

(二)生产、经营、投资的收益;

(三)知识产权的收益;

(四)继承或者受赠的财产,但是本法第一千零六十三条第三项规定的除外;

(五)其他应当归共同所有的财产。

夫妻对共同财产,有平等的处理权。

第一千零六十三条 下列财产为夫妻一方的个人财产:

(一)一方的婚前财产;

(二)一方因受到人身损害获得的赔偿或者补偿;

(三)遗嘱或者赠与合同中确定只归一方的财产;

(四)一方专用的生活用品;

(五)其他应当归一方的财产。

第一千零六十四条 夫妻双方共同签名或者夫妻一方事后追认等共同意思表示所负的债务,以及夫妻一方在婚姻关系存续期间以个人名义为家庭日常生活需要所负的债务,属于夫妻共同债务。

夫妻一方在婚姻关系存续期间以个人名义超出家庭日常生活需要所负

的债务，不属于夫妻共同债务；但是，债权人能够证明该债务用于夫妻共同生活、共同生产经营或者基于夫妻双方共同意思表示的除外。

第一千零六十五条 男女双方可以约定婚姻关系存续期间所得的财产以及婚前财产归各自所有、共同所有或者部分各自所有、部分共同所有。约定应当采用书面形式。没有约定或者约定不明确的，适用本法第一千零六十二条、第一千零六十三条的规定。

夫妻对婚姻关系存续期间所得的财产以及婚前财产的约定，对双方具有法律约束力。

夫妻对婚姻关系存续期间所得的财产约定归各自所有，夫或者妻一方对外所负的债务，相对人知道该约定的，以夫或者妻一方的个人财产清偿。

第一千零六十六条 婚姻关系存续期间，有下列情形之一的，夫妻一方可以向人民法院请求分割共同财产：

（一）一方有隐藏、转移、变卖、毁损、挥霍夫妻共同财产或者伪造夫妻共同债务等严重损害夫妻共同财产利益的行为；

（二）一方负有法定扶养义务的人患重大疾病需要医治，另一方不同意支付相关医疗费用。

第二节 父母子女关系和其他近亲属关系

第一千零六十七条 父母不履行抚养义务的，未成年子女或者不能独立生活的成年子女，有要求父母给付抚养费的权利。

成年子女不履行赡养义务的，缺乏劳动能力或者生活困难的父母，有要求成年子女给付赡养费的权利。

第一千零六十八条 父母有教育、保护未成年子女的权利和义务。未成年子女造成他人损害的，父母应当依法承担民事责任。

第一千零六十九条 子女应当尊重父母的婚姻权利，不得干涉父母离婚、再婚以及婚后的生活。子女对父母的赡养义务，不因父母的婚姻关系变化而终止。

第一千零七十条 父母和子女有相互继承遗产的权利。

第一千零七十一条 非婚生子女享有与婚生子女同等的权利，任何组织或者个人不得加以危害和歧视。

不直接抚养非婚生子女的生父或者生母，应当负担未成年子女或者不能独立生活的成年子女的抚养费。

第一千零七十二条 继父母与继子女间,不得虐待或者歧视。

继父或者继母和受其抚养教育的继子女间的权利义务关系,适用本法关于父母子女关系的规定。

第一千零七十三条 对亲子关系有异议且有正当理由的,父或者母可以向人民法院提起诉讼,请求确认或者否认亲子关系。

对亲子关系有异议且有正当理由的,成年子女可以向人民法院提起诉讼,请求确认亲子关系。

第一千零七十四条 有负担能力的祖父母、外祖父母,对于父母已经死亡或者父母无力抚养的未成年孙子女、外孙子女,有抚养的义务。

有负担能力的孙子女、外孙子女,对于子女已经死亡或者子女无力赡养的祖父母、外祖父母,有赡养的义务。

第一千零七十五条 有负担能力的兄、姐,对于父母已经死亡或者父母无力抚养的未成年弟、妹,有扶养的义务。

由兄、姐扶养长大的有负担能力的弟、妹,对于缺乏劳动能力又缺乏生活来源的兄、姐,有扶养的义务。

第四章 离 婚

第一千零七十六条 夫妻双方自愿离婚的,应当签订书面离婚协议,并亲自到婚姻登记机关申请离婚登记。

离婚协议应当载明双方自愿离婚的意思表示和对子女抚养、财产以及债务处理等事项协商一致的意见。

第一千零七十七条 自婚姻登记机关收到离婚登记申请之日起三十日内,任何一方不愿意离婚的,可以向婚姻登记机关撤回离婚登记申请。

前款规定期限届满后二十日内,双方应当亲自到婚姻登记机关申请发给离婚证;未申请的,视为撤回离婚登记申请。

第一千零七十八条 婚姻登记机关查明双方确实是自愿离婚,并已经对子女抚养、财产以及债务处理等事项协商一致的,予以登记,发给离婚证。

第一千零七十九条 夫妻一方要求离婚的,可以由有关组织进行调解或者直接向人民法院提起离婚诉讼。

人民法院审理离婚案件,应当进行调解;如果感情确已破裂,调解无效的，应当准予离婚。

有下列情形之一，调解无效的，应当准予离婚：

（一）重婚或者与他人同居；

（二）实施家庭暴力或者虐待、遗弃家庭成员；

（三）有赌博、吸毒等恶习屡教不改；

（四）因感情不和分居满二年；

（五）其他导致夫妻感情破裂的情形。

一方被宣告失踪，另一方提起离婚诉讼的，应当准予离婚。

经人民法院判决不准离婚后，双方又分居满一年，一方再次提起离婚诉讼的，应当准予离婚。

第一千零八十条　完成离婚登记，或者离婚判决书、调解书生效，即解除婚姻关系。

第一千零八十一条　现役军人的配偶要求离婚，应当征得军人同意，但是军人一方有重大过错的除外。

第一千零八十二条　女方在怀孕期间、分娩后一年内或者终止妊娠后六个月内，男方不得提出离婚；但是，女方提出离婚或者人民法院认为确有必要受理男方离婚请求的除外。

第一千零八十三条　离婚后，男女双方自愿恢复婚姻关系的，应当到婚姻登记机关重新进行结婚登记。

第一千零八十四条　父母与子女间的关系，不因父母离婚而消除。离婚后，子女无论由父或者母直接抚养，仍是父母双方的子女。

离婚后，父母对于子女仍有抚养、教育、保护的权利和义务。

离婚后，不满两周岁的子女，以由母亲直接抚养为原则。已满两周岁的子女，父母双方对抚养问题协议不成的，由人民法院根据双方的具体情况，按照最有利于未成年子女的原则判决。子女已满八周岁的，应当尊重其真实意愿。

第一千零八十五条　离婚后，子女由一方直接抚养的，另一方应当负担部分或者全部抚养费。负担费用的多少和期限的长短，由双方协议；协议不成的，由人民法院判决。

前款规定的协议或者判决，不妨碍子女在必要时向父母任何一方提出超过协议或者判决原定数额的合理要求。

第一千零八十六条　离婚后，不直接抚养子女的父或者母，有探望子女的权利，另一方有协助的义务。

行使探望权利的方式、时间由当事人协议；协议不成的，由人民法院判决。

父或者母探望子女，不利于子女身心健康的，由人民法院依法中止探望；中止的事由消失后，应当恢复探望。

第一千零八十七条 离婚时，夫妻的共同财产由双方协议处理；协议不成的，由人民法院根据财产的具体情况，按照照顾子女、女方和无过错方权益的原则判决。

对夫或者妻在家庭土地承包经营中享有的权益等，应当依法予以保护。

第一千零八十八条 夫妻一方因抚育子女、照料老年人、协助另一方工作等负担较多义务的，离婚时有权向另一方请求补偿，另一方应当给予补偿。具体办法由双方协议；协议不成的，由人民法院判决。

第一千零八十九条 离婚时，夫妻共同债务应当共同偿还。共同财产不足清偿或者财产归各自所有的，由双方协议清偿；协议不成的，由人民法院判决。

第一千零九十条 离婚时，如果一方生活困难，有负担能力的另一方应当给予适当帮助。具体办法由双方协议；协议不成的，由人民法院判决。

第一千零九十一条 有下列情形之一，导致离婚的，无过错方有权请求损害赔偿：

（一）重婚；

（二）与他人同居；

（三）实施家庭暴力；

（四）虐待、遗弃家庭成员；

（五）有其他重大过错。

第一千零九十二条 夫妻一方隐藏、转移、变卖、毁损、挥霍夫妻共同财产，或者伪造夫妻共同债务企图侵占另一方财产的，在离婚分割夫妻共同财产时，对该方可以少分或者不分。离婚后，另一方发现有上述行为的，可以向人民法院提起诉讼，请求再次分割夫妻共同财产。

第五章 收 养

第一节 收养关系的成立

第一千零九十三条 下列未成年人，可以被收养：
（一）丧失父母的孤儿；
（二）查找不到生父母的未成年人；
（三）生父母有特殊困难无力抚养的子女。

第一千零九十四条 下列个人、组织可以作送养人：
（一）孤儿的监护人；
（二）儿童福利机构；
（三）有特殊困难无力抚养子女的生父母。

第一千零九十五条 未成年人的父母均不具备完全民事行为能力且可能严重危害该未成年人的，该未成年人的监护人可以将其送养。

第一千零九十六条 监护人送养孤儿的，应当征得有抚养义务的人同意。有抚养义务的人不同意送养、监护人不愿意继续履行监护职责的，应当依照本法第一编的规定另行确定监护人。

第一千零九十七条 生父母送养子女，应当双方共同送养。生父母一方不明或者查找不到的，可以单方送养。

第一千零九十八条 收养人应当同时具备下列条件：
（一）无子女或者只有一名子女；
（二）有抚养、教育和保护被收养人的能力；
（三）未患有在医学上认为不应当收养子女的疾病；
（四）无不利于被收养人健康成长的违法犯罪记录；
（五）年满三十周岁。

第一千零九十九条 收养三代以内旁系同辈血亲的子女，可以不受本法第一千零九十三条第三项、第一千零九十四条第三项和第一千一百零二条规定的限制。

华侨收养三代以内旁系同辈血亲的子女，还可以不受本法第一千零九十八条第一项规定的限制。

第一千一百条 无子女的收养人可以收养两名子女；有子女的收养人只能收养一名子女。

收养孤儿、残疾未成年人或者儿童福利机构抚养的查找不到生父母的未成年人，可以不受前款和本法第一千零九十八条第一项规定的限制。

第一千一百零一条 有配偶者收养子女，应当夫妻共同收养。

第一千一百零二条 无配偶者收养异性子女的，收养人与被收养人的年龄应当相差四十周岁以上。

第一千一百零三条 继父或者继母经继子女的生父母同意，可以收养继子女，并可以不受本法第一千零九十三条第三项、第一千零九十四条第三项、第一千零九十八条和第一千一百条第一款规定的限制。

第一千一百零四条 收养人收养与送养人送养，应当双方自愿。收养八周岁以上未成年人的，应当征得被收养人的同意。

第一千一百零五条 收养应当向县级以上人民政府民政部门登记。收养关系自登记之日起成立。

收养查找不到生父母的未成年人的，办理登记的民政部门应当在登记前予以公告。

收养关系当事人愿意签订收养协议的，可以签订收养协议。

收养关系当事人各方或者一方要求办理收养公证的，应当办理收养公证。

县级以上人民政府民政部门应当依法进行收养评估。

第一千一百零六条 收养关系成立后，公安机关应当按照国家有关规定为被收养人办理户口登记。

第一千一百零七条 孤儿或者生父母无力抚养的子女，可以由生父母的亲属、朋友抚养；抚养人与被抚养人的关系不适用本章规定。

第一千一百零八条 配偶一方死亡，另一方送养未成年子女的，死亡一方的父母有优先抚养的权利。

第一千一百零九条 外国人依法可以在中华人民共和国收养子女。

外国人在中华人民共和国收养子女，应当经其所在国主管机关依照该国法律审查同意。收养人应当提供由其所在国有权机构出具的有关其年龄、婚姻、职业、财产、健康、有无受过刑事处罚等状况的证明材料，并与送养人签订书面协议，亲自向省、自治区、直辖市人民政府民政部门登记。

前款规定的证明材料应当经收养人所在国外交机关或者外交机关授权的机构认证，并经中华人民共和国驻该国使领馆认证，但是国家另有规定的除外。

第一千一百一十条 收养人、送养人要求保守收养秘密的，其他人应当尊重其意愿，不得泄露。

第二节 收养的效力

第一千一百一十一条 自收养关系成立之日起，养父母与养子女间的权利义务关系，适用本法关于父母子女关系的规定；养子女与养父母的近亲属间的权利义务关系，适用本法关于子女与父母的近亲属关系的规定。

养子女与生父母以及其他近亲属间的权利义务关系，因收养关系的成立而消除。

第一千一百一十二条 养子女可以随养父或者养母的姓氏，经当事人协商一致，也可以保留原姓氏。

第一千一百一十三条 有本法第一编关于民事法律行为无效规定情形或者违反本编规定的收养行为无效。

无效的收养行为自始没有法律约束力。

第三节 收养关系的解除

第一千一百一十四条 收养人在被收养人成年以前，不得解除收养关系，但是收养人、送养人双方协议解除的除外。养子女八周岁以上的，应当征得本人同意。

收养人不履行抚养义务，有虐待、遗弃等侵害未成年养子女合法权益行为的，送养人有权要求解除养父母与养子女间的收养关系。送养人、收养人不能达成解除收养关系协议的，可以向人民法院提起诉讼。

第一千一百一十五条 养父母与成年养子女关系恶化、无法共同生活的，可以协议解除收养关系。不能达成协议的，可以向人民法院提起诉讼。

第一千一百一十六条 当事人协议解除收养关系的，应当到民政部门办理解除收养关系登记。

第一千一百一十七条 收养关系解除后，养子女与养父母以及其他近亲属间的权利义务关系即行消除，与生父母以及其他近亲属间的权利义务关系自行恢复。但是，成年养子女与生父母以及其他近亲属间的权利义务关系是否恢复，可以协商确定。

第一千一百一十八条 收养关系解除后，经养父母抚养的成年养子女，对缺乏劳动能力又缺乏生活来源的养父母，应当给付生活费。因养子女成年后虐待、遗弃养父母而解除收养关系的，养父母可以要求养子女补偿收养期间支出的抚养费。

生父母要求解除收养关系的，养父母可以要求生父母适当补偿收养期间支出的抚养费；但是，因养父母虐待、遗弃养子女而解除收养关系的除外。

第六编 继 承

第一章 一般规定

第一千一百一十九条 本编调整因继承产生的民事关系。

第一千一百二十条 国家保护自然人的继承权。

第一千一百二十一条 继承从被继承人死亡时开始。

相互有继承关系的数人在同一事件中死亡，难以确定死亡时间的，推定没有其他继承人的人先死亡。都有其他继承人，辈份不同的，推定长辈先死亡；辈份相同的，推定同时死亡，相互不发生继承。

第一千一百二十二条 遗产是自然人死亡时遗留的个人合法财产。

依照法律规定或者根据其性质不得继承的遗产，不得继承。

第一千一百二十三条 继承开始后，按照法定继承办理；有遗嘱的，按照遗嘱继承或者遗赠办理；有遗赠扶养协议的，按照协议办理。

第一千一百二十四条 继承开始后，继承人放弃继承的，应当在遗产处理前，以书面形式作出放弃继承的表示；没有表示的，视为接受继承。

受遗赠人应当在知道受遗赠后六十日内，作出接受或者放弃受遗赠的表示；到期没有表示的，视为放弃受遗赠。

第一千一百二十五条 继承人有下列行为之一的，丧失继承权：

（一）故意杀害被继承人；

（二）为争夺遗产而杀害其他继承人；

（三）遗弃被继承人，或者虐待被继承人情节严重；

（四）伪造、篡改、隐匿或者销毁遗嘱，情节严重；

（五）以欺诈、胁迫手段迫使或者妨碍被继承人设立、变更或者撤回遗嘱，情节严重。

继承人有前款第三项至第五项行为，确有悔改表现，被继承人表示宽恕或者事后在遗嘱中将其列为继承人的，该继承人不丧失继承权。

受遗赠人有本条第一款规定行为的，丧失受遗赠权。

第二章　法定继承

第一千一百二十六条　继承权男女平等。

第一千一百二十七条　遗产按照下列顺序继承：

（一）第一顺序：配偶、子女、父母；

（二）第二顺序：兄弟姐妹、祖父母、外祖父母。

继承开始后，由第一顺序继承人继承，第二顺序继承人不继承；没有第一顺序继承人继承的，由第二顺序继承人继承。

本编所称子女，包括婚生子女、非婚生子女、养子女和有扶养关系的继子女。

本编所称父母，包括生父母、养父母和有扶养关系的继父母。

本编所称兄弟姐妹，包括同父母的兄弟姐妹、同父异母或者同母异父的兄弟姐妹、养兄弟姐妹、有扶养关系的继兄弟姐妹。

第一千一百二十八条　被继承人的子女先于被继承人死亡的，由被继承人的子女的直系晚辈血亲代位继承。

被继承人的兄弟姐妹先于被继承人死亡的，由被继承人的兄弟姐妹的子女代位继承。

代位继承人一般只能继承被代位继承人有权继承的遗产份额。

第一千一百二十九条　丧偶儿媳对公婆，丧偶女婿对岳父母，尽了主要赡养义务的，作为第一顺序继承人。

第一千一百三十条　同一顺序继承人继承遗产的份额，一般应当均等。

对生活有特殊困难又缺乏劳动能力的继承人，分配遗产时，应当予以照顾。

对被继承人尽了主要扶养义务或者与被继承人共同生活的继承人，分配遗产时，可以多分。

有扶养能力和有扶养条件的继承人，不尽扶养义务的，分配遗产时，应当不分或者少分。

继承人协商同意的,也可以不均等。

第一千一百三十一条 对继承人以外的依靠被继承人扶养的人,或者继承人以外的对被继承人扶养较多的人,可以分给适当的遗产。

第一千一百三十二条 继承人应当本着互谅互让、和睦团结的精神,协商处理继承问题。遗产分割的时间、办法和份额,由继承人协商确定;协商不成的,可以由人民调解委员会调解或者向人民法院提起诉讼。

第三章 遗嘱继承和遗赠

第一千一百三十三条 自然人可以依照本法规定立遗嘱处分个人财产,并可以指定遗嘱执行人。

自然人可以立遗嘱将个人财产指定由法定继承人中的一人或者数人继承。

自然人可以立遗嘱将个人财产赠与国家、集体或者法定继承人以外的组织、个人。

自然人可以依法设立遗嘱信托。

第一千一百三十四条 自书遗嘱由遗嘱人亲笔书写,签名,注明年、月、日。

第一千一百三十五条 代书遗嘱应当有两个以上见证人在场见证,由其中一人代书,并由遗嘱人、代书人和其他见证人签名,注明年、月、日。

第一千一百三十六条 打印遗嘱应当有两个以上见证人在场见证。遗嘱人和见证人应当在遗嘱每一页签名,注明年、月、日。

第一千一百三十七条 以录音录像形式立的遗嘱,应当有两个以上见证人在场见证。遗嘱人和见证人应当在录音录像中记录其姓名或者肖像,以及年、月、日。

第一千一百三十八条 遗嘱人在危急情况下,可以立口头遗嘱。口头遗嘱应当有两个以上见证人在场见证。危急情况消除后,遗嘱人能够以书面或者录音录像形式立遗嘱的,所立的口头遗嘱无效。

第一千一百三十九条 公证遗嘱由遗嘱人经公证机构办理。

第一千一百四十条 下列人员不能作为遗嘱见证人:

(一)无民事行为能力人、限制民事行为能力人以及其他不具有见证能力的人;

（二）继承人、受遗赠人；

（三）与继承人、受遗赠人有利害关系的人。

第一千一百四十一条 遗嘱应当为缺乏劳动能力又没有生活来源的继承人保留必要的遗产份额。

第一千一百四十二条 遗嘱人可以撤回、变更自己所立的遗嘱。

立遗嘱后，遗嘱人实施与遗嘱内容相反的民事法律行为的，视为对遗嘱相关内容的撤回。

立有数份遗嘱，内容相抵触的，以最后的遗嘱为准。

第一千一百四十三条 无民事行为能力人或者限制民事行为能力人所立的遗嘱无效。

遗嘱必须表示遗嘱人的真实意思，受欺诈、胁迫所立的遗嘱无效。

伪造的遗嘱无效。

遗嘱被篡改的，篡改的内容无效。

第一千一百四十四条 遗嘱继承或者遗赠附有义务的，继承人或者受遗赠人应当履行义务。没有正当理由不履行义务的，经利害关系人或者有关组织请求，人民法院可以取消其接受附义务部分遗产的权利。

第四章 遗产的处理

第一千一百四十五条 继承开始后，遗嘱执行人为遗产管理人；没有遗嘱执行人的，继承人应当及时推选遗产管理人；继承人未推选的，由继承人共同担任遗产管理人；没有继承人或者继承人均放弃继承的，由被继承人生前住所地的民政部门或者村民委员会担任遗产管理人。

第一千一百四十六条 对遗产管理人的确定有争议的，利害关系人可以向人民法院申请指定遗产管理人。

第一千一百四十七条 遗产管理人应当履行下列职责：

（一）清理遗产并制作遗产清单；

（二）向继承人报告遗产情况；

（三）采取必要措施防止遗产毁损、灭失；

（四）处理被继承人的债权债务；

（五）按照遗嘱或者依照法律规定分割遗产；

（六）实施与管理遗产有关的其他必要行为。

第一千一百四十八条 遗产管理人应当依法履行职责，因故意或者重大过失造成继承人、受遗赠人、债权人损害的,应当承担民事责任。

第一千一百四十九条 遗产管理人可以依照法律规定或者按照约定获得报酬。

第一千一百五十条 继承开始后,知道被继承人死亡的继承人应当及时通知其他继承人和遗嘱执行人。继承人中无人知道被继承人死亡或者知道被继承人死亡而不能通知的,由被继承人生前所在单位或者住所地的居民委员会、村民委员会负责通知。

第一千一百五十一条 存有遗产的人,应当妥善保管遗产,任何组织或者个人不得侵吞或者争抢。

第一千一百五十二条 继承开始后,继承人于遗产分割前死亡,并没有放弃继承的,该继承人应当继承的遗产转给其继承人,但是遗嘱另有安排的除外。

第一千一百五十三条 夫妻共同所有的财产,除有约定的外,遗产分割时,应当先将共同所有的财产的一半分出为配偶所有,其余的为被继承人的遗产。

遗产在家庭共有财产之中的,遗产分割时,应当先分出他人的财产。

第一千一百五十四条 有下列情形之一的,遗产中的有关部分按照法定继承办理:

(一)遗嘱继承人放弃继承或者受遗赠人放弃受遗赠;

(二)遗嘱继承人丧失继承权或者受遗赠人丧失受遗赠权;

(三)遗嘱继承人、受遗赠人先于遗嘱人死亡或者终止;

(四)遗嘱无效部分所涉及的遗产;

(五)遗嘱未处分的遗产。

第一千一百五十五条 遗产分割时,应当保留胎儿的继承份额。胎儿娩出时是死体的,保留的份额按照法定继承办理。

第一千一百五十六条 遗产分割应当有利于生产和生活需要,不损害遗产的效用。

不宜分割的遗产,可以采取折价、适当补偿或者共有等方法处理。

第一千一百五十七条 夫妻一方死亡后另一方再婚的,有权处分所继承的财产,任何组织或者个人不得干涉。

第一千一百五十八条 自然人可以与继承人以外的组织或者个人签订遗赠扶养协议。按照协议,该组织或者个人承担该自然人生养死葬的义务，享有受遗赠的权利。

第一千一百五十九条 分割遗产，应当清偿被继承人依法应当缴纳的税款和债务；但是，应当为缺乏劳动能力又没有生活来源的继承人保留必要的遗产。

第一千一百六十条 无人继承又无人受遗赠的遗产，归国家所有，用于公益事业；死者生前是集体所有制组织成员的，归所在集体所有制组织所有。

第一千一百六十一条 继承人以所得遗产实际价值为限清偿被继承人依法应当缴纳的税款和债务。超过遗产实际价值部分，继承人自愿偿还的不在此限。

继承人放弃继承的，对被继承人依法应当缴纳的税款和债务可以不负清偿责任。

第一千一百六十二条 执行遗赠不得妨碍清偿遗赠人依法应当缴纳的税款和债务。

第一千一百六十三条 既有法定继承又有遗嘱继承、遗赠的，由法定继承人清偿被继承人依法应当缴纳的税款和债务；超过法定继承遗产实际价值部分，由遗嘱继承人和受遗赠人按比例以所得遗产清偿。

第七编 侵权责任

第一章 一般规定

第一千一百六十四条 本编调整因侵害民事权益产生的民事关系。

第一千一百六十五条 行为人因过错侵害他人民事权益造成损害的，应当承担侵权责任。

依照法律规定推定行为人有过错，其不能证明自己没有过错的，应当承担侵权责任。

第一千一百六十六条 行为人造成他人民事权益损害，不论行为人有无过错，法律规定应当承担侵权责任的，依照其规定。

第一千一百六十七条 侵权行为危及他人人身、财产安全的，被侵权人有权请求侵权人承担停止侵害、排除妨碍、消除危险等侵权责任。

第一千一百六十八条 二人以上共同实施侵权行为，造成他人损害的,应当承担连带责任。

第一千一百六十九条 教唆、帮助他人实施侵权行为的,应当与行为人承担连带责任。

教唆、帮助无民事行为能力人、限制民事行为能力人实施侵权行为的,应当承担侵权责任;该无民事行为能力人、限制民事行为能力人的监护人未尽到监护职责的,应当承担相应的责任。

第一千一百七十条 二人以上实施危及他人人身、财产安全的行为,其中一人或者数人的行为造成他人损害,能够确定具体侵权人的,由侵权人承担责任;不能确定具体侵权人的,行为人承担连带责任。

第一千一百七十一条 二人以上分别实施侵权行为造成同一损害,每个人的侵权行为都足以造成全部损害的,行为人承担连带责任。

第一千一百七十二条 二人以上分别实施侵权行为造成同一损害,能够确定责任大小的,各自承担相应的责任;难以确定责任大小的,平均承担责任。

第一千一百七十三条 被侵权人对同一损害的发生或者扩大有过错的,可以减轻侵权人的责任。

第一千一百七十四条 损害是因受害人故意造成的,行为人不承担责任。

第一千一百七十五条 损害是因第三人造成的,第三人应当承担侵权责任。

第一千一百七十六条 自愿参加具有一定风险的文体活动,因其他参加者的行为受到损害的,受害人不得请求其他参加者承担侵权责任;但是,其他参加者对损害的发生有故意或者重大过失的除外。

活动组织者的责任适用本法第一千一百九十八条至第一千二百零一条的规定。

第一千一百七十七条 合法权益受到侵害,情况紧迫且不能及时获得国家机关保护,不立即采取措施将使其合法权益受到难以弥补的损害的,受害人可以在保护自己合法权益的必要范围内采取扣留侵权人的财物等合理措施;但是,应当立即请求有关国家机关处理。

受害人采取的措施不当造成他人损害的,应当承担侵权责任。

第一千一百七十八条 本法和其他法律对不承担责任或者减轻责任的情形另有规定的,依照其规定。

第二章 损害赔偿

第一千一百七十九条 侵害他人造成人身损害的，应当赔偿医疗费、护理费、交通费、营养费、住院伙食补助费等为治疗和康复支出的合理费用，以及因误工减少的收入。造成残疾的，还应当赔偿辅助器具费和残疾赔偿金；造成死亡的，还应当赔偿丧葬费和死亡赔偿金。

第一千一百八十条 因同一侵权行为造成多人死亡的，可以以相同数额确定死亡赔偿金。

第一千一百八十一条 被侵权人死亡的，其近亲属有权请求侵权人承担侵权责任。被侵权人为组织，该组织分立、合并的，承继权利的组织有权请求侵权人承担侵权责任。

被侵权人死亡的，支付被侵权人医疗费、丧葬费等合理费用的人有权请求侵权人赔偿费用，但是侵权人已经支付该费用的除外。

第一千一百八十二条 侵害他人人身权益造成财产损失的，按照被侵权人因此受到的损失或者侵权人因此获得的利益赔偿；被侵权人因此受到的损失以及侵权人因此获得的利益难以确定，被侵权人和侵权人就赔偿数额协商不一致，向人民法院提起诉讼的，由人民法院根据实际情况确定赔偿数额。

第一千一百八十三条 侵害自然人人身权益造成严重精神损害的，被侵权人有权请求精神损害赔偿。

因故意或者重大过失侵害自然人具有人身意义的特定物造成严重精神损害的，被侵权人有权请求精神损害赔偿。

第一千一百八十四条 侵害他人财产的，财产损失按照损失发生时的市场价格或者其他合理方式计算。

第一千一百八十五条 故意侵害他人知识产权，情节严重的，被侵权人有权请求相应的惩罚性赔偿。

第一千一百八十六条 受害人和行为人对损害的发生都没有过错的，依照法律的规定由双方分担损失。

第一千一百八十七条 损害发生后，当事人可以协商赔偿费用的支付方式。协商不一致的，赔偿费用应当一次性支付；一次性支付确有困难的，可以分期支付，但是被侵权人有权请求提供相应的担保。

第三章 责任主体的特殊规定

第一千一百八十八条 无民事行为能力人、限制民事行为能力人造成他人损害的,由监护人承担侵权责任。监护人尽到监护职责的,可以减轻其侵权责任。

有财产的无民事行为能力人、限制民事行为能力人造成他人损害的,从本人财产中支付赔偿费用;不足部分,由监护人赔偿。

第一千一百八十九条 无民事行为能力人、限制民事行为能力人造成他人损害,监护人将监护职责委托给他人的,监护人应当承担侵权责任;受托人有过错的,承担相应的责任。

第一千一百九十条 完全民事行为能力人对自己的行为暂时没有意识或者失去控制造成他人损害有过错的,应当承担侵权责任;没有过错的,根据行为人的经济状况对受害人适当补偿。

完全民事行为能力人因醉酒、滥用麻醉药品或者精神药品对自己的行为暂时没有意识或者失去控制造成他人损害的,应当承担侵权责任。

第一千一百九十一条 用人单位的工作人员因执行工作任务造成他人损害的,由用人单位承担侵权责任。用人单位承担侵权责任后,可以向有故意或者重大过失的工作人员追偿。

劳务派遣期间,被派遣的工作人员因执行工作任务造成他人损害的,由接受劳务派遣的用工单位承担侵权责任;劳务派遣单位有过错的,承担相应的责任。

第一千一百九十二条 个人之间形成劳务关系,提供劳务一方因劳务造成他人损害的,由接受劳务一方承担侵权责任。接受劳务一方承担侵权责任后,可以向有故意或者重大过失的提供劳务一方追偿。提供劳务一方因劳务受到损害的,根据双方各自的过错承担相应的责任。

提供劳务期间,因第三人的行为造成提供劳务一方损害的,提供劳务一方有权请求第三人承担侵权责任,也有权请求接受劳务一方给予补偿。接受劳务一方补偿后,可以向第三人追偿。

第一千一百九十三条 承揽人在完成工作过程中造成第三人损害或者自己损害的,定作人不承担侵权责任。但是,定作人对定作、指示或者选任有过错的,应当承担相应的责任。

第一千一百九十四条 网络用户、网络服务提供者利用网络侵害他人民事权益的，应当承担侵权责任。法律另有规定的，依照其规定。

第一千一百九十五条　网络用户利用网络服务实施侵权行为的，权利人有权通知网络服务提供者采取删除、屏蔽、断开链接等必要措施。通知应当包括构成侵权的初步证据及权利人的真实身份信息。

网络服务提供者接到通知后，应当及时将该通知转送相关网络用户，并根据构成侵权的初步证据和服务类型采取必要措施；未及时采取必要措施的，对损害的扩大部分与该网络用户承担连带责任。

权利人因错误通知造成网络用户或者网络服务提供者损害的，应当承担侵权责任。法律另有规定的，依照其规定。

第一千一百九十六条　网络用户接到转送的通知后，可以向网络服务提供者提交不存在侵权行为的声明。声明应当包括不存在侵权行为的初步证据及网络用户的真实身份信息。

网络服务提供者接到声明后，应当将该声明转送发出通知的权利人，并告知其可以向有关部门投诉或者向人民法院提起诉讼。网络服务提供者在转送声明到达权利人后的合理期限内，未收到权利人已经投诉或者提起诉讼通知的，应当及时终止所采取的措施。

第一千一百九十七条　网络服务提供者知道或者应当知道网络用户利用其网络服务侵害他人民事权益，未采取必要措施的，与该网络用户承担连带责任。

第一千一百九十八条　宾馆、商场、银行、车站、机场、体育场馆、娱乐场所等经营场所、公共场所的经营者、管理者或者群众性活动的组织者，未尽到安全保障义务，造成他人损害的，应当承担侵权责任。

因第三人的行为造成他人损害的，由第三人承担侵权责任；经营者、管理者或者组织者未尽到安全保障义务的，承担相应的补充责任。经营者、管理者或者组织者承担补充责任后，可以向第三人追偿。

第一千一百九十九条　无民事行为能力人在幼儿园、学校或者其他教育机构学习、生活期间受到人身损害的，幼儿园、学校或者其他教育机构应当承担侵权责任；但是，能够证明尽到教育、管理职责的，不承担侵权责任。

第一千二百条　限制民事行为能力人在学校或者其他教育机构学习、生活期间受到人身损害，学校或者其他教育机构未尽到教育、管理职责的，应当承担侵权责任。

第一千二百零一条　无民事行为能力人或者限制民事行为能力人在幼儿园、学校或者其他教育机构学习、生活期间，受到幼儿园、学校或者其他教育机构以外的第三人人身损害的，由第三人承担侵权责任；幼儿园、学校或者其他教育机构未尽到管理职责的，承担相应的补充责任。幼儿园、学校或者其他教育机构承担补充责任后，可以向第三人追偿。

第四章　产品责任

第一千二百零二条　因产品存在缺陷造成他人损害的，生产者应当承担侵权责任。

第一千二百零三条　因产品存在缺陷造成他人损害的，被侵权人可以向产品的生产者请求赔偿，也可以向产品的销售者请求赔偿。

产品缺陷由生产者造成的，销售者赔偿后，有权向生产者追偿。因销售者的过错使产品存在缺陷的，生产者赔偿后，有权向销售者追偿。

第一千二百零四条　因运输者、仓储者等第三人的过错使产品存在缺陷，造成他人损害的，产品的生产者、销售者赔偿后，有权向第三人追偿。

第一千二百零五条　因产品缺陷危及他人人身、财产安全的，被侵权人有权请求生产者、销售者承担停止侵害、排除妨碍、消除危险等侵权责任。

第一千二百零六条　产品投入流通后发现存在缺陷的，生产者、销售者应当及时采取停止销售、警示、召回等补救措施；未及时采取补救措施或者补救措施不力造成损害扩大的，对扩大的损害也应当承担侵权责任。

依据前款规定采取召回措施的，生产者、销售者应当负担被侵权人因此支出的必要费用。

第一千二百零七条　明知产品存在缺陷仍然生产、销售，或者没有依据前条规定采取有效补救措施，造成他人死亡或者健康严重损害的，被侵权人有权请求相应的惩罚性赔偿。

第五章　机动车交通事故责任

第一千二百零八条　机动车发生交通事故造成损害的，依照道路交通安全法律和本法的有关规定承担赔偿责任。

第一千二百零九条　因租赁、借用等情形机动车所有人、管理人与使用人不是同一人时，发生交通事故造成损害，属于该机动车一方责任的，由机动车使用人承担赔偿责任；机动车所有人、管理人对损害的发生有过错的，承担相应的赔偿责任。

第一千二百一十条　当事人之间已经以买卖或者其他方式转让并交付机动车但是未办理登记，发生交通事故造成损害，属于该机动车一方责任的，由受让人承担赔偿责任。

第一千二百一十一条　以挂靠形式从事道路运输经营活动的机动车，发生交通事故造成损害，属于该机动车一方责任的，由挂靠人和被挂靠人承担连带责任。

第一千二百一十二条　未经允许驾驶他人机动车，发生交通事故造成损害，属于该机动车一方责任的，由机动车使用人承担赔偿责任；机动车所有人、管理人对损害的发生有过错的，承担相应的赔偿责任，但是本章另有规定的除外。

第一千二百一十三条　机动车发生交通事故造成损害，属于该机动车一方责任的，先由承保机动车强制保险的保险人在强制保险责任限额范围内予以赔偿；不足部分，由承保机动车商业保险的保险人按照保险合同的约定予以赔偿；仍然不足或者没有投保机动车商业保险的，由侵权人赔偿。

第一千二百一十四条　以买卖或者其他方式转让拼装或者已经达到报废标准的机动车，发生交通事故造成损害的，由转让人和受让人承担连带责任。

第一千二百一十五条　盗窃、抢劫或者抢夺的机动车发生交通事故造成损害的，由盗窃人、抢劫人或者抢夺人承担赔偿责任。盗窃人、抢劫人或者抢夺人与机动车使用人不是同一人，发生交通事故造成损害，属于该机动车一方责任的，由盗窃人、抢劫人或者抢夺人与机动车使用人承担连带责任。

保险人在机动车强制保险责任限额范围内垫付抢救费用的，有权向交通事故责任人追偿。

第一千二百一十六条　机动车驾驶人发生交通事故后逃逸，该机动车参加强制保险的，由保险人在机动车强制保险责任限额范围内予以赔偿；机动车不明、该机动车未参加强制保险或者抢救费用超过机动车强制保险责任限额，需要支付被侵权人人身伤亡的抢救、丧葬等费用的，由道路交通事故社会救助基金垫付。道路交通事故社会救助基金垫付后，其管理机构有权向交通事故责任人追偿。

第一千二百一十七条 非营运机动车发生交通事故造成无偿搭乘人损害，属于该机动车一方责任的，应当减轻其赔偿责任，但是机动车使用人有故意或者重大过失的除外。

第六章 医疗损害责任

第一千二百一十八条 患者在诊疗活动中受到损害，医疗机构或者其医务人员有过错的，由医疗机构承担赔偿责任。

第一千二百一十九条 医务人员在诊疗活动中应当向患者说明病情和医疗措施。需要实施手术、特殊检查、特殊治疗的，医务人员应当及时向患者具体说明医疗风险、替代医疗方案等情况，并取得其明确同意；不能或者不宜向患者说明的，应当向患者的近亲属说明，并取得其明确同意。

医务人员未尽到前款义务，造成患者损害的，医疗机构应当承担赔偿责任。

第一千二百二十条 因抢救生命垂危的患者等紧急情况，不能取得患者或者其近亲属意见的，经医疗机构负责人或者授权的负责人批准，可以立即实施相应的医疗措施。

第一千二百二十一条 医务人员在诊疗活动中未尽到与当时的医疗水平相应的诊疗义务，造成患者损害的，医疗机构应当承担赔偿责任。

第一千二百二十二条 患者在诊疗活动中受到损害，有下列情形之一的，推定医疗机构有过错：

（一）违反法律、行政法规、规章以及其他有关诊疗规范的规定；

（二）隐匿或者拒绝提供与纠纷有关的病历资料；

（三）遗失、伪造、篡改或者违法销毁病历资料。

第一千二百二十三条 因药品、消毒产品、医疗器械的缺陷，或者输入不合格的血液造成患者损害的，患者可以向药品上市许可持有人、生产者、血液提供机构请求赔偿，也可以向医疗机构请求赔偿。患者向医疗机构请求赔偿的，医疗机构赔偿后，有权向负有责任的药品上市许可持有人、生产者、血液提供机构追偿。

第一千二百二十四条 患者在诊疗活动中受到损害，有下列情形之一的，医疗机构不承担赔偿责任：

（一）患者或者其近亲属不配合医疗机构进行符合诊疗规范的诊疗；

（二）医务人员在抢救生命垂危的患者等紧急情况下已经尽到合理诊疗义务；

（三）限于当时的医疗水平难以诊疗。

前款第一项情形中，医疗机构或者其医务人员也有过错的，应当承担相应的赔偿责任。

第一千二百二十五条 医疗机构及其医务人员应当按照规定填写并妥善保管住院志、医嘱单、检验报告、手术及麻醉记录、病理资料、护理记录等病历资料。

患者要求查阅、复制前款规定的病历资料的，医疗机构应当及时提供。

第一千二百二十六条 医疗机构及其医务人员应当对患者的隐私和个人信息保密。泄露患者的隐私和个人信息，或者未经患者同意公开其病历资料的，应当承担侵权责任。

第一千二百二十七条 医疗机构及其医务人员不得违反诊疗规范实施不必要的检查。

第一千二百二十八条 医疗机构及其医务人员的合法权益受法律保护。

干扰医疗秩序，妨碍医务人员工作、生活，侵害医务人员合法权益的，应当依法承担法律责任。

第七章 环境污染和生态破坏责任

第一千二百二十九条 因污染环境、破坏生态造成他人损害的，侵权人应当承担侵权责任。

第一千二百三十条 因污染环境、破坏生态发生纠纷，行为人应当就法律规定的不承担责任或者减轻责任的情形及其行为与损害之间不存在因果关系承担举证责任。

第一千二百三十一条 两个以上侵权人污染环境、破坏生态的，承担责任的大小，根据污染物的种类、浓度、排放量，破坏生态的方式、范围、程度，以及行为对损害后果所起的作用等因素确定。

第一千二百三十二条 侵权人违反法律规定故意污染环境、破坏生态造成严重后果的，被侵权人有权请求相应的惩罚性赔偿。

第一千二百三十三条 因第三人的过错污染环境、破坏生态的,被侵权人可以向侵权人请求赔偿,也可以向第三人请求赔偿。侵权人赔偿后,有权向第三人追偿。

第一千二百三十四条 违反国家规定造成生态环境损害,生态环境能够修复的,国家规定的机关或者法律规定的组织有权请求侵权人在合理期限内承担修复责任。侵权人在期限内未修复的,国家规定的机关或者法律规定的组织可以自行或者委托他人进行修复,所需费用由侵权人负担。

第一千二百三十五条 违反国家规定造成生态环境损害的,国家规定的机关或者法律规定的组织有权请求侵权人赔偿下列损失和费用:

(一)生态环境受到损害至修复完成期间服务功能丧失导致的损失;

(二)生态环境功能永久性损害造成的损失;

(三)生态环境损害调查、鉴定评估等费用;

(四)清除污染、修复生态环境费用;

(五)防止损害的发生和扩大所支出的合理费用。

第八章　高度危险责任

第一千二百三十六条 从事高度危险作业造成他人损害的,应当承担侵权责任。

第一千二百三十七条 民用核设施或者运入运出核设施的核材料发生核事故造成他人损害的,民用核设施的营运单位应当承担侵权责任;但是,能够证明损害是因战争、武装冲突、暴乱等情形或者受害人故意造成的,不承担责任。

第一千二百三十八条 民用航空器造成他人损害的,民用航空器的经营者应当承担侵权责任;但是,能够证明损害是因受害人故意造成的,不承担责任。

第一千二百三十九条 占有或者使用易燃、易爆、剧毒、高放射性、强腐蚀性、高致病性等高度危险物造成他人损害的,占有人或者使用人应当承担侵权责任;但是,能够证明损害是因受害人故意或者不可抗力造成的,不承担责任。被侵权人对损害的发生有重大过失的,可以减轻占有人或者使用人的责任。

第一千二百四十条 从事高空、高压、地下挖掘活动或者使用高速轨道运输工具造成他人损害的,经营者应当承担侵权责任;但是,能够证明损害是因受害人故意或者不可抗力造成的，不承担责任。被侵权人对损害的发生有重大过失的，可以减轻经营者的责任。

第一千二百四十一条 遗失、抛弃高度危险物造成他人损害的，由所有人承担侵权责任。所有人将高度危险物交由他人管理的，由管理人承担侵权责任；所有人有过错的，与管理人承担连带责任。

第一千二百四十二条 非法占有高度危险物造成他人损害的，由非法占有人承担侵权责任。所有人、管理人不能证明对防止非法占有尽到高度注意义务的，与非法占有人承担连带责任。

第一千二百四十三条 未经许可进入高度危险活动区域或者高度危险物存放区域受到损害，管理人能够证明已经采取足够安全措施并尽到充分警示义务的，可以减轻或者不承担责任。

第一千二百四十四条 承担高度危险责任，法律规定赔偿限额的，依照其规定，但是行为人有故意或者重大过失的除外。

第九章 饲养动物损害责任

第一千二百四十五条 饲养的动物造成他人损害的，动物饲养人或者管理人应当承担侵权责任；但是，能够证明损害是因被侵权人故意或者重大过失造成的，可以不承担或者减轻责任。

第一千二百四十六条 违反管理规定，未对动物采取安全措施造成他人损害的，动物饲养人或者管理人应当承担侵权责任；但是，能够证明损害是因被侵权人故意造成的，可以减轻责任。

第一千二百四十七条 禁止饲养的烈性犬等危险动物造成他人损害的，动物饲养人或者管理人应当承担侵权责任。

第一千二百四十八条 动物园的动物造成他人损害的，动物园应当承担侵权责任；但是，能够证明尽到管理职责的，不承担侵权责任。

第一千二百四十九条 遗弃、逃逸的动物在遗弃、逃逸期间造成他人损害的，由动物原饲养人或者管理人承担侵权责任。

第一千二百五十条 因第三人的过错致使动物造成他人损害的，被侵权人可以向动物饲养人或者管理人请求赔偿，也可以向第三人请求赔偿。动物饲养人或者管理人赔偿后，有权向第三人追偿。

第一千二百五十一条 饲养动物应当遵守法律法规，尊重社会公德，不得妨碍他人生活。

第十章　建筑物和物件损害责任

第一千二百五十二条　建筑物、构筑物或者其他设施倒塌、塌陷造成他人损害的，由建设单位与施工单位承担连带责任，但是建设单位与施工单位能够证明不存在质量缺陷的除外。建设单位、施工单位赔偿后，有其他责任人的，有权向其他责任人追偿。

因所有人、管理人、使用人或者第三人的原因，建筑物、构筑物或者其他设施倒塌、塌陷造成他人损害的，由所有人、管理人、使用人或者第三人承担侵权责任。

第一千二百五十三条　建筑物、构筑物或者其他设施及其搁置物、悬挂物发生脱落、坠落造成他人损害，所有人、管理人或者使用人不能证明自己没有过错的，应当承担侵权责任。所有人、管理人或者使用人赔偿后，有其他责任人的，有权向其他责任人追偿。

第一千二百五十四条　禁止从建筑物中抛掷物品。从建筑物中抛掷物品或者从建筑物上坠落的物品造成他人损害的，由侵权人依法承担侵权责任；经调查难以确定具体侵权人的，除能够证明自己不是侵权人的外，由可能加害的建筑物使用人给予补偿。可能加害的建筑物使用人补偿后，有权向侵权人追偿。

物业服务企业等建筑物管理人应当采取必要的安全保障措施防止前款规定情形的发生；未采取必要的安全保障措施的，应当依法承担未履行安全保障义务的侵权责任。

发生本条第一款规定的情形的，公安等机关应当依法及时调查，查清责任人。

第一千二百五十五条　堆放物倒塌、滚落或者滑落造成他人损害，堆放人不能证明自己没有过错的，应当承担侵权责任。

第一千二百五十六条　在公共道路上堆放、倾倒、遗撒妨碍通行的物品造成他人损害的，由行为人承担侵权责任。公共道路管理人不能证明已经尽到清理、防护、警示等义务的，应当承担相应的责任。

第一千二百五十七条　因林木折断、倾倒或者果实坠落等造成他人损害，林木的所有人或者管理人不能证明自己没有过错的，应当承担侵权责任。

第一千二百五十八条　在公共场所或者道路上挖掘、修缮安装地下设施等造成他人损害，施工人不能证明已经设置明显标志和采取安全措施的，应当承担侵权责任。

窨井等地下设施造成他人损害，管理人不能证明尽到管理职责的，应当承担侵权责任。

附　则

第一千二百五十九条　民法所称的"以上"、"以下"、"以内"、"届满"，包括本数；所称的"不满"、"超过"、"以外"，不包括本数。

第一千二百六十条　本法自2021年1月1日起施行。《中华人民共和国婚姻法》、《中华人民共和国继承法》、《中华人民共和国民法通则》、《中华人民共和国收养法》、《中华人民共和国担保法》、《中华人民共和国合同法》、《中华人民共和国物权法》、《中华人民共和国侵权责任法》、《中华人民共和国民法总则》同时废止。

关于《中华人民共和国民法典（草案）》的说明

——2020年5月22日在第十三届全国人民代表大会第三次会议上

全国人民代表大会常务委员会副委员长　王　晨

各位代表：

我受全国人大常委会委托，作关于《中华人民共和国民法典（草案）》的说明。

一、编纂民法典的重大意义

编纂民法典是党的十八届四中全会确定的一项重大政治任务和立法任务，是以习近平同志为核心的党中央作出的重大法治建设部署。编纂民法典，就是通过对我国现行的民事法律制度规范进行系统整合、编订纂修，形成一部适应新时代中国特色社会主义发展要求，符合我国国情和实际，体例科学、结构严谨、规范合理、内容完整并协调一致的法典。这是一项系统的、重大的立法工程。

编纂一部真正属于中国人民的民法典，是新中国几代人的夙愿。党和国家曾于1954年、1962年、1979年和2001年先后四次启动民法制定工作。第一次和第二次，由于多种原因而未能取得实际成果。1979年第三次启动，由于刚刚进入改革开放新时期，制定一部完整民法典的条件尚不具备。因此，当时领导全国人大法制委员会立法工作的彭真、习仲勋等同志深入研究后，在二十世纪八十年代初决定按照"成熟一个通过一个"的工作思路，确定先制定民事单行法律。现行的继承法、民法通则、担保法、合同法就是在这种工作思路下先后制定的。2001年，九届全国人大常委会组织起草了《中华人民共和国民法（草案）》，并于2002年12月进行了一次审议。经讨论和研究，仍确定继续采取分别制定单行法的办法推进我国民事法律制度建设。2003年十届全国人大以来，又陆续制定了物权法、侵权责任法、涉外民事关系法律适用法等。总的看，经过多年来努力，我国民事立法是富有成效的，逐步形成了比较完备的民事法律规范体系，民事司法实践积累了丰富经验，民事法律服务取得显著进步，民法理论研究也达到较高水平，全社会民事法治观念普遍增强，为编纂民法典奠定了较好的制度基础、实践基础、理论基础和社会基础。随着我国社会主义现代化事业不断发展和全面依法治国深入推进，人民群众和社会各方面对编纂和出台民法典寄予很大的期盼。

党的十八大以来，以习近平同志为核心的党中央把全面依法治国摆在突出位置，推动党和国家事业发生历史性变革、取得历史性成就，中国特色社会主义已经进入新时代。在坚持和完善中国特色社会主义制度、推进国家治理体系和治理能力现代化的新征程中，编纂民法典具有重大而深远的意义。

（一）编纂民法典是坚持和完善中国特色社会主义制度的现实需要

回顾人类文明史，编纂法典是具有重要标志意义的法治建设工程，是一个国家、一个民族走向繁荣强盛的象征和标志。新中国成立70多年特别是改革开放40多年来，中国共产党团结带领中国人民不懈奋斗，成功开辟了中国特色社会主义道路，取得了举世瞩目的发展成就，中国特色社会主义制度展现出强大生命力和显著优越性。我国民事法律制度正是伴随着新时期改革开放和社会主义现代化建设的历史进程而形成并不断发展完善的，是中国特色社会主义法律制度的重要组成部分。在系统总结制度建设成果和实践经验的基础上，编纂一部具有中国特色、体现时代特点、反映人民意愿的民法典，不仅能充分彰显中国特色社会主义法律制度成果和制度自信，促进和保障中国特色社会主义事业不断发展，也能为人类法治文明的发展进步贡献中国智慧和中国方案。

（二）编纂民法典是推进全面依法治国、推进国家治理体系和治理能力现代化的重大举措

民法是中国特色社会主义法律体系的重要组成部分，是民事领域的基

础性、综合性法律，它规范各类民事主体的各种人身关系和财产关系，涉及社会和经济生活的方方面面，被称为"社会生活的百科全书"。建立健全完备的法律规范体系，以良法保障善治，是全面依法治国的前提和基础。民法通过确立民事主体、民事权利、民事法律行为、民事责任等民事总则制度，确立物权、合同、人格权、婚姻家庭、继承、侵权责任等民事分则制度，来调整各类民事关系。民法与国家其他领域法律规范一起，支撑着国家制度和国家治理体系，是保证国家制度和国家治理体系正常有效运行的基础性法律规范。编纂民法典，就是全面总结我国的民事立法和司法的实践经验，对现行民事单行法律进行系统编订纂修，将相关民事法律规范编纂成一部综合性法典，不断健全完善中国特色社会主义法律体系。这对于以法治方式推进国家治理体系和治理能力现代化，更好地发挥法治固根本、稳预期、利长远的保障作用，具有重要意义。

（三）编纂民法典是坚持和完善社会主义基本经济制度、推动经济高质量发展的客观要求

公有制为主体、多种所有制经济共同发展，按劳分配为主体、多种分配方式并存，社会主义市场经济体制等社会主义基本经济制度，是以法治为基础、在法治轨道上运行、受法治规则调整的经济制度，社会主义市场经济本质上是法治经济。我国民事主体制度中的法人制度，规范民事活动的民事法律行为制度、代理制度，调整各类财产关系的物权制度，调整各类交易关系的合同制度，保护和救济民事权益的侵权责任制度，都是坚持和完善社会主义基本经济制度不可或缺的法律制度规范和行为规则。同时，我国民事法律制度建设一直秉持"民商合一"的传统，把许多商事法律规范纳入民法之中。编纂民法典，进一步完善我国民商事领域基本法律制度和行为规则，为各类民商事活动提供基本遵循，有利于充分调动民事主体的积极性和创造性、维护交易安全、维护市场秩序，有利于营造各种所有制主体依法平等使用资源要素、公开公平公正参与竞争、同等受到法律保护的市场环境，推动经济高质量发展。

（四）编纂民法典是增进人民福祉、维护最广大人民根本利益的必然要求

中国特色社会主义法治建设的根本目的是保障人民权益。改革开放以

来，我国民事法律制度逐步得到完善和发展，公民的民事权利也得到越来越充分的保护。中国特色社会主义进入新时代，随着我国社会主要矛盾的变化，随着经济发展和国民财富的不断积累，随着信息化和大数据时代的到来，人民群众在民主、法治、公平、正义、安全、环境等方面的要求日益增长，希望对权利的保护更加充分、更加有效。党的十九大明确提出，要保护人民人身权、财产权、人格权。而现行民事立法中的有些规范已经滞后，难以适应人民日益增长的美好生活需要。编纂民法典，健全和充实民事权利种类，形成更加完备的民事权利体系，完善权利保护和救济规则，形成规范有效的权利保护机制，对于更好地维护人民权益，不断增加人民群众获得感、幸福感和安全感，促进人的全面发展，具有十分重要的意义。

二、编纂民法典的总体要求和基本原则

民法典是新中国第一部以法典命名的法律，开创了我国法典编纂立法的先河，具有里程碑意义。以习近平同志为核心的党中央高度重视民法典编纂工作，将编纂民法典列入党中央重要工作议程，并对编纂民法典工作任务作出总体部署、提出明确要求。十二届、十三届全国人大常委会都高度重视这一立法工作，将编纂民法典纳入全国人大常委会立法规划和年度立法工作计划，确定为全国人大常委会的立法工作重点项目，积极持续推进。为做好民法典编纂工作，全国人大常委会党组先后多次向党中央请示和报告，就民法典编纂工作的总体考虑、工作步骤、体例结构等重大问题进行汇报。2016年6月、2018年8月、2019年12月，习近平总书记三次主持中央政治局常委会会议，听取并原则同意全国人大常委会党组就民法典编纂工作所作的请示汇报，对民法典编纂工作作出重要指示，为民法典编纂工作提供了重要指导和基本遵循。

编纂民法典的指导思想是：高举中国特色社会主义伟大旗帜，以马克思列宁主义、毛泽东思想、邓小平理论、"三个代表"重要思想、科学发展观、习近平新时代中国特色社会主义思想为指导，增强"四个意识"，坚定"四个自信"，做到"两个维护"，全面贯彻党的十八大、十九大和有关中央全会精神，坚持党的领导、人民当家作主、依法治国有机统一，紧紧围绕统筹推进"五位一体"总体布局和协调推进"四个全面"战略布局，紧紧围绕建设中国特色社会主义法治体系、建设社会主义法治国家，总结实践经验，适应时代要求，对我国现行的、制定于不同时期的民法通则、物权法、合同法、担保法、婚姻法、收养法、继承法、侵权责任法和人格权方面的民事法律规范进行全面系统的编订纂修，形成一部具有中国特色、体现时代特点、反映人民意愿的民法典，为新时代坚持和完善中国特色社会主义制度、实现"两个一百年"奋斗目标、实现中华民族伟大复兴中国梦提供完备的民事法治保障。

贯彻上述指导思想，切实做好民法典编纂工作，必须遵循和体现以下基本原则：一是坚持正确政治方向，全面贯彻习近平总书记全面依法治国新理念新思想新战略，坚决贯彻党中央的决策部署，坚持服务党和国家工作大局，充分发挥民法典在坚持和完善中国特色社会主义制度、推进国家治理体系和治理能力现代化中的重要作用。二是坚持以人民为中心，以保护民事权利为出发点和落脚点，切实回应人民的法治需求，更好地满足人民日益增长的美好生活需要，充分实现好、维护好、发展好最广大人民的根本利益，使民法典成为新时代保护人民民事权利的好法典。三是坚持立足国情和实际，全面总结我国改革开放40多年来民事立法和实践经验，以法典化方式巩固、确认和发展民事法治建设成果，以实践需求指引立法方向，提高民事法律制度的针对性、有效性、适应性，发挥法治的引领、规范、保障作用。四是坚持依法治国与以德治国相结合，注重将社会主义核心价值观融入民事法律规范，大力弘扬传统美德和社会公德，强化规则意识，倡导契约精神，维护公序良俗。五是坚持科学立法、民主立法、依法立法，不断增强民事法律规范的系统性、完整性，既保持民事法律制度的连续性、稳定性，又保持适度的前瞻性、开放性，同时处理好、衔接好法典化民事法律制度下各类规范之间的关系。

三、民法典编纂工作情况

根据党中央的工作部署，编纂民法典的起草工作由全国人大常委会法制工作委员会牵头，最高人民法院、最高人民检察院、司法部、中国社会科学院、中国法学会为参加单位。为做好民法典编纂工作，全国人大常委会法制工作委员会与五家参加单位成立了民法典编纂工作协调小组，并成立了民法典编纂工作专班。

编纂民法典不是制定全新的民事法律，也不是简单的法律汇编，而是对现行的民事法律规范进行编订纂修，对已经不适应现实情况的规定进行修改完善，对经济社会生活中出现的新情况、新问题作出有针对性的新规定。编纂民法典采取"两步走"的工作思路进行：第一步，制定民法总则，作为民法典的总则编；第二步，编纂民法典各分编，经全国人大常委会审议和修改完善后，再与民法总则合并为一部完整的民法典草案。

2015年3月，全国人大常委会法制工作委员会启动民法典编纂工作，着手第一步的民法总则制定工作，以1986年制定的民法通则为基础，系统梳理总结有关民事法律的实践经验，提炼民事法律制度中具有普遍适用性和引领性的规则，形成民法总则草案，2016年由十二届全国人大常委会进行了三次审议，2017年3月由第十二届全国人民代表大会第五次会议审议通过。制定民法总则，完成了民法典编纂工作的第一步，为民法典编纂奠定了坚实基础。

民法总则通过后，十二届、十三届全国人大常委会接续努力、抓紧开展作为民法典编纂第二步的各分编编纂工作。法制工作委员会与民法典编纂工作各参加单位全力推进民法典各分编编纂工作，系统梳理、研究历年来有关方面提出的意见，开展立法调研，广泛听取意见建议，以现行物权法、合同法、担保法、婚姻法、收养法、继承法、侵权责任法等为基础，结合我国经济社会发展对民事法律提出的新需求，形成了包括物权、合同、人格权、婚姻家庭、继承、侵权责任等6个分编在内的民法典各分编草案，提请2018年8月召开的第十三届全国人大常委会第五次会议审议。其后，2018年12月、2019年4月、6月、8月、10月，第十三届全国人大常委会第七次、第十次、第十一次、第十二次、第十四次会议对民法典各分编草案进行了拆分审议，对全部6个分编草案进行了二审，对各方面比较关注的人格权、婚姻家庭、侵权责任3个分编草案进行了三审。在此基础上，将民法总则与经过常委会审议和修改完善的民法典各分编草案合并，形成《中华人民共和国民法典（草案）》，提请2019年12月召开的第十三届全国人大常委会第十五次会议审议。经审议，全国人大常委会作出决定，将民法典草案提请本次大会审议。

民法典草案经全国人大常委会审议后，全国人大常委会办公厅将草案印发十三届全国人大代表、部署组织全国人大代表研读讨论民法典草案工作，征求代表意见。同时，法制工作委员会还将草案印发地方人大、基层立法联系点、中央有关部门征求意见，并在中国人大网公布征求社会公众意见。法制工作委员会还在北京召开多个座谈会，听取有关部门、专家的意见。各方面普遍认为，编纂民法典，对于完善中国特色社会主义法律体系，以法治方式推进国家治理体系和治理能力现代化，切实维护最广大人民的根本利益，促进社会公平正义具有重要意义。

新冠肺炎疫情发生以来，全国人大常委会高度关注，栗战书委员长多次就贯彻落实习近平总书记对疫情防控工作的重要讲话精神和党中央决策部署，为疫情防控工作提供法治保障提出明确的工作要求。我们认真学习贯彻习近平总书记重要讲话精神和党中央决策部署，结合民法典编纂工作，对与疫情相关的民事法律制度进行梳理研究，对草案作了有针对性的修改完善。

2020年4月20日、21日，全国人大宪法和法律委员会召开会议，根据全国人大常委会的审议意见、代表研读讨论中提出的意见和各方面的意见，对民法典草案作了进一步修改完善；认为经过全国人大常委会多次审议和广泛征求意见，草案充分吸收各方面的意见建议，已经比较成熟，形成了提请本次会议审议的《中华人民共和国民法典（草案）》。

为进一步做好会议审议民法典草案的准备工作，更充分听取全国人大代表的意见，4月29日，法制工作委员会将修改后的民法典草案再次发送给各省、自治区、直辖市人大常委会，请各地方以适当方式组织有关全国人大代表研读讨论，听取意见。

四、民法典草案的主要内容

《中华人民共和国民法典（草案）》共7编、1260条，各编依次为总则、物权、合同、人格权、婚姻家庭、继承、侵权责任，以及附则。

（一）总则编

第一编"总则"规定民事活动必须遵循的基本原则和一般性规则，统领民法典各分编。第一编基本保持现行民法总则的结构和内容不变，根据法典编纂体系化要求对个别条款作了文字修改，并将"附则"部分移到民法典草案的最后。第一编共10章、204条，主要内容有：

1. 关于基本规定。第一编第一章规定了民法典的立法目的和依据。其中，将"弘扬社会主义核心价值观"作为一项重要的立法目的，体现坚持依法治国与以德治国相结合的鲜明中国特色（草案第一条）。同时，规定了民事权利及其他合法权益受法律保护，确立了平等、自愿、公平、诚信、守法和公序良俗等民法基本原则（草案第四条至第八条）。为贯彻习近平生态文明思想，将绿色原则确立为民法的基本原则，规定民事主体从事民事活动，应当有利于节约资源、保护生态环境（草案第九条）。

2. 关于民事主体。民事主体是民事关系的参与者、民事权利的享有者、民事义务的履行者和民事责任的承担者，具体包括三类：一是自然人。自然人是最基本的民事主体。草案规定了自然人的民事权利能力和民事行为能力制度、监护制度、宣告失踪和宣告死亡制度，并对个体工商户和农村承包经营户作了规定（草案第一编第二章）。结合此次疫情防控工作，对监护制度作了进一步完善，规定因发生突发事件等紧急情况，监护人暂时无法履行监护职责，被监护人的生活处于无人照料状态的，被监护人住所地的居民委员会、村民委员会或者民政部门应当为被监护人安排必要的临时生活照料措施（草案第三十四条第四款）。二是法人。法人是依法成立的，具有民事权利能力和民事行为能力，依法独立享有民事权利和承担民事义务的组织。草案规定了法人的定义、成立原则和条件、住所等一般规定，并对营利法人、非营利法人、特别法人三类法人分别作了具体规定（草案第一编第三章）。三是非法人组织。非法人组织是不具有法人资格，但是能够依法以自己的名义从事民事活动的组织。草案对非法人组织的设立、责任承担、解散、清算等作了规定（草案第一编第四章）。

3. 关于民事权利。保护民事权利是民事立法的重要任务。第一编第五章规定了民事权利制度，包括各种人身权利和财产权利。为建设创新型国家，草案对知识产权作了概括性规定，以统领各个单行的知识产权法律（草案第一百二十三条）。同时，对数据、网络虚拟财产的保护作了原则性规定（草案第一百二十七条）。此外，还规定了民事权利的取得和行使规则等内容（草案第一百二十九条至第一百三十二条）。

4. 关于民事法律行为和代理。民事法律行为是民事主体通过意思表示设立、变更、终止民事法律关系的行为，代理是民事主体通过代理人实施民事法律行为的制度。第一编第六章、第七章规定了民事法律行为制度、代理制度：一是规定民事法律行为的定义、成立、形式和生效时间等（草案第一编第六章第一节）。二是对意思表示的生效、方式、撤回和解释等作了规定（草案第一编第六章第二节）。三是规定民事法律行为的效力制度（草案第一编第六章第三节）。四是规定了代理的适用范围、效力、类型等代理制度的内容（草案第一编第七章）。

5. 关于民事责任、诉讼时效和期间计算。民事责任是民事主体违反民事义务的法律后果，是保障和维护民事权利的重要制度。诉讼时效是权利人在法定期间内不行使权利，权利不受保护的法律制度，其功能主要是促使权利人及时行使权利、维护交易安全、稳定法律秩序。第一编第八章、第九章、第十章规定了民事责任、诉讼时效和期间计算制度：一是规定了民事责任的承担方式，并对不可抗力、正当防卫、紧急避险、自愿实施紧急救助等特殊的民事责任承担问题作了规定（草案第一编第八章）。二是规定了诉讼时效的期间及其起算、法律效果，诉讼时效的中止、中断等内容（草案第一编第九章）。三是规定了期间的计算单位、起算、结束和顺延等（草案第一编第十章）。

（二）物权编

物权是民事主体依法享有的重要财产权。物权法律制度调整因物的归属和利用而产生的民事关系，是最重要的民事基本制度之一。2007年第十届全国人民代表大会第五次会议通过了物权法。草案第二编"物权"在现行物权法的基础上，按照党中央提出的完善产权保护制度，健全归属清晰、权责明确、保护严格、流转顺畅的现代产权制度的要求，结合现实需要，进一步完善了物权法律制度。第二编共5个分编、20章、258条，主要内容有：

1. 关于通则。第一分编为通则，规定了物权制度基础性规范，包括平等保护等物权基本原则，物权变动的具体规则，以及物权保护制度。党的十九届四中全会通过的《中共中央关于坚持和完善中国特色社会主义制度推进国家治理体系和治理能力现代化若干重大问题的决定》对社会主义基本经济制度有了新的表述，为贯彻会议精神，草案将有关基本经济制度的规定修改为："国家坚持和完善公有制为主体、多种所有制经济共同发展，按劳分配为主体、多种分配方式并存，社会主义市场经济体制等社会主义基本经济制度。"（草案第二百零六条第一款）

2. 关于所有权。所有权是物权的基础，是所有人对自己的不动产或者动产依法享有占有、使用、收益和处分的权利。第二分编规定了所有权制度，包括所有权人的权利，征收和征用规则，国家、集体和私人的所有权，相邻关系、共有等所有权基本制度。针对近年来群众普遍反映业主大会成立难、公共维修资金使用难等问题，并结合此次新冠肺炎疫情防控工作，在现行物权法规定的基础上，进一步完善了业主的建筑物区分所有权制度：一是明确地方政府有关部门、居民委员会应当对设立业主大会和选举业主委员会给予指导和协助（草案第二百七十七条第二款）。二是适当降低业主共同决定事项，特别是使用建筑物及其附属设施维修资金的表决门槛，并增加规定紧急情况下使用维修资金的特别程序（草案第二百七十八条、第二百八十一条第二款）。三是结合疫情防控工作，在征用组织、个人的不动产或者动产的事由中增加"疫情防控"；明确物业服务企业和业主的相关责任和义务，增加规定物业服务企业或者其他管理人应当执行政府依法实施的应急处置措施和其他管理措施，积极配合开展相关工作，业主应当依法予以配合（草案第二百四十五条、第二百八十五条第二款、第二百八十六条第一款）。

3. 关于用益物权。用益物权是指权利人依法对他人的物享有占有、使用和收益的权利。第三分编规定了用益物权制度，明确了用益物权人的基本权利和义务，以及建设用地使用权、宅基地使用权、地役权等用益物权。草案还在现行物权法规定的基础上，作了进一步完善：一是落实党中央关于完善产权保护制度依法保护产权的要求，明确住宅建设用地使用权期限届满的，自动续期；续期费用的缴纳或者减免，依照法律、行政法规的规定办理（草案第三百五十九条第一款）。二是完善农村集体产权相关制度，落实农村承包地"三权分置"改革的要求，对土地承包经营权的相关规定作了完善，增加土地经营权的规定，并删除耕地使用权不得抵押的规定，以适应"三权分置"后土地经营权入市的需要（草案第二编第十一章、第三百九十九条）。考虑到农村集体建设用地和宅基地制度改革正在推进过程中，草案与土地管理法等作了衔接性规定（草案第三百六十一条、第三百六十三条）。三是为贯彻党的十九大提出的加快建立多主体供给、多渠道保障住房制度的要求，增加规定"居住权"这一新型用益物权，明确居住权原则上无偿设立，居住权人有权按照合同约定或者遗嘱，经登记占有、使用他人的住宅，以满足其稳定的生活居住需要（草案第二编第十四章）。

4. 关于担保物权。担保物权是指为了确保债务履行而设立的物权，包括抵押权、质权和留置权。第四分编对担保物权作了规定，明确了担保物权的含义、适用范围、担保范围等共同规则，以及抵押权、质权和留置权的具体规则。草案在现行物权法规定的基础上，进一步完善了担保物权制度,为优化营商环境提供法治保障:一是扩大担保合同的范围,明确融资租赁、保理、所有权保留等非典型担保合同的担保功能,增加规定担保合同包括抵押合同、质押合同和其他具有担保功能的合同(草案第三百八十八条第一款)。二是删除有关担保物权具体登记机构的规定,为建立统一的动产抵押和权利质押登记制度留下空间。三是简化抵押合同和质押合同的一般条款(草案第四百条第二款、第四百二十七条第二款)。四是明确实现担保物权的统一受偿规则(草案第四百一十四条)。

5. 关于占有。占有是指对不动产或者动产事实上的控制与支配。第五分编对占有的调整范围、无权占有情形下的损害赔偿责任、原物及孳息的返还以及占有保护等作了规定(草案第二编第二十章)。

(三)合同编

合同制度是市场经济的基本法律制度。1999年第九届全国人民代表大会第二次会议通过了合同法。草案第三编"合同"在现行合同法的基础上,贯彻全面深化改革的精神,坚持维护契约、平等交换、公平竞争,促进商品和要素自由流动,完善合同制度。第三编共3个分编、29章、526条,主要内容有:

1. 关于通则。第一分编为通则,规定了合同的订立、效力、履行、保全、转让、终止、违约责任等一般性规则,并在现行合同法的基础上,完善了合同总则制度:一是通过规定非合同之债的法律适用规则、多数人之债的履行规则等完善债法的一般性规则(草案第四百六十八条、第五百一十七条至第五百二十一条)。二是完善了电子合同订立规则,增加了预约合同的具体规定,完善了格式条款制度等合同订立制度(草案第四百九十一条、第四百九十五条至第四百九十八条)。三是结合新冠肺炎疫情防控工作,完善国家订货合同制度,规定国家根据抢险救灾、疫情防控或者其他需要下达国家订货任务、指令性计划的,有关民事主体之间应当依照有关法律、行政法规规定的权利和义务订立合同(草案第四百九十四条第一款)。四是针对实践中一方当事人违反义务不办理报批手续影响合同生效的问题,草案明确了当事人违反报批义务的法律后果,健全合同效力制度(草案第五百零二条第二款)。五是完善合同履行制度,落实绿色原则,规定当事人在履行合同过程中应当避免浪费资源、污染环境和破坏生态(草案第五百零九条第三款)。同时,在总结司法实践经验的基础上增加规定了情势变更制度（草案第五百三十三条）。六是完善代位权、撤销权等合同保全制度，进一步强化对债权人的保护，细化了债权转让、债务移转制度，增加了债务清偿抵充规则、完善了合同解除等合同终止制度（草案第三编第五章、第五百四十五条至第五百五十六条、第五百六十条、第五百六十三条至第五百六十六条）。七是通过吸收现行担保法有关定金规则的规定，完善违约责任制度（草案第五百八十六条至第五百八十八条）。

2. 关于典型合同。典型合同在市场经济活动和社会生活中应用普遍。为适应现实需要，在现行合同法规定的买卖合同、赠与合同、借款合同、租赁合同等15种典型合同的基础上，第二分编增加了4种新的典型合同：一是吸收了担保法中关于保证的内容，增加了保证合同（草案第三编第十三章）。二是适应我国保理行业发展和优化营商环境的需要，增加了保理合同（草案第三编第十六章）。三是针对物业服务领域的突出问题，增加规定了物业服务合同（草案第三编第二十四章）。四是增加规定合伙合同，将民法通则中有关个人合伙的规定纳入其中（草案第三编第二十七章）。

第三编还在总结现行合同法实践经验的基础上，完善了其他典型合同：一是通过完善检验期限的规定和所有权保留规则等完善买卖合同（草案第六百二十二条、第六百二十三条、第六百四十一条至第六百四十三条）。二是为维护正常的金融秩序，明确规定禁止高利放贷，借款的利率不得违反国家有关规定（草案第六百八十条第一款）。三是落实党中央提出的建立租购同权住房制度的要求，保护承租人利益，增加规定房屋承租人的优先承租权（草案第七百三十四条第二款）。四是针对近年来客运合同领域出现的旅客霸座、不配合承运人采取安全运输措施等严重干扰运输秩序和危害运输安全的问题，维护正常的运输秩序，草案细化了客运合同当事人的权利义务（草案第八百一十五条第一款、第八百一十九条、第八百二十条）。五是根据经济社会发展需要，修改完善了赠与合同、融资租赁合同、建设工程合同、技术合同等典型合同（草案第三编第十一章、第十五章、第十八章、第二十章）。

3. 关于准合同。无因管理和不当得利既与合同规则同属债法性质的内容，又与合同规则有所区别，第三分编"准合同"分别对无因管理和不当得利的一般性规则作了规定。（草案第三编第二十八章、第二十九章）

（四）人格权编

人格权是民事主体对其特定的人格利益享有的权利，关系到每个人的人格尊严，是民事主体最基本的权利。草案第四编"人格权"在现行有关法律法规和司法解释的基础上，从民事法律规范的角度规定自然人和其他民事主体人格权的内容、边界和保护方式，不涉及公民政治、社会等方面权利。第四编共6章、51条，主要内容有：

1. 关于一般规定。第四编第一章规定了人格权的一般性规则：一是明确人格权的定义（草案第九百九十条）。二是规定民事主体的人格权受法律保护，人格权不得放弃、转让或者继承（草案第九百九十一条、第九百九十二条）。三是规定了对死者人格利益的保护（草案第九百九十四条）。四是明确规定人格权受到侵害后的救济方式（草案第九百九十五条至第一千条）。

2. 关于生命权、身体权和健康权。第四编第二章规定了生命权、身体权和健康权的具体内容，并对实践中社会比较关注的有关问题作了有针对性的规定：一是为促进医疗卫生事业的发展，鼓励遗体捐献的善行义举，草案吸收行政法规的相关规定，确立器官捐献的基本规则（草案第一千零六条）。二是为规范与人体基因、人体胚胎等有关的医学和科研活动，明确从事此类活动应遵守的规则（草案第一千零九条）。三是近年来，性骚扰问题引起社会较大关注，草案在总结既有立法和司法实践经验的基础上，规定了性骚扰的认定标准，以及机关、企业、学校等单位防止和制止性骚扰的义务（草案第一千零一十条）。

3. 关于姓名权和名称权。第四编第三章规定了姓名权、名称权的具体内容，并对民事主体尊重保护他人姓名权、名称权的基本义务作了规定：一是对自然人选取姓氏的规则作了规定（草案第一千零一十五条）。二是明确对具有一定社会知名度，被他人使用足以造成公众混淆的笔名、艺名、网名等，参照适用姓名权和名称权保护的有关规定（草案第一千零一十七条）。

4. 关于肖像权。第四编第四章规定了肖像权的权利内容及许可使用肖像的规则，明确禁止侵害他人的肖像权：一是针对利用信息技术手段"深度伪造"他人的肖像、声音，侵害他人人格权益，甚至危害社会公共利益等问题，规定禁止任何组织或者个人利用信息技术手段伪造等方式侵害他人的肖像权。并明确对自然人声音的保护，参照适用肖像权保护的有关规定（草案第一千零一十九条第一款、第一千零二十三条第二款）。二是为了合理平衡保护肖像权与维护公共利益之间的关系，草案结合司法实践，规定肖像权的合理使用规则（草案第一千零二十条）。三是从有利于保护肖像权人利益的角度，对肖像许可使用合同的解释、解除等作了规定（草案第一千零二十一条、第一千零二十二条）。

5. 关于名誉权和荣誉权。第四编第五章规定了名誉权和荣誉权的内容：一是为了平衡个人名誉权保护与新闻报道、舆论监督之间的关系，草案对行为人实施新闻报道、舆论监督等行为涉及的民事责任承担，以及行为人是否尽到合理核实义务的认定等作了规定（草案第一千零二十五条、第一千零二十六条）。二是规定民事主体有证据证明报刊、网络等媒体报道的内容失实，侵害其名誉权的，有权请求更正或者删除（草案第一千零二十八条）。

6. 关于隐私权和个人信息保护。第四编第六章在现行有关法律规定的基础上，进一步强化对隐私权和个人信息的保护，并为下一步制定个人信息保护法留下空间：一是规定了隐私的定义，列明禁止侵害他人隐私权的具体行为（草案第一千零三十二条、第一千零三十三条）。二是界定了个人信息的定义，明确了处理个人信息应遵循的原则和条件（草案第一千零三十四条、第一千零三十五条）。三是构建自然人与信息处理者之间的基本权利义务框架，明确处理个人信息不承担责任的特定情形，合理平衡保护个人信息与维护公共利益之间的关系（草案第一千零三十六条至第一千零三十八条）。四是规定国家机关及其工作人员负有保护自然人的隐私和个人信息的义务（草案第一千零三十九条）。

（五）婚姻家庭编

婚姻家庭制度是规范夫妻关系和家庭关系的基本准则。1980年第五届全国人民代表大会第三次会议通过了新的婚姻法，2001年进行了修改。1991年第七届全国人大常委会第二十三次会议通过了收养法，1998年作了修改。草案第五编"婚姻家庭"以现行婚姻法、收养法为基础，在坚持婚姻自由、一夫一妻等基本原则的前提下，结合社会发展需要，修改完善了部分规定，并增加了新的规定。第五编共5章、79条，主要内容有：

1. 关于一般规定。第五编第一章在现行婚姻法规定的基础上，重申了婚姻自由、一夫一妻、男女平等等婚姻家庭领域的基本原则和规则，并在现行婚姻法的基础上，作了进一步完善：一是为贯彻落实习近平总书记有关加强家庭文明建设的重要讲话精神，更好地弘扬家庭美德，规定家庭应当树立优良家风,弘扬家庭美德,重视家庭文明建设(草案第一千零四十三条第一款)。二是为了更好地维护被收养的未成年人的合法权益,将联合国《儿童权利公约》关于儿童利益最大化的原则落实到收养工作中,增加规定了最有利于被收养人的原则(草案第一千零四十四条第一款)。三是界定了亲属、近亲属、家庭成员的范围(草案第一千零四十五条)。

2. 关于结婚。第五编第二章规定了结婚制度,并在现行婚姻法的基础上,对有关规定作了完善:一是将受胁迫一方请求撤销婚姻的期间起算点由"自结婚登记之日起"修改为"自胁迫行为终止之日起"(草案第一千零五十二条第二款)。二是不再将"患有医学上认为不应当结婚的疾病"作为禁止结婚的情形,并相应增加规定一方隐瞒重大疾病的,另一方可以向人民法院请求撤销婚姻(草案第一千零五十三条)。三是增加规定婚姻无效或者被撤销的,无过错方有权请求损害赔偿(草案第一千零五十四条第二款)。

3. 关于家庭关系。第五编第三章规定了夫妻关系、父母子女关系和其他近亲属关系,并根据社会发展需要,在现行婚姻法的基础上,完善了有关内容:一是明确了夫妻共同债务的范围。现行婚姻法没有对夫妻共同债务的范围作出规定。2003年最高人民法院出台司法解释,对夫妻共同债务的认定作出规定,近年来成为社会关注的热点问题。2018年1月,最高人民法院出台新的司法解释,修改了此前关于夫妻共同债务认定的规定。从新司法解释施行效果看,总体上能够有效平衡各方利益,各方面总体上赞同。因此,草案吸收新司法解释的规定,明确了夫妻共同债务的范围(草案第一千零六十四条)。二是规范亲子关系确认和否认之诉。亲子关系问题涉及家庭稳定和未成年人的保护,作为民事基本法律,草案对此类诉讼进行了规范(草案第一千零七十三条)。

4. 关于离婚。第五编第四章对离婚制度作出了规定,并在现行婚姻法的基础上,作了进一步完善:一是增加离婚冷静期制度。实践中,轻率离婚的现象增多,不利于婚姻家庭的稳定。为此,草案规定了提交离婚登记申请后三十日的离婚冷静期,在此期间,任何一方可以向登记机关撤回离婚申请(草案第一千零七十七条)。二是针对离婚诉讼中出现的"久调不判"问题,增加规定,经人民法院判决不准离婚后,双方又分居满一年,一方再次提起离婚诉讼的,应当准予离婚(草案第一千零七十九条第五款)。三是关于离婚后子女的抚养,将现行婚姻法规定的"哺乳期内的子女,以随哺乳的母亲抚养为原则"修改为"不满两周岁的子女,以由母亲直接抚养为原则",以增强可操作性(草案第一千零八十四条第三款)。四是将夫妻采用法定共同财产制的,纳入适用离婚经济补偿的范围,以加强对家庭负担较多义务一方权益的保护(草案第一千零八十八条)。五是将"有其他重大过错"增加规定为离婚损害赔偿的适用情形(草案第一千零九十一条第五项)。

5. 关于收养。第五编第五章对收养关系的成立、收养的效力、收养关系的解除作了规定,并在现行收养法的基础上,进一步完善了有关制度:一是扩大被收养人的范围,删除被收养的未成年人仅限于不满十四周岁的限制,修改为符合条件的未成年人均可被收养(草案第一千零九十三条)。二是与国家计划生育政策的调整相协调,将收养人须无子女的要求修改为收养人无子女或者只有一名子女(草案第一千零九十八条第一项)。三是为进一步强化对被收养人利益的保护,在收养人的条件中增加规定"无不利于被收养人健康成长的违法犯罪记录",并增加规定民政部门应当依法进行收养评估(草案第一千零九十八条第四项、第一千一百零五条第五款)。

(六)继承编

继承制度是关于自然人死亡后财富传承的基本制度。1985年第六届全国人民代表大会第三次会议通过了继承法。随着人民群众生活水平的不断提高,个人和家庭拥有的财产日益增多,因继承引发的纠纷也越来越多。根据我国社会家庭结构、继承观念等方面的发展变化,草案第六编"继承"在现行继承法的基础上,修改完善了继承制度,以满足人民群众处理遗产的现实需要。第六编共4章、45条,主要内容有:

1. 关于一般规定。第六编第一章规定了继承制度的基本规则,重申了国家保护自然人的继承权,规定了继承的基本制度。并在现行继承法的基础上,作了进一步完善:一是增加规定相互有继承关系的数人在同一事件中死亡,且难以确定死亡时间的继承规则(草案第一千一百二十一条第二款)。二是增加规定对继承人的宽恕制度,对继承权法定丧失制度予以完善(草案第一千一百二十五条第二款)。

2. 关于法定继承。法定继承是在被继承人没有对其遗产的处理立有遗嘱的情况下,继承人的范围、继承顺序等均按照法律规定确定的继承方式。第六编第二章规定了法定继承制度，明确了继承权男女平等原则，规定了法定继承人的顺序和范围，以及遗产分配的基本制度。同时，在现行继承法的基础上，完善代位继承制度，增加规定被继承人的兄弟姐妹先于被继承人死亡的，由被继承人的兄弟姐妹的子女代位继承（草案第一千一百二十八条第二款）。

3. 关于遗嘱继承和遗赠。遗嘱继承是根据被继承人生前所立遗嘱处理遗产的继承方式。第六编第三章规定了遗嘱继承和遗赠制度，并在现行继承法的基础上，进一步修改完善了遗嘱继承制度：一是增加了打印、录像等新的遗嘱形式（草案第一千一百三十六条、第一千一百三十七条）。二是修改了遗嘱效力规则，删除了现行继承法关于公证遗嘱效力优先的规定，切实尊重遗嘱人的真实意愿。

4. 关于遗产的处理。第六编第四章规定了遗产处理的程序和规则，并在现行继承法的基础上，进一步完善了有关遗产处理的制度：一是增加遗产管理人制度。为确保遗产得到妥善管理、顺利分割，更好地维护继承人、债权人利益，草案增加规定了遗产管理人制度，明确了遗产管理人的产生方式、职责和权利等内容（草案第一千一百四十五条至第一千一百四十九条）。二是完善遗赠扶养协议制度，适当扩大扶养人的范围，明确继承人以外的组织或者个人均可以成为扶养人，以满足养老形式多样化需求（草案第一千一百五十八条）。三是完善无人继承遗产的归属制度，明确归国家所有的无人继承遗产应当用于公益事业（草案第一千一百六十条）。

（七）侵权责任编

侵权责任是民事主体侵害他人权益应当承担的法律后果。2009年第十一届全国人大常委会第十二次会议通过了侵权责任法。侵权责任法实施以来，在保护民事主体的合法权益、预防和制裁侵权行为方面发挥了重要作用。草案第七编"侵权责任"在总结实践经验的基础上，针对侵权领域出现的新情况，吸收借鉴司法解释的有关规定，对侵权责任制度作了必要的补充和完善。第七编共10章、95条，主要内容有：

1. 关于一般规定。第七编第一章规定了侵权责任的归责原则、多数人侵权的责任承担、侵权责任的减轻或者免除等一般规则。并在现行侵权责任法的基础上作了进一步的完善：一是确立"自甘风险"规则，规定自愿参加具有一定风险的文体活动，因其他参加者的行为受到损害的，受害人不得请求没有故意或者重大过失的其他参加者承担侵权责任（草案第一千一百七十六条第一款）。二是规定"自助行为"制度，明确合法权益受到侵害，情况紧迫且不能及时获得国家机关保护，不立即采取措施将使其合法权益受到难以弥补的损害的，受害人可以在保护自己合法权益的必要范围内采取扣留侵权人的财物等合理措施，但是应当立即请求有关国家机关处理。受害人采取的措施不当造成他人损害的，应当承担侵权责任（草案第一千一百七十七条）。

2. 关于损害赔偿。第七编第二章规定了侵害人身权益和财产权益的赔偿规则、精神损害赔偿规则等。同时，在现行侵权责任法的基础上，对有关规定作了进一步完善：一是完善精神损害赔偿制度，规定因故意或者重大过失侵害自然人具有人身意义的特定物造成严重精神损害的，被侵权人有权请求精神损害赔偿（草案第一千一百八十三条第二款）。二是为加强对知识产权的保护，提高侵权违法成本，草案增加规定，故意侵害他人知识产权，情节严重的，被侵权人有权请求相应的惩罚性赔偿（草案第一千一百八十五条）。

3. 关于责任主体的特殊规定。第七编第三章规定了无民事行为能力人、限制民事行为能力人及其监护人的侵权责任，用人单位的侵权责任，网络侵权责任，以及公共场所的安全保障义务等。同时，草案在现行侵权责任法的基础上作了进一步完善：一是增加规定委托监护的侵权责任（草案第一千一百八十九条）。二是完善网络侵权责任制度。为了更好地保护权利人的利益，平衡好网络用户和网络服务提供者之间的利益，草案细化了网络侵权责任的具体规定，完善了权利人通知规则和网络服务提供者的转通知规则（草案第一千一百九十五条、第一千一百九十六条）。

4. 关于各种具体侵权责任。第七编的其他各章分别对产品生产销售、机动车交通事故、医疗、环境污染和生态破坏、高度危险、饲养动物、建筑物和物件等领域的侵权责任规则作出了具体规定。并在现行侵权责任法的基础上，对有关内容作了进一步完善：一是完善生产者、销售者召回缺陷产品的责任，增加规定，依照相关规定采取召回措施的，生产者、销售者应当负担被侵权人因此支出的必要费用（草案第一千二百零六条第二款）。二是明确交通事故损害赔偿的顺序，即先由机动车强制保险理赔，不足部分由机动车商业保险理赔，仍不足的由侵权人赔偿（草案第一千二百一十三条）。三是进一步保障患者的知情同意权，明确医务人员的相关说明义务，加强医疗机构及其医务人员对患者隐私和个人信息的保护（草案第一千二百一十九条、第一千二百二十六条）。四是贯彻落实习近平生态文明思想，增加规定生态环境损害的惩罚性赔偿制度，并明确规定了生态环境损害的修复和赔偿规则（草案第一千二百三十二条、第一千二百三十四条、第一千二百三十五条）。五是加强生物安全管理，完善高度危险责任，明确占有或者使用高致病性危险物造成他人损害的，应当承担侵权责任（草案第一千二百三十九条）。六是完善高空抛物坠物治理规则。为保障好人民群众的生命财产安全，草案对高空抛物坠物治理规则作了进一步的完善，规定禁止从建筑物中抛掷物品，同时针对此类事件处理的主要困难是行为人难以确定的问题，强调有关机关应当依法及时调查，查清责任人，并规定物业服务企业等建筑物管理人应当采取必要的安全保障措施防止此类行为的发生（草案第一千二百五十四条）。

（八）附则

草案最后部分"附则"明确了民法典与婚姻法、继承法、民法通则、收养法、担保法、合同法、物权法、侵权责任法、民法总则的关系。民法典施行后，上述民事单行法律将被替代。因此，草案规定在民法典施行之时，同步废止上述民事单行法律（草案第一千二百六十条）。需要说明的是，2014年第十二届全国人大常委会第十一次会议通过的《全国人民代表大会常务委员会关于〈中华人民共和国民法通则〉第九十九条第一款、〈中华人民共和国婚姻法〉第二十二条的解释》，作为与民法通则、婚姻法相关的法律解释，也同步废止。

《中华人民共和国民法典（草案）》和以上说明，请审议。

【理论前沿】

【编者按】

民法典的编纂和颁布是几代中国法律人的夙愿，是中国法治建设和民商事立法的伟大成就。能否编纂出一部具有中国特色、民族特征、时代精神、面向21世纪的能够经得起实践检验和历史考验的经典民法典，可以说是党和政府、时代和人民对当代法学、法律工作者的一场大考；是对我国立法理论、立法技术、立法能力及立法水平的一次全面检阅。本栏目所选取的文章，均为民法典颁布前对其最终文本的形成影响较大的立法研究性作品。民法典公布后，通过"回首"立法专家的"代表作"，不仅能让读者了解到立法工作者所作出的努力和贡献，更有助于读者深入了解相关立法本意、立法理论、立法技术等，同时给法学、法律工作者的学习、研究予以借鉴和参考。为了方便读者阅读和较好地展现法学专家当时所持法律依据，本栏目对当时有效的法律规定不作修改，特此说明。

民法典合同编通则中的重大疑难问题研究

王利明[*]

【摘要】合同编在民法典中具有举足轻重的地位，民法典合同编通则的制度构建具有重大意义。中国未来民法典的立法体系决定了合同编应当发挥债法总则的功能，故扩充合同编合同履行部分的内容，增设"准合同"一节规定无因管理和不当得利制度就具有必要性和合理性。在合同订立制度方面，应完善以实际履行方式订约的规则且进一步完善预约合同制度，先期谈判中的允诺不宜视为合同条款。在合同效力制度方面，民法典合同编草案对于未生效合同效力的规则仍需完善，无权处分合同原则上应

---

[*] 教授，博士生导师，中国人民大学民商事法律科学研究中心研究员。

当认定为有效。在合同履行制度方面，应当完善利益第三人合同的规则和情势变更制度，规定清偿抵充规则和以房抵债协议。在合同保全制度方面，应当在法律上明确合同保全的法律效果；债权人在行使代位权后未获得全部清偿的，仍有权向债务人主张债权，且代位权与撤销权不宜同时主张。在合同的变更制度方面，应当肯定和鼓励金钱债权的转让，应删除民法典合同编草案中"通知规则的例外条款"；在债权人与第三人达成并存的债务承担协议时，应当允许债务人提出异议，但如果债务人没有对第三人的加入提出异议，或者明知第三人代替其履行债务而没有提出异议的，则应当认定并存的债务承担有效；还应当协调不安抗辩权与预期违约之间的关系。在合同解除制度方面，应当明确合同解除制度的地位，确认合同僵局下违约方申请解除合同的规则并规定当事人就合同解除发生异议时的解决规则，且完善合同解除后的损害赔偿制度。在违约责任制度方面，应明确违约责任原则上不救济精神损害，完善可得利益赔偿制度，规定约定损害赔偿的调整制度，并完善违约金责任规则。

【关键词】 准合同　合同订立　合同履行　并存的债务承担　合同保全　合同解除　违约金

合同法是交易法，是市场经济的基本法，也是鼓励交易、创造财富、维护交易安全与交易秩序的重要法律。合同法在民法典中具有举足轻重的地位，根据2019年12月底审议的《中华人民共和国民法典草案》，未来中国民法典总条文在1260条左右，其中合同编就将达到520多条，这也反映出合同编在民法典中的重要地位。合同法涉及的问题很多，但最为基础的问题还是民法典合同编通则中的若干编纂问题。所谓"通则"，是关于合同的一般规则，实际上也就是合同法的总则，但为了与民法总则的表述相区别，合同编使用了合同法通则的提法也不无道理。本文拟对合同编通则中的一些重大疑难问题谈一点粗浅的看法。

一、合同法与债法总则的关系

（一）合同法总则应当发挥债法总则的功能

笔者一直主张在民法典中设立债法总则，规定一些债的基本规则，从而使民法典体系更为完善。但立法机关经过反复研究，决定不设置债法总则编，而使合同法总则发挥债法总则的功能。这一决定也具有合理性，主要体现在以下几个方面：

一是便于法官适用法律。一方面，从立法层面来看，中国历史上并没有制定过独立的债法总则，而仅制定了合同法。民法典不设债法总则编，显然是考虑到法官法律适用的习惯和便利。另一方面，设置债法总则确实有可能导致法律规则层层嵌套。债法总则主要也是调整交易的规则，其可能与民法总则中的法律行为制度以及合同法的内容发生重复。换言之，设置债法总则可能会给法官找法带来困难。例如，当事人就合同的订立发生纠纷，如果设立债法总则，则法官不仅要从合同法和民法总则中寻找依据，而且可能需要从债法总则中寻找法律依据，这显然过于烦琐。

二是维护合同法总则规则体系的完整性。合同法总则的规则体系具有完整性，它是按照合同发生及发展的时间先后顺序而构建的，合同法总则的规则涵盖了合同从订立、生效、履行以及违约救济的全过程。具体而言，在合同订立阶段，当事人需要进行一定的磋商；在合同订立之后，需要判断合同的效力；对于依法成立并生效的合同而言，当事人双方均负有履行合同的义务；在合同履行过程中，当事人还可能享有同时履行抗辩权、不安抗辩权等抗辩权；而在当事人不履行合同或者履行合同不符合约定时，还会产生违约责任，甚至可能导致合同的解除或者终止。可见，合同法总则的规则贯穿了合同从订立、履行到违约以及终止的全过程，具有明显的"单向度"特点，合同法总则的规则也具有明显的"同质性"特征，侵权法规则显然并不具有这一特点。[①] 如果要设置债法总则，则会导致合同法总则的大量内容被纳入债法总则之中，导致合同法总则被分解。事实上，传统大陆法国家债法总则的内容主要是从合同法中抽象出来的，并且主要适用于合同法领域，如关于债的履行、债的变更、债的转让、债的担保等，很难适用于侵权之债之中。因此，将这些规定规定在合同法之中也是顺理成章的。还应当看到，从立法层面看，由于我国自1999年颁布合同法以来，就构建了较为完善的合同法体系，合同法的内容和体例已经为广大法律人所熟悉和了解。所以，在当前编纂民法典过程中，一定程度上而言，也确实没有必要仿照国外民法典的规定，拆解合同法的内容，将其中的一些规则纳入债法总则中，继续保持合同法总则体系的完整性也确

---

① See Lucinda Miller, *The Emergence of EU Contract Law: Exploring Europeanization*, Oxford University press, 2011, p. 70.

实具有其自身的合理性。

三是顺应民法的债法制度以合同法为中心的发展趋势。从债法的发展趋势来看，现代民法出现了所谓"合同中心主义"的发展趋势，即在立法层面将合同制度视为债法制度的核心，同时将合同规则类推适用于其他债的关系之中。① 许多国家和地区的民法典（如意大利、西班牙、奥地利等国以及加拿大魁北克省等地区的民法典），都秉持了"合同中心主义"的立法模式。② 在法国债法修订过程中，卡塔拉（Catala）教授所提出的建议稿中，第三编的名称就叫"合同与一般契约之债"。瑞士债法同样秉持了合同中心主义的立法模式。③《欧洲示范民法典草案》（DCFR）也采取了合同中心主义的做法，即将合同规范作为其他渊源所生之债的基准规范。按照合同中心主义，合同规范不仅是债法的基准规范，同时也是其他渊源所生之债的基准规范。中国民法典草案保持合同法体系的完整性，使其发挥债法总则的功能，也顺应了这一立法发展趋势。

（二）扩充合同编内容以实现债法总则功能

由于没有债法总则编，可能出现一些制度缺失，例如，按份之债与连带之债也应当是债的基本分类之一，而中国目前只是在民法总则中规定了按份责任与连带责任，并没有对按份之债与连带之债作出规定。但责任与债并非同等概念，故立法未规定两者，也属于立法上的缺漏。因此，在民法典不设置债法总则的情形下，如何规定债的分类规则以及各类债的履行规则，值得探讨。为了使合同法更好地发挥债法总则的功能，弥补因为没有债法总则而造成的缺陷，民法典合同编适度扩张了合同履行一章的内容，在其中规定了债的分类规则，包括可分之债与不可分之债、选择之债、按份之债与连带之债等各类债的履行规则，并借助准用性规则的设置而直接适用于其他债的关系。在被合同编合同履行部分确认之后，这些规则虽然从体例上而言位于合同编之中，但同样适用于其他债的关系。

---

① See C. Witz, Contrat ou acte juridique?, in Pour une reforme du droit des contrats (sous la direction de F. Terre), Dalloy, 2009, P. 63 f.

② 参见李世刚：《中国债编体系构建中若干基础关系的协调——从法国重构债法体系的经验观察》，载《法学研究》2016 年第 5 期。

③ 参见李世刚：《中国债编体系构建中若干基础关系的协调——从法国重构债法体系的经验观察》，载《法学研究》2016 年第 5 期。

（三）增设"准合同"一节

在不设置债法总则的情形下，对如何妥当规定各类法定之债（如不当得利、无因管理等）的规则，存在疑问。民法典合同编草案第一稿曾将不当得利、无因管理规定在合同编分则之后，作为典型合同加以规定，这显然是不妥当的。因为不当得利、无因管理显然并非有名合同。但在不设置债法总则的情形下，如何规定这些法定之债的规则值得探讨。

就此，笔者认同现行草案的做法，即借鉴英美法和法国法上"准合同"的概念，对各类法定之债的规则作出规定，并将其置于合同编最后。[①] 所谓准合同，是指类似于合同的债的关系。[②] 准合同的概念起源于罗马法，盖尤斯认为，不当得利、无因管理也在一定程度上体现了当事人的意思，因此是类似于合同的债的关系，[③] 这一观点后来被法国法和英美法所吸收。从法律上看，将无因管理、给付型不当得利的规则规定在准合同部分是没有问题的，因为此类债的关系与合同之债类似，都与当事人的意思具有一定的联系，但就加害型不当得利而言，其属于典型的侵权行为，与当事人的意思表示并不存在直接关联，如果将其规定在准合同之中，则可以考虑在加害型不当得利的规则之后增加规定准用条款，规定其可以参照适用侵权责任编的规定。

二、完善合同订立规则

（一）完善以实际履行方式订约的规则

根据合同法第十条，合同可以采用书面形式、口头形式或其他形式订立。所谓其他形式，主要是指以实际履行方式订约的形式。在实践中，当事人在交易过程中通过协商谈判，没有就合同主要条款达成书面合同或者口头协议，但事后一方当事人向对方作出了实际履行（如交付了一定数量的货物），而对方也接受当事人实际履行的行为认定合同已经成立。这种

---

① 参见王利明：《准合同与债法总则的设立》，载《法学家》2018年第1期。
② 参见李世刚：《中国债编体系构建中若干基础关系的协调——从法国重构债法体系的经验观察》，载《法学研究》2016年第5期。
③ 参见丁超：《论准契约的基本问题》，载费安玲编：《学说汇纂》（第3卷），知识产权出版社2011年版，第68页。

订约方式也被称为通过以实际履行的方式订立合同。此种订约方式的特点是，主要通过法律规定认定当事人具有订立合同的效果意思，从而发生法律效果。① 从鼓励交易的目的出发，民法典合同编应当对以实际履行方式订约这一合同订立方式作出规定。民法典合同编草案第二百八十二条规定："在签字、盖章或者按指印之前，当事人一方已经履行主要义务，对方接受时，该合同成立。"该条确立了合同不成立的补正规则，明确了以实际履行方式订约。

但对于以实际履行方式订约需要具备哪些条件才能使合同成立，该条并没有作出明确规定。笔者建议，应当从如下两方面完善相关规则：

一是必须是一方履行了主要义务。之所以要求一方履行主要义务，是因为以实际履行方式订约也必须完成要约、承诺的过程，即一方必须以实际履行的方式发出要约。由于要约的内容必须具体、确定，也就是说必须包含未来合同的主要条款，因此一方的实际履行必须包含了未来合同中的主要条款。何为未来合同中的"主要条款"？对此，可以依据《最高人民法院关于适用〈中华人民共和国合同法〉若干问题的解释（二）》[以下简称《合同法司法解释（二）》]第一条规定："当事人对合同是否成立存在争议，人民法院能够确定当事人名称或者姓名、标的和数量的，一般应当认定合同成立。但法律另有规定或者当事人另有约定的除外。"笔者认为，司法解释的上述规定针对买卖合同而言是有道理的，因为买卖合同主要具备当事人、标的和数量这三个主要条款，但对其他类型的合同而言，其未必都要具备这三项。例如，提供劳务的合同就未必需要具备上述三项主要条款。合同的性质不同，其主要条款也不相同，不可泛泛而论，而应当根据合同的性质确定合同主要条款。根据合同的性质，如果能够认定一方当事人所履行的义务涵盖了合同的主要条款，并且对方接受该履行的，则应当认定合同已经成立。

二是另一方必须无条件地接受履行，且并未提出异议。对于如何判断"对方已经接受履行"经常发生争议。此处所说的接受，应当是指完全接受，而不能附带条件或提出任何异议。例如，如果一方向另一方交付100吨钢材，另一方只接受50吨，而不接受另外50吨，这意味着当事人可能只是就50吨钢材的买卖作出了承诺，而对于另外50吨钢材则并未达成买卖协议。但如

---

① 参见谢鸿飞：《合同法学的新发展》，中国社会科学出版社2014年版，第114页。

果这 100 吨钢材的交易是完整的、不可分割的整体，则不应当认定合同成立，而应当认定受领钢材的一方向对方当事人发出了新的要约。

在判断合同成立时，上述两个要件缺一不可。这表明以实际履行方式订约也应当由当事人双方就合同的主要条款完成要约、承诺的过程，即就合同的主要条款形成合意，否则不能产生订立合同的效果。

(二) 进一步完善预约合同制度

所谓预约，也称为预备性契约，它是指当事人达成的、约定在将来一定期限内订立合同的允诺或协议。[1] 当事人在将来一定期限内所订立的合同称为本约合同，而当事人所约定的在将来订立本约的合同即为预约合同。

由于预约在实践中已经广泛采用，时常发生纠纷，而合同法并没有对此作出规定，不利于保护合同当事人的利益。例如，甲向乙购买房屋，双方签订了购房意向书，甲向乙支付了 5 万元定金，后因房屋价格上涨，乙又将该房屋出卖给丙，后甲主张乙构成违约，请求乙承担继续履行的违约责任。在该案中，由于甲乙之间仅订立了预约合同，而没有订立房屋买卖合同，如果法律不承认预约合同，则购房人甲无权请求乙承担违约责任，而只能主张缔约过失责任。显然，这对购房人甲而言是极其不利的。可见，在法律上承认预约合同，对消费者权益保护也是十分重要的。因此，2012 年《最高人民法院关于审理买卖合同纠纷案件适用法律问题的解释》（以下简称《买卖合同司法解释》）第二条规定："当事人签订认购书、订购书、预订书、意向书、备忘录等预约合同，约定在将来一定期限内订立买卖合同，一方不履行订立买卖合同的义务，对方请求其承担预约合同违约责任或者要求解除预约合同并主张损害赔偿的，人民法院应予支持。"该条对预约合同以及违反预约合同的违约责任作出了规定，一定程度上填补了合同法的漏洞。但应当看到，在民法典合同编的编纂中，究竟如何规定预约制度，还有如下几个问题需要探讨：

首先，在名称上究竟使用"预约"还是"预约合同"，存在一定的争议。考虑到在实践中"预约"经常作为动词使用，如预约购房、预约租房、预约买货等，为避免歧义，民法典合同编草案借鉴司法解释的规定，采用"预约合同"的提法不无道理。

---

[1] Werk, in Munchener Kommentar zum BGB, Vor § 145, Rn. 60.

其次,要区分预约和意向书。民法典合同编草案二审稿第二百八十七条规定"当事人签订认购书、订购书、预订书、意向书、备忘录等预约合同",受法律保护。该条采用了"意向书"的提法。笔者认为,在法律上应当严格区分预约与意向书,两者的区别主要表现在:一是是否具有订立本约合同的意图不同。意向书本身是一种订约的意向,对于当事人而言一般不具有法律上的拘束力,① 而预约合同的成立要求当事人必须明确表达在将来订立本约的意思表示,同时,当事人应当有受其意思表示拘束的意思。② 在实践中,虽然当事人已经达成了意向书、备忘录,但如果无法确定当事人有在将来一定期限内订立本约的义务,则不应当认定在当事人之间成立预约合同,其对当事人不具有拘束力。③ 二是是否包含了订立本约合同的内容不同。意向书本身并未确定任何合同的条款,但是预约中却往往确定了部分合同条款。也就是说,与意向书相比较,预约的内容应当具有一定的确定性。④ 三是是否包括了违约责任的约定不同。有一些预约实际上也约定了违约责任,而在意向书中,由于其内容通常并不十分明确,往往没有关于违约责任的约定。应当看到,在实践中,当事人在订立合同时往往将预约写作意向书,但是法律应当引导当事人尽量避免使用"意向书"这一表述,司法实务更应从内容上加以区分。

再次,要区分预约和本约。在实践中,有的法院在判决有关预约的纠纷中,要求违反预约的一方当事人承担违约金等违约责任,这显然没有明确区分预约与本约。笔者认为,应当依据如下标准区分预约与本约:一是当事人约定的内容。预约的内容是将来订立本约,而本约则是关于合同具体内容的约定。⑤ 例如,在房屋租赁合同中,预约是将来订立租赁合同的约定,而关于价金、具体房屋的约定则属于本约的内容。二是违反合同的责任后果不同。当事人违反预约合同时,非违约方可以主张违约方订立合同,而当事人违反本约合同时,并不产生请求对方当事人订立合同的违约责任,而只是产生继续履行、赔偿损失等违约责任。

---

① 参见刘承韪:《预约合同层次论》,载《法学论坛》2013年第6期。
② 参见陈进:《意向书的法律效力探析》,载《法学论坛》2013年第1期。
③ Werk, in Munchener Kommentar zum BGB, Vor § 145, Rn. 63. BGH NJW 2006, 2843 Rn. 11; NJW – RR 1992, 977, 978; 1993, 139, 140; RGZ 73, 116, 119.
④ BGHZ 97, 147, 154 = NJW 1986, 1983, 1985; BGH BB 1953, 97 = LM § 705 Nr. 3; NJW 2001, 1285, 1286.
⑤ 参见刘承韪:《预约合同层次论》,载《法学论坛》2013年第6期。

最后，明确违反预约的责任。区分预约和本约在很大程度上是为了区分二者的违约责任。如果双方当事人在预约中约定了违约责任，则应当根据当事人的约定确定其违约责任。但如果预约中没有约定违约的后果，则违反预约的一方究竟承担何种责任，应当依据具体情况予以判断。例如，要求当事人进行磋商或对不能订立合同的损失进行损害赔偿，① 实际履行是否可以成为预约的违约责任承担方式，在各国立法中不尽相同。除了极个别国家的法律（如俄罗斯民法）允许强制违约方实际履行，其他国家一般都是允许由法官依据具体情形确定违约责任。例如，在房屋买卖的预约中，如果开发商已经将房屋出售，就无法适用实际履行的违约责任方式。但如果在违反预约合同的情形下，由于当事人并未达成本约，因而不能要求本约中履行利益的赔偿，非违约方只能请求违约方承担"为准备订约而支付的各项合理费用的损害赔偿"。可见，违约责任的规则不能完全适用于预约合同，违反预约合同的违约责任，应当根据案件具体情况予以认定。

三、关于先期谈判中的允诺能否视为合同条款

所谓先期谈判中的允诺，是指一方在谈判中作出的允诺。关于先期谈判中的允诺的效力，民法典各分编草案一审稿第二百八十一条曾规定："当事人一方在订立合同前向对方所作的允诺内容具体确定，对合同的订立有重大影响，对方有理由相信其为合同内容的，该允诺视为合同条款。"该条实际上源于司法解释中关于商品房买卖中关于广告和宣传资料视为要约的规定。② 对于要约邀请可以作为合同内容的观点早就存在，③ 在民法典合同编的起草中，不少人建议将该司法解释的规定全部纳入合同编中，以强化诚实守信原则。但笔者认为，将该条全部扩展到合同法之中的观点并不妥当，主要理由在于：

第一，上述司法解释的规定主要适用于商品房买卖交易，其目的在于强化对商品房买卖中的消费者权益的保护，如果将该规定纳入合同法总则之中，普遍适用于各种交易，就不适当地扩张了该条的适用范围。因为在

---

① 参见韩强：《论预约的效力与形态》，载《华东政法学院学报》2003 年第 1 期。
② 《买卖合同司法解释》第三条规定："商品房的销售广告和宣传资料为要约邀请，但是出卖人就商品房开发规划范围内的房屋及相关设施所作的说明和允诺具体确定，并对商品房买卖合同的订立以及房屋价格的确定有重大影响的，应当视为要约。该说明和允诺即使未载入商品房买卖合同，亦应当视为合同内容，当事人违反的，应当承担违约责任。"
③ 参见隋彭生：《论要约邀请的效力及容纳规则》，载《政法论坛》2004 年第 1 期。

交易过程中,当事人在谈判缔结合同的过程中通常都要进行反复磋商,其间各方都有可能向他方作出各种允诺,但这绝不意味着这些允诺都可以成为合同的内容,合同内容的确定应当以最终的合同文本为准。

第二,当事人在合同订立过程中可能会作出各种允诺,但是一个理性的商人如果认为谈判中对方作出的允诺是十分重要的,则应当坚持将该允诺纳入合同文本之中。如果最终的文本并未写入该条款,则可以认为,当事人并不认为该允诺对其是重要的,或是该允诺因缺乏足够的对价,而无法被写入最终的合同文本。在当事人已经签订正式的合同文本后,任何一方当事人均不得再根据对方在订约阶段所作出的允诺而推翻合同正式文本的内容,否则将极大地影响合同正式文本的严肃性。

第三,书面证据优先性规则有利于维护合同的严肃性。普通法上有口头证据规则(Parol Evidence Rule),要求不得以口头证据反驳和排斥书面文件的内容。[①] 依据这一规则,应当通过书面合同文本确定合同的内容,除非证明存有欺诈等情形,书面合同文本之外的证据(如口头约定等),不应当成为确定合同内容的依据,同时,当事人也无权通过其他外在的证据(如口头证据)推翻合同正式文本的效力,[②] 这有利于体现书面合同的价值,故先期允诺作为口头证据不得否定作为书面证据的合同文本。

总而言之,在订立书面合同文本的情形下,应当以当事人最后的书面合同来明确合同内容,当事人在谈判过程中所作出的口头允诺不宜认定为合同的内容。

四、关于合同效力

(一)关于未生效合同的效力

所谓未生效的合同,是指法律规定了合同生效应当满足特别的要件,在这些要件未被满足时合同的状态。[③] 未生效合同的典型形态是依据法律、行政法规应当办理批准才能生效的合同,对于此类合同,如果当事人未办理批准手续,则该合同就属于未生效的合同。未生效的合同是与法律法规

---

① 参见[英]伊丽莎白·A.马丁编著:《牛津法律词典》,蒋一平等译,上海翻译出版公司1991年版,第368页。

② 参见何宝玉:《合同法原理与判例》,中国法制出版社2013年版,第261页。

③ 参见谢鸿飞:《合同法学的新发展》,中国社会科学出版社2014年版,第179页。

明确规定的审批义务联系在一起的。在实践中,有一些合同如采矿权、探矿权的转让,从事证券经纪、期货经纪业务、国有企业转让国有资产等合同,依据法律法规必须经过有关部门的批准方能生效。此类合同在实践中发生了不少纠纷,但合同法对该类合同的效力、违反该合同所应承担的责任等并未作出明确规定,因此,民法典合同编有必要对这一问题作出规定。合同编草案二审稿第二百九十四条第二款曾规定:"法律、行政法规规定应当办理批准、登记等手续生效的,依照其规定。当事人未办理批准、登记等手续的,该合同不生效,但是不影响合同中履行报批、登记等义务条款以及相关条款的效力。应当办理申请批准或者登记等手续的当事人未履行该义务的,对方可以请求其承担违反该义务的责任。"该条对未生效合同的效力作出了规定,弥补了合同法规定的不足,但仍有需要完善之处:

第一,必须区分批准与登记的效力。物权法第十五条规定:"当事人之间订立有关设立、变更、转让和消灭不动产物权的合同,除法律另有规定或者合同另有约定外,自合同成立时生效;未办理物权登记的,不影响合同效力。"依据该条规定,除法律有特别规定或者当事人另有约定外,合同一经成立,只要不违反法律、行政法规的强行性规定和公序良俗,即可发生效力。当事人未办理登记只是不能发生物权变动的效力,但并不影响合同的效力,因此,即便当事人未办理登记手续,也不影响合同的生效。[①]例如,在订立房屋买卖合同之后,当事人即便没有办理变更登记,房屋所有权尚未移转,也不影响当事人之间买卖合同的效力,买受人基于该合同对房屋的占有仍应当受法律保护。因此,除非法律另有规定,不然登记就只是物权变动的要件,其对合同的效力不应当产生影响。在物权法施行之前,司法实务中,有些当事人与银行订立房屋抵押合同,一旦银行向其发放借款,其就以未办理抵押登记为由主张合同未生效,拒绝办理抵押登记,并主张银行无权请求其承担违约责任。如果认为未经登记合同不发生效力,将可能鼓励一些行为人恶意规避法律,甚至利用房屋买卖、抵押等方式欺诈他人或逃避责任。因此,担保法中抵押合同自登记时发生效力的规定已经为物权法所摒弃。笔者认为,根据物权法的上述规定应当将上述草案中的"登记"二字予以删去。

第二,应当区分未生效合同与无效合同。未生效合同是一个特定的概

[①] 参见全国人大常委会法制工作委员会民法室:《中华人民共和国物权法条文说明、立法理由及相关规定》,北京大学出版社2007年版,第23页。

念，此处所说的未生效合同特指因未履行法定或者约定的审批义务，从而使得合同尚未发生效力。其与无效合同的区别主要表现在两方面：一方面，无效合同主要是指合同内容违反法律、行政法规的强制性规定或违背公序良俗的合同，而未生效合同的内容并不具有违法性，其只是未经过审批，在程序上存在瑕疵。另一方面，无效是指自始无效、确定无效、当然无效，但是对于未生效合同而言，则并非如此，即使在发生争议后，如果当事人补办报批手续，则该合同也可能被确认为生效，而并非确定无效、当然无效。① 对未生效合同而言，在未报审批的情况下，尽管合同存在形式上的缺陷，但这种缺陷并非不能弥补，法院可以责令负有报批义务一方履行该义务，从而使合同满足生效要件，一旦弥补了程序上的瑕疵，则可以认定该合同生效。还应当看到，对需要审批的合同而言，从合同签订之日到合同履行之日大都存在一定的时间差，如果采用无效说或者不成立说，则合同当事人在这一期间内可能随时主张合同无效或者不成立，这可能导致对方当事人的信赖落空，从而打破正常市场交易秩序，不利于诚信的维护。② 因此，采纳未生效合同的概念，有利于尽量促成合同的生效，符合合同法鼓励交易的立法精神。

第三，应当明确报批义务条款在性质上具有独立性。报批条款在性质上类似于合同中的清算条款和仲裁条款，也就是说，尽管合同因未报批而未生效，但是该条款仍应被认定为有效。报批义务条款具有相对独立性，即便合同尚未经批准，但报批义务仍需履行，理由主要在于两方面：一方面，报批义务因批准而生效不符合政府管理经济生活的目的。当前，较之于计划经济时期，中国需要审批的合同的范围已经大幅度缩减，但从实践来看，在一些特殊的交易领域，对合同进行行政审批仍然是政府管理经济的一种重要方式，其目的在于对特定行业与领域加强管理而非禁止，否认报批义务条款的独立性与这一立法目的并不符合。另一方面，报批义务条款因批准而生效也会影响诚实信用的市场秩序。如果认定合同中的报批义务在合同未经批准前未生效，则当事人并不负有报批的义务，这无异于否认报批义务的存在，显然是不妥当的。如果报批义务条款不具有独立性，这就会使得负有报批义务的一方规避其义务和责任，③ 还应当看到，报批义务因合

---

① 参见胡康生主编：《中华人民共和国合同法释义》，法律出版社 1999 年版，第 76 页。
② 参见蔡立东：《行政审批与权利转让合同的效力》，载《中国法学》2013 年第 1 期。
③ 参见杨永清：《批准生效合同若干问题探讨》，载《中国法学》2013 年第 6 期。

同被批准而生效也不符合当事人的订约目的,因为当事人订立合同的目的是使该合同有效并得以履行,只有使报批义务条款生效,法院才可以要求负有报批义务的当事人继续履行合同义务,以实现订立合同的目的。

(二) 关于无权处分的效力

所谓无权处分,是指当事人不享有处分权而处分他人财产。[①] 自 1999 年合同法颁布以来,关于无权处分的效力,一直是学界争论的话题,司法实务也有不同的做法,主要有合同效力待定、合同有效以及合同无效三种观点。《买卖合同司法解释》第三条采纳了符合大陆法系通行的有效说,在民法典合同编的编纂过程中,是否应当对无权处分合同采纳有效说,存在较大争议。应当看到,有效说确实是一种新的发展趋势,《国际商事合同通则》(PICC) 第 33(2) 规定:"合同订立时一方当事人无权处置该合同相关联之财产的事实本身,不影响合同的效力。"《欧洲合同法原则》(PECL) 第 4.102 条同样也采纳了这一观点。笔者主张采用有效说,主要理由在于:

第一,有利于保护买受人。有效说可以与善意取得制度相衔接,因为依据《最高人民法院关于适用〈中华人民共和国物权法〉若干问题的解释(一)》[以下简称《物权法司法解释(一)》] 第二十一条的规定,善意取得的成立以合同有效为必要条件。如果认定无权处分合同为效力待定合同,若合同后来因权利人未追认而被宣告无效,则善意取得将难以构成,这将不利于保护善意买受人的利益。[②] 由于无权处分合同发生在无权处分人与受让人之间,在合同当事人意思表示不存在瑕疵的情形下,应当肯定其效力。还应当看到,即便承认无权处分合同是有效合同,也并不当然损害权利人的利益,因为承认该合同的效力,只是使无权处分人对受让人负担交付标的物并移转标的物所有权的义务,并不当然导致标的物所有权发生变动。

第二,认定无权处分合同为有效合同,更有利于保护善意买受人的利益。无权处分人将财产处分给他人,如果不符合善意取得的构成要件,而真正权利人又拒绝追认,按效力待定说,合同无效,买受人也无权请求出卖人承担违约责任,而只能请求出卖人承担缔约过失责任,从而仅能主张

[①] 也有观点认为,所有权人处分自己的财产也可能构成无权处分,参见石冠彬:《论抵押物出资——兼评(2011) 豫法民三终字第 127 号判决》,载《法学评论》2015 年第 2 期。

[②] 参见黄芬:《善意取得下转让合同效力要件之再研究》,载《广东社会科学》2019 年第 3 期。

信赖利益的损失。但如果采用有效说，则买受人可以主张违约责任，请求出卖人赔偿其履行利益损失。应当看到，在市场经济条件下，无权处分形成了两种利益的冲突，即真正权利人和善意买受人利益的冲突。善意买受人的利益代表的是交易安全，权利人的利益则往往仅关系到其个人权益，当两种利益发生冲突时，该种利益就应当让位于关系到更为广泛主体的交易安全，因而应当采纳有效说对善意受让人进行保护。正因此，有论者就曾指出，《买卖合同司法解释》第三条关于无权处分合同有效的规则以"买受人善意"为适用前提，当买受人恶意时，标的物所有权人有权主张无权处分人与相对人"恶意串通"，可因此请求法院认定合同无效。①

第三，有效说可以鼓励对未来获得的财产进行买卖。现代社会中的商业交易并非全部建立在对已经获得所有权的标的物的处分之上。在相当多的商业交易中，当事人采取订购的方式，约定买卖将来物，也就是说，在合同订立时，标的物可能尚未生产出来，或所有权仍属于他人，当事人只是就未来尚未生产出来的物或可从他人处购得的标的物的转让进行预先安排，从而加速财产的流动。在这些情形中，如果坚持无权处分合同效力未定，将不利于这种交易模式的展开。事实上，在这种交易中肯定合同的效力可以鼓励商人在不断变动的市场行情中，尽早地安排其交易行为。

五、合同履行制度的完善

（一）完善利益第三人合同的规则

所谓利益第三人合同，又称为第三人利益合同、为第三人利益订立的合同、第三人取得债权的合同、利他合同或向第三人给付的合同，它是指合同当事人约定由债务人向当事人以外的第三人作出给付，该第三人也因此取得请求债务人作出给付权利的合同。② 从广义上说，利益第三人合同可以被分为真正利益第三人合同与非真正利益第三人合同。其中，"非真正利益第三人合同"是指针对第三人而非债权人为履约对象的合同，这种合同的特征在于，发生合同争议时，第三人并不享有直接的请求权。而在"真正的利益第三人合同"中，第三人享有直接的请求权。合同法关于利

---

① 参见石冠彬：《论无权处分与出卖他人之物——兼评〈合同法〉第51条与〈买卖合同解释〉第3条》，载《当代法学》2016年第2期。

② Vgl. MuKoBGB/Gottwald, 8. Aufl. 2019, BGB § 328 Rn. 1.

益第三人合同的规定很不清晰，可以说存在法律漏洞，有必要在民法典编纂中予以补充。就此，民法典合同编草案二审稿第三百一十三条新增规定了真正的利益第三人合同，该条第二款规定："法律规定或者当事人约定第三人可以直接请求债务人向其履行债务，第三人未在合理期限内明确拒绝，债务人未向第三人履行债务或者履行债务不符合约定的，第三人可以请求债务人承担违约责任；债务人可以向第三人主张其对债权人的抗辩。"从该条规定来看，在真正利益第三人合同中，第三人主要享有如下权利：

1. 拒绝权

按照合同相对性原则，非合同当事人本不应享有合同权利或承担合同义务，但是在利益第三人合同中，法律推定合同当事人为第三人设定权利符合第三人的利益，或至少不会侵害其权利，因而合同当事人无权为第三人设定义务，但可以为第三人设定权利。然而，这毕竟只是法律上的推定，当事人在合同中为第三人设定权利是否真正符合其利益，第三人是否接受该利益，应当由第三人自己决定，所以，民法典各分编草案第三百一十三条赋予第三人拒绝权是十分必要的。当然，第三人接受合同当事人为其设定的利益，并不需要以明确表示接受的方式作出，只要第三人没有明确反对，就应当视为其已经接受该利益。一旦第三人明确拒绝，则利益第三人合同中第三人利益条款不能生效，但合同的其他条款仍可在当事人之间生效，在此种情形下，利益第三人合同就转化为一般的合同。

2. 履行请求权

在为第三人利益订立的合同中，第三人并非合同当事人，但其可以直接向债务人提出履行债务的请求，并有权受领债务人所作出的给付。① 由于利益第三人合同以为第三人设定权利和利益为目的，所以，民法典合同编草案二审稿第三百一十三条肯定了第三人享有履行请求权，有利于实现合同目的。② 这就是说，在合同成立并且生效以后，债务人有向该第三人履行债务的义务，如果债务人不履行债务，则第三人可以请求债务人及时履行。第三人可以请求的内容应当是合同中为其设定的权利和利益，其请求的范围不得超出合同的约定。③

---

① Vgl. MuKoBGB/Gottwald, 8. Aufl. 2019, BGB § 328 Rn. 33.
② 参见韩世远：《试论向第三人履行的合同——对中国〈合同法〉第 64 条的解释》，载《法律科学》2004 年第 6 期。
③ 参见朱岩：《利于第三人合同研究》，载《法律科学》2005 年第 5 期。

3. 请求债务人承担违约责任

民法典合同编草案二审稿第三百一十三条规定，如果债务人没有依约向第三人作出给付，则第三人应当有权请求债务人承担违约责任。但此处所说的"违约责任"并未明确具体的责任形式和赔偿范围。笔者认为，在利益第三人合同中，第三人应当享有违约损害赔偿请求权，但此种损害赔偿应当主要限于因债务人不履行债务使第三人为接受履行作出准备而遭受的损失。毕竟第三人不是合同当事人，因此，其违约请求权应当受到一定的限制，[①] 就此，笔者倾向于，第三人原则上无权主张如下违约责任：一是可得利益损失的赔偿，因为可得利益损失的赔偿是以当事人之间存在对价关系为基础的；二是违约金责任，违约金是债权人与债务人约定的、在债务人不依约履行债务时向债权人承担的责任，因此第三人无权主张；三是定金责任，定金是债权人向债务人支付的，而第三人并未向债务人支付定金，因此其无权主张定金责任。此外，第三人也无权解除合同。合同法只是赋予合同当事人解除合同的权利，而没有赋予第三人解除权。由此可见，在利益第三人合同中，第三人虽然享有请求债务人履行债务的权利，但由于第三人没有向债务人支付对价，所以，其不能如债权人一样请求债务人支付违约金、赔偿可得利益损失或在债务人违约时解除合同，在债务人不依约履行债务时，其仅能够请求债务人承担有限的违约责任。同时，债务人在不依约履行债务时，其仅应当向债权人或第三人承担违约责任，而不需要同时向二者承担违约责任。民法典合同编草案的上述规则只是规定了第三人可以向债务人主张违约责任，但第三人可以主张何种形式的违约责任，并不清晰，需要进一步完善。

（二）规定清偿抵充规则

所谓清偿抵充，是指债务人对同一债权人负担数宗给付种类相同的债务，在债务人或第三人所作出的给付不足以清偿债务人的全部债务时，确定其已清偿哪一部分债务的制度。在清偿抵充中，清偿抵充的顺序可以由当事人约定，清偿人也可以指定清偿抵充的顺序。[②] 问题在于，如果当事人既没有约定清偿抵充的顺序，清偿人也未指定清偿抵充的顺序时，究竟应当优先清偿哪一项债务呢？对此，《合同法司法解释（二）》第二十条和

---

① 参见叶金强：《第三人利益合同研究》，载《比较法研究》2001 第 4 期。
② 参见黄文煌：《清偿抵充探微》，载《中外法学》2015 年第 4 期。

第二十一条对清偿抵充规则作出了规定，民法典草案第三百五十条和第三百五十一条吸收了司法解释的上述规定，未来民法典对此予以明确，值得肯定，但其价值取向是否倾向于保护债权人却值得再考虑。

（三）规定以房抵债协议

所谓以房抵债协议，是指当事人达成以债务人移转房屋所有权代替原合同债务履行的协议。严格地说，以房抵债并非精确的法律术语，而且所指称的情形也具有多样性。本文所说的以房抵债主要是指以移转房屋所有权来履行债务以代替原来的给付。从实践来看，以房抵债的适用范围十分广泛，但在纠纷中以房抵债的性质和效力如何，并不清晰，民法典应当积极回应交易实践的现实需求，对以房抵债协议的效果作出规定。在实践中，以房抵债遇到的最为突出的问题主要包括以下几个方面：

一是确定以房抵债协议是否属于流押契约。所谓流押契约，又称绝押契约，包含流抵和流质契约，是指当事人在债务履行期限届满前约定，在债务履行期限届满而债权人未获得清偿时，债权人即可取得担保物的所有权。① 物权法第一百八十六条与第二百一十一条都明确规定禁止流抵、流质，设置该协议是无效的。虽然对物权法的上述规定，学界存在争议，② 但毫无疑问，在物权法规则没有修改之前，当事人所约定的流抵、流质条款应当是无效的。以房抵债协议并不当然涉及高利贷，不宜一概宣告其无效，而应当区分其成立时间，分别认定其效力。③ 具体而言，如果当事人在签订借款合同的同时签订了以房抵债协议，并且未规定有清算条款，则应当认定其属于流押，④ 因违反物权法的规定而无效；但如果当事人在债务履行期限届满后签订了以房抵债协议，则其在性质上应当属于债务履行

---

① 也有学者将其称为"流质契约"，还有学者以"流担保条款"统称两种情形，参见魏沁怡：《论担保物权的实现：实体法与程序法的体系衔接》，载《东方法学》2019年第5期。

② 参见孙鹏、王勤劳：《流质条款效力论》，载《法学》2008年第1期。

③ 就以物抵债协议的认定而言，有论者在讨论"以履行买卖合同担保债务履行"这一类买卖型担保协议的问题时指出，流担保条款、买卖型担保协议本质上均可归入事先以物抵债协议的范畴，将其区分事后以物抵债协议的关键不在于协议签订的时间，而在于签订之时主观目的是否在于清偿债务；换言之，只要已经出现不能偿债的情形，即使债务履行期限尚未届满，此时签订的买卖型担保协议就不能通过流担保条款来认定其效力，而是属于效力被现行立法所认可的以物抵债协议。

④ 参见庄加园：《"买卖型担保"与流押条款的效力——〈民间借贷规定〉第24条的解读》，载《清华法学》2016年第3期。

的一种方式,不宜简单宣告其无效。对此种协议,可以将其视为当事人之间达成的关于房屋折价的约定,构成一种债务清偿的方式,因而应当认定其是有效的。

二是以房抵债协议属于诺成合同还是实践合同。关于以房抵债协议究竟是诺成还是实践合同,在实践中争议较大。① 按照实践合同说,如果一方当事人不移转房屋所有权,则意味着当事人所达成的以房抵债协议并未发生效力,当事人不能按照以房抵债的协议请求实际履行,而只能请求履行原合同的给付内容。笔者认为,应当采取实践合同的观点,主要理由在于两个方面:一方面,从实践来看,房屋的价值通常波动较大,从合同的订立到履行的间隔常常较长,在此期间内,房屋价格发生上涨和下跌都是十分正常的,此种价格变化的风险由任何一方当事人承担都是不合适的,从公平原则出发,将以房抵债协议作为实践合同对待,以最终移转房屋所有权的时间为准,可以有效避免房屋价格剧烈变动的风险,对双方当事人都是公平的。另一方面,以房抵债是代物清偿的一种方式,而清偿属于债的消灭原因之一。也就是说,以房抵债应当实际履行,使债权人的债权实现,才符合其债的清偿的本质,也才能使原债的关系消灭。如果以房抵债协议没有实际履行,则不能使债权实现,不能消灭原债的关系。

(四) 确认情事变更规则

所谓情事变更,是指在合同有效成立以后,如果合同履行的客观条件发生了重大变化,导致合同无法履行,或者履行结果显失公平,则依据诚实信用原则,应当允许当事人请求变更或者解除合同。合同法并没有规定情事变更规则,这显然属于法律缺漏。然而,自2003年"非典"疫情以及2008年的亚洲金融危机以来,交易实践都显现出迫切需要完善情事变更制度。《合同法司法解释(二)》第二十六条针对合同履行中客观情况的重大变化,为妥当平衡当事人之间的权利义务关系,② 对情事变更规则作出了规定。民法典合同编草案二审稿第三百二十三条规定:"合同成立后,订立合同的基础条件发生了当事人在订立合同时无法预见的、不属于商业风险的重大变化,继续履行合同对于当事人一方明显不公平的,受不利影

---

① 参见崔建远:《以物抵债的理论与实践》,载《河北法学》2012年第3期。
② 参见沈德咏主编:《最高人民法院关于合同法司法解释(二)理解与使用》,人民法院出版社2014年版,第190页。

响的当事人可以请求与对方重新协商；在合理期限内协商不成的，当事人可以请求人民法院或者仲裁机构变更或者解除合同。"应当说，该草案规定吸纳了《合同法司法解释（二）》的成果，有值得肯定的地方，但也存在进一步完善的空间：

一方面，值得肯定之处在于草案不再区分情事变更与不可抗力。尽管不可抗力与情事变更属于不同的法律概念，但二者在许多情形下往往难以准确区分。例如，"非典"疫情究竟属于不可抗力还是情事变更，很难严格区分。如果在情事变更的定义中一定要求对不可抗力和情事变更作出区分，一旦法官不能准确界分，就无法适用情事变更规则，这显然给予法官过重的负担。从比较法上来看，在不可抗力的适用中，两大法系事实上都没有严格区分不可抗力和情事变更，因为情事变更制度的目的在于在发生当事人无法预料的客观情况变化时，如果继续履行对当事人并不公平，这就需要通过该制度重新平衡二者之间的利益。对于产生情事的原因究竟应归属于不可抗力，还是其他客观原因，并不影响情事变更的成立。只要导致合同履行困难、继续履行合同对当事人显失公平，则不论该客观原因是否属于不可抗力，均可能构成情事变更。因此，从法律后果上看，对于造成合同履行困难的客观原因而言，不论其是不可抗力还是其他客观原因，均可能成立情事变更，从而很难对其进行明确界分。当然，如果造成合同履行不能的原因是不可抗力，则当事人可以主张适用不可抗力规则，如果同时构成情事变更，当事人也可以主张适用情事变更规则。

另一方面，应当规定当事人负有及时继续谈判的义务及违反义务的法律后果。在情事变更的情形下，课以当事人继续谈判的义务，有利于尽量维持合同的效力，这符合鼓励交易的精神。合同法的重要功能在于鼓励交易，在发生情事变更的情形下，并不当然导致合同解除，如果合同仍然有继续履行的可能，则应当课以当事人及时继续谈判的义务，以尽量促成交易。与此同时，当事人之间进行交涉变更合同的成本明显低于与第三人另行缔约的成本，因此继续谈判的义务也可以有效提高交易效率。[①] 如果当事人通过谈判可以变更合同条款（如价格条款），则不必解除合同。继续谈判不仅是依据诚信原则所产生的义务，而且也是法律所规定的义务。民法典合同编草案二审稿规定，仅遭受不利影响的一方有权请求继续谈判，

[①] 参见刘士国：《科学的自然法规与民法解释》，复旦大学出版社2011年版，第50页。

这也是借鉴域外法经验的结果。例如，依据《商事合同通则》第6.2.3条的规定，只有遭受不利影响的一方当事人才能提出此种请求，而没有受到不利影响的一方无权请求继续谈判。当然，立法也应当明确规定受不利影响的当事人应当在何时请求继续谈判。例如，《商事合同通则》第6.2.3条明确规定，因情事变更而遭受不利影响的一方应当及时请求对方继续谈判，而不得拖延。这一经验值得我们借鉴。与此同时，应当明确违反继续谈判义务应当承担不利后果。既然继续谈判的义务是法定的义务，则当事人违反该义务时，自应承担不利的后果。在民法典合同编的上述规定中，没有对违反继续谈判义务的法律后果作出规定，属立法上的漏洞。从域外法的经验来看，有些国家（如法国）也课以违反继续谈判义务的当事人承担一定的责任，这有利于倒逼当事人及时继续谈判。

六、完善合同保全制度

（一）应当在法律上明确合同保全的法律效果

合同法规定了债权人代位权和债权人撤销权两种合同债权保全方式。所谓债权人代位权，是指在债务人怠于行使其到期债权，影响债权人债权实现的，债权人可以自己的名义向人民法院请求代位行使债务人债权的权利。所谓债权人撤销权，是指在债务人实施放弃债权、无偿或低价处分财产等行为，影响债权人债权的实现时，债权人可以向法院请求撤销债务人所实施的诈害债权的行为。然而，合同法并没有明确规定债权人在行使代位权与撤销权之后的效力，为弥补这一缺漏，《最高人民法院关于适用〈中华人民共和国合同法〉若干问题的解释（一）》[以下简称《合同法司法解释（一）》]第二十条明确规定了债权人行使代位权后优先受偿的规则。此种规定虽然目前仍然在学理上有许多争议，但已经为司法实践所普遍采纳，民法典合同编草案二审稿第三百二十六条规定："人民法院认定代位权成立的，由债务人的相对人向债权人履行义务，债权人接受履行后，债权人与债务人、债务人与其相对人之间相应的权利义务终止。"显然，该草案采纳了这一规则。

虽然优先受偿说的理论依据有多种，如法定说、抵消说、效力说等，[①]

---

① 参见马新彦：《债权人代位权异点析》，载《法制与社会发展》2001年第3期。

但一般认为,采优先受偿说有利于鼓励债权人积极行使代位权,从而保障债权,也可以防止其他债权人"搭便车"。但问题在于,如果代位权人优先受偿的主要目的在于排除其他债权人怠于主张权利、避免债权实现"搭便车"的行为,那么在其他债权人也已经采取了相关的主张权利的措施,如已经查封扣押了债务人的财产,甚至其他债权人已经起诉了债务人获得了胜诉判决,进入强制执行阶段等情形下,代位权人是否仍然有优先受偿的效力?笔者认为,在上述情形下,由于其他债权人已经采取了相关的措施,而未怠于行使其权利,甚至可能相较于代位权人更早地行使了权利,因此,在这些情况下,代位权人不应当享有优先受偿的权利。只有这样才能与强制执行法中的参与分配制度相衔接,避免出现效果上的矛盾。① 因此,民法典合同编在规定债权人代位权优先受偿效力时,应当将上述情况排除在外。

关于债权人撤销权的效力,现行立法没有作出明确规定。从实践来看,通行的做法是采用"入库原则",即在债权人行使撤销权之后,相关的财产即归入债务人的责任财产。此种做法符合比较法上的普遍经验,应当在合同编中对此作出规定。

(二)应明确债权人在行使代位权后未获得全部清偿的,仍有权向债务人主张债权

由于我国司法解释明确了代位权行使的优先受偿的效力,因此,债权人在行使代位权之后,可以直接受领次债务人的给付。但问题在于,如果债权人无法从次债务人处受偿,或次债务人的清偿不能完全使债权实现,其能否继续向债务人主张债权?在实践中,有法院认为,既然债权人已经提起了代位权诉讼,就不能基于其债权向债务人提起诉讼,否则会形成两个诉讼。因此,在债权人提起代位权诉讼后,如果其无法从次债务人处完全受偿,则只能由其自担损失,这一做法显然不利于保护债权人。从民法典合同编草案二审稿第三百二十六条的规定来看,债权人结束履行后,相应的权利义务终止,因而债权人可以继续向债务人主张清偿。但该条规定仍然不是十分清晰,只能通过解释明确其内涵,因此,笔者认为,为了避免引发争议,应当明确规定,债权人行使代位权后如不能清偿其债权,则

---

① 参见潘重阳:《论债权人代位权制度之存废——以实体与程序交叉为视角》,载《大连海事大学学报(社会科学版)》2015年第3期。

应当有权继续向债务人主张权利。

(三) 代位权与撤销权不宜同时主张

如前所述,代位权与撤销权的行使效果是不同的,前者采取优先受偿,后者采取"入库原则"。如果要求撤销权行使后所获得的财产归入责任财产,在债务人具有数个债权人,甚至有的债权人已经获得胜诉判决时,行使撤销权的债权人可能无法就行使撤销权所获得的财产得到清偿。为解决这一难题,有的法院允许债权人在行使撤销权之后,再提起代位权诉讼,从而获得相关的财产。[①] 民法典合同编草案二审稿第三百三十一条第二款规定:"债权人请求人民法院撤销债务人行为的,可同时依法以自己的名义代位行使债务人在其行为被撤销后对相对人所享有的权利。"依据该条规定,债权人在行使债权人撤销权的同时,还可以行使债权人代位权,即代位行使债务人对次债务人的权利,从而保护其债权。尽管该规则的初衷是为了对行使撤销权的债权人提供更强的保护,但笔者认为,该规则仍值得商榷,主要理由在于:

一是代位权与撤销权的行使条件不同。债权人代位权的行使要求债务人怠于行使其到期债权,而债权人撤销权并不需要这一条件,而是需要证明债务人实施了积极侵害债权的行为。债权人撤销权针对的是债务人积极减少其责任财产的行为,如债务人放弃债权、无偿转让财产、放弃担保、以明显不合理的低价转让财产或以明显不合理的高价买进财产以及恶意延长其债权的期限等。但是在行使债权人代位权的情形下,只要债务人怠于行使其到期债权影响债权人债权的实现,债权人即可行使债权人代位权。[②] 可见,债权人代位权与撤销权的制度功能和法律效力,允许二者同时行使可能混淆二者的制度功能、适用对象以及行使范围等。

二是债权是否要求到期不同。债权人撤销权主要针对债务人积极损害债权的行为,因此其行使并不要求债权人的债权必须到期。而债权人代位权的行使以债权到期为前提,否则不得行使该权利。二者之所以存在此种区别,主要原因在于:一方面,债权人代位权针对的是债务人以不作为的方式损害债权人债权的行为,因此,债权人行使代位权要求其债权应当已届清偿期;而撤销权主要针对债务人积极损害债权的行为,因此,即便债

---

① 参见福建省高级人民法院(2002)闽经终字第290号民事判决书。
② 参见王利明:《债权人代位权与撤销权同时行使之质疑》,载《法学评论》2019年第2期。

权人的债权尚未到期,为保障债权的实现,也应当允许债权人行使债权人撤销权。[①]另一方面,债权人代位权针对的是债务人怠于行使其到期债权的行为,其后果只是使债务人的责任财产应当增加而未增加,因此,在债权人的债权到期之前,难以判断债务人的责任财产是否足以保障债权人债权的实现。而债权人撤销权针对的是债务人积极损害债权的行为,即债务人的行为将使其责任财产不当减少,因此,即便债权人的债权尚未到期,其也应当可以行使债权人撤销权。[②]

三是诉讼管辖存在差异。因为代位权与撤销权所针对的被告是不同的,诉讼管辖也不同。虽然关于债权人撤销权中被告的确定在理论上受到对债权人撤销权性质的影响,[③]但《合同法司法解释(一)》第二十四条规定"债权人依照第七十四条规定提起撤销权诉讼时,只以债务人为被告,未将受益人或者受让人列为第三人的,人民法院可以追加该受益人或受让人为第三人",从而明确了债务人的被告地位,同时,该解释第二十三条则规定撤销权诉讼应当由被告住所地法院管辖。而对于债权人代位权诉讼中的法院管辖,《合同法司法解释(一)》第十五条规定:"债权人向人民法院起诉债务人以后,又向同一人民法院对次债务人提起代位权诉讼,符合本解释第十三条的规定和《中华人民共和国民事诉讼法》第一百零八条规定的起诉条件的,应当立案受理;不符合本解释第十三条规定的,告知债权人向次债务人住所地人民法院另行起诉。"依据上述司法解释的规定,债权人代位权与撤销权的管辖法院可能不一,在这种情况下,如果允许二者同时行使,则可能突破既有的诉讼管辖的规则。

七、合同的变更和转让

(一)关于金钱债权的让与

民法典各分编草案第三百三十四条第二款规定:"当事人约定非金钱债权不得转让的,不得对抗善意第三人。"该条实际上是规定了债权转让中的债权的善意取得规则,也就是说,即便债权人与债务人之间有禁止转让的特约,但如果第三人是善意不知情的,则第三人仍然可以取得债权。

[①] 参见申卫星:《论债权人撤销权的构成》,载《法制与社会发展》2000年第2期。
[②] 参见王利明:《债权人代位权与撤销权同时行使之质疑》,载《法学评论》2019年第2期。
[③] 参见韩世远:《债权人撤销权研究》,载《比较法研究》2004年第3期。

但问题在于，该条仅规定了非金钱债权的让与问题，而没有规定金钱债权让与中禁止让与特约的规则。所谓金钱债权，是指以给付金钱为内容的债权，在现代社会中，保理、资产证券化和不良资产处置等，都是通过金钱债权让与的方式实现的，金钱债权让与是企业融资的重要方式，也是实现资产有效利用的重要途径，对于促进资本回收和资本流动具有重要的意义，[①] 因此法律上应当肯定和鼓励金钱债权的转让。

但是如何对民法典各分编草案的上述规则进行反面解释，以确定约定不得转让的金钱债权转让效力？对于这一问题可能产生两种不同的理解方式：一是在金钱债权让与中，当事人之间达成的禁止让与特约可以对抗善意第三人；二是在金钱债权让与中，即便当事人有禁止让与的特约，该特约也不能对抗包括恶意第三人在内的所有第三人。笔者认为，鉴于金钱债权让与在对于满足企业融资和实现资产证券化具有重要意义，因此，不仅应当允许金钱债权的转让，而且应当鼓励转让，但是这并不意味着要禁止当事人约定不得转让金钱债权，在当事人之间达成此种约定后，即便受让人为恶意，也不影响债权让与的效果，当事人之间不得转让的特约仅在当事人之间发生效力。从比较法上看，有关的国际公约也采纳了此种立场。例如，《商事合同通则》第9.1.9条规定："尽管让与人和债务人之间存在限制或禁止转让的协议，请求金钱支付权利的转让仍然具有效力。但是让与人可能因此向债务人承担违约责任。"此时，债务人可以请求债权人承担违约责任，从而获得救济，而不应阻碍受让人取得该债权。

（二）通知规则可否例外

合同法第八十条第一款规定："债权人转让权利的，应当通知债务人。未经通知，该转让对债务人不发生效力。"依据该条规定，债权人负有通知债务人的义务，但民法典合同编草案二审稿第三百三十五条第一款在继续承认通知义务的前提下，又规定"但是债务人明知该债权转让给受让人的除外"。笔者建议删除这一例外规定，主要理由在于：第一，转让债权常常有可能会加重债务人的负担，为其带来一定的损失，但债权转让并不以债务人同意为要件，如果债务人在不知情时，继续向原债权人清偿，可能发生重复清偿，或者清偿错误等情形，将使债务人遭受不利。为了避免

[①] 参见邓曾甲：《日本民法概论》，法律出版社1995年版，第288页。

债务人的此种风险，债权转让通知就成为保护债务人的程序性方式。这种方式应当是债权让与最基本的程序性要求，不应当有任何例外。第二，通知对债权人而言较为简便，并不会显著增加债权人的负担，既然债权人已经在债权转让中获利，不能因债权人给自己减轻负担而导致债务人遭受不利后果。由于未通知而导致债务人向原债权人清偿的，应当由原债权人承担不利后果。第三，课以原债权人通知的义务，也有利于确定债权多重让与情形下的债权归属问题，有利于减少因债权多重让与而引发的纠纷。如果将受让人明知作为通知的例外进行规定，那么债权人可能在一些情况下不再进行通知，而这将导致债权多重让与时，债权归属确定的困难。因为在债权多重让与的情形下，往往是通过通知确定债权的归属，即债权人通知债务人移转的受让人获得债权。因此，仍有必要课以原债权人通知的义务。第四，将债务人明知债权让与作为原债权人通知的例外，也容易引发纠纷。因为对于"明知"是否包含"应知"、应由哪一方具体承担举证责任等都极易产生纠纷。因此，应当删除这一通知例外规则。

(三) 关于并存的债务承担

并存的债务承担又称为债务加入（Schuldbeitritt），它是和免责的债务承担即债务人变更（Schuldnerwechsel）相对应的概念，是指原债务人并未脱离债的关系，而第三人加入债的关系，与债务人共同向债权人负担债务。① 合同法并未规定并存的债务承担，但民法典各分编草案第三百四十四条规定："第三人与债务人约定加入债务并通知债权人或者向债权人表示愿意加入债务，债权人在合理期限内未明确表示拒绝的，债权人可以请求第三人在其愿意承担的债务范围内和债务人承担连带债务。"该条确立了并存的债务承担规则，弥补了合同法的漏洞，对司法实践具有重要的指导意义。从该条规定来看，其仅规定了两种情形的并存的债务承担方式：一是债务人与第三人达成并存债务承担的协议；二是第三人单方向债权人表示愿意加入债务关系，债权人未明确表示拒绝的。但该条还遗漏了一种情形，即债权人与第三人就债务承担达成协议，由此提出一个问题，债权人和第三人达成债务承担协议的情况下，如果债务人并不知情，此时能否产生并存债务承担的效力？

---

① 参见王家福主编：《民法债权》，法律出版社1991年版，第86页；MUKo/Bydlinski, Vor. § 414, Rn. 10。

笔者认为，如果债权人与第三人就并存的债务承担达成协议，一般而言，此种协议对债务人是有利的，至少不会损害债务人的利益，应当可以产生并存债务承担的效力。学理上通常认为，此种情形下，债权人与第三人所达成的协议属于利益第三人合同，① 因此，一些学者主张，法律上不需要对此种并存的债务承担方式作出规定，而可以适用利益第三人合同的规则确定当事人之间的权利义务关系。此种观点不无道理，虽然可以通过利益第三人合同的规则解释此种并存的债务承担方式，但债权人与第三人达成协议毕竟是一种重要的债务承担方式，即便其可以适用利益第三人合同的规则，法律上也有必要对其作出规定。尤其是在此种协议达成之后，应当允许债务人对第三人加入债务提出异议。原因在于：一方面，第三人与债务人之间可能因各种原因导致债务人认为第三人不宜加入债的关系，从尊重债务人的意思自由出发，应当允许其对第三人加入债的关系提出异议。另一方面，债务人可能不愿意第三人在履行债务后向其求偿。因此，笔者认为，在债权人与第三人达成并存的债务承担协议时，应当允许债务人提出异议，但如果债务人没有对第三人的加入提出异议，或者明知第三人代替其履行债务而没有提出异议的，则应当认定并存的债务承担有效。

八、协调不安抗辩权与预期违约之间的关系

所谓不安抗辩权（Unsicherheitseinrede），也有学者称之为先履行抗辩权，是指在异时履行的合同中，如果负有先履行合同义务的一方当事人有确切证据证明对方在履行期限到来后不会履行债务，或者难以履行债务，则在对方当事人未履行债务或者提供担保以前，其有权暂时中止履行自己的债务。关于不安抗辩权，合同法第六十八条规定："应当先履行债务的当事人，有确切证据证明对方有下列情形之一的，可以中止履行：（一）经营状况严重恶化；（二）转移财产、抽逃资金，以逃避债务；（三）丧失商业信誉；（四）有丧失或者可能丧失履行债务能力的其他情形。当事人没有确切证据中止履行的，应当承担违约责任。"预期违约（Anticipatory Breach）亦称先期违约，包括明示毁约和默示毁约两种。所谓明示毁约，是指一方当事人在合同履行期限到来之前，无正当理由而明确向另一方当事人表示其将不履行合同。所谓默示毁约，是指在合同履行

---

① 参见朱奕奕：《并存的债务承担之认定——以其与保证之区分为讨论核心》，载《东方法学》2016年第3期。

期限到来前，一方当事人有确切证据证明对方当事人在履行期限到来时将不履行或不能履行合同，而另一方又不愿提供必要的履行担保。关于预期违约，合同法第一百零八条规定："当事人一方明确表示或者以自己的行为表明不履行合同义务的，对方可以在履行期限届满之前，要求其承担违约责任。"其中，当事人明确表示不履行合同义务的，即属于明示毁约，而当事人以自己的行为表明不履行合同义务的，即属于默示毁约。

因为合同法同时借鉴了英美法系中的预期违约制度与大陆法系中的不安抗辩权制度，这就需要妥当协调二者之间的关系。民法典合同编草案二审稿第三百一十八条规定："当事人依照前条规定中止履行的，应当及时通知对方。对方提供适当担保的，应当恢复履行。中止履行后，对方在合理期限内未恢复履行能力并且未提供适当担保的，视为以自己的行为表明不履行合同主要义务，中止履行的一方可以解除合同并可以请求对方承担违约责任。"笔者认为，民法典合同编应当继续规定不安抗辩权制度与预期违约制度，并分别规定其适用范围与适用条件。但是民法典合同编还应当协调不安抗辩权与预期违约之间的关系，具体来说表现在如下几个方面：

第一，在符合不安抗辩权的适用条件时，要认定当事人构成预期违约，还应当具备如下两个条件：一是债务人未在合理期限内提供担保；二是债务人未在合理期限内恢复履行债务的能力。从民法典各分编草案的上述规定来看，其显然也采纳了此种立场。

第二，在构成预期违约后非违约方有权享有法定解除权。合同法规定了在根本违约情形下，非违约方享有解除权，但是却并未规定预期违约是否构成根本违约。由于根本违约与预期违约的构成要件不同，在构成预期违约时，非违约方能够行使解除权或在满足何种条件时可以行使解除权的问题，应当单独规定。笔者认为，借鉴英美法的规则，可以发现，预期违约中，非违约方的预期利益已经被实际地剥夺，所以只有允许非违约方解除合同，才能对其进行充分救济。[①] 因此，民法典合同编有必要对此作出规定。

第三，要在违约责任中明确规定预期违约形态。这就是说，从违约责任的形态分类而言，应当区分为履行期届至前和届至后的违约形态，预期

---

① 参见叶金强：《中国合同法中的"预期违约"制度》，载《南京大学学报（哲学·人文科学·社会科学版）》2002年第4期。

违约对应的是在履行期届至前的违约形态。在债务人构成预期违约后,债权人有权请求债务人承担违约责任,合同法对此规定并不明确,有必要对此作出明确规定。另外,考虑到预期违约毕竟发生于履行期之前,债权人可以主张损害赔偿范围与实际违约还是存有区别的。例如,在损害赔偿的计算中,对于预期违约而产生的损害应该有别于履行期届至后违约所产生的损害,法律应当对此作出明确规定。

九、完善合同解除制度

合同法及有关司法解释对合同解除制度作出了规定,民法典合同编仍需要进一步完善这一制度。

(一)明确合同解除制度的地位

合同法第九十一条将解除与抵销、提存、免除等一并作为合同终止的原因,严格地讲,这种定位是不准确的。一方面,解除并不一定导致合同全部终止。因为解除可能只针对合同的部分进行,在可分之债中,当事人可以仅针对部分合同内容行使解除权,其余部分的效力不受该解除权行使的影响。比较法上也普遍承认了部分解除的概念。[1] 而在继续性合同之中,解除仅能向将来发生效力,解除前的履行无须恢复原状。[2] 这些现象都表明了解除并不意味着合同的全部消灭。另一方面,解除并不影响仲裁条款、清算条款等的效力,合同解除之后,非违约方仍可以请求损害赔偿。因此,解除并不意味着直接导致合同效力完全丧失。尤其应当看到,合同解除的目的主要是使当事人摆脱原合同关系的束缚,重新寻求新的交易机会。从这一意义上讲,解除主要是一种救济方式。所以未来民法典合同编应当将合同解除作为一种特殊的救济手段予以规定,而不宜简单将其作为合同终止事由加以规定。

(二)确认合同僵局下违约方申请解除合同的规则

合同僵局是近几年来司法实践中出现的新问题。例如,某人承租他人的商铺,为期5年,但后来由于经济不景气,承租人难以继续承租该商铺,

---

[1] See Ingeborg Schwenzer, Pascal Hachem, Christ Opher Kee, *Global Sales and Contract Law*, Oxford University Press, 2012, p. 748.

[2] 参见王文军:《论继续性合同的解除》,载《法商研究》2019年第2期。

请求解除租赁合同，并愿意赔偿出租人3~6个月的租金损失，但出租人拒绝解除。在此情形下，合同已经陷入僵局。合同僵局的特点表现在：第一，合同难以继续履行，且不构成情事变更；第二，非违约方拒绝违约方解除合同的请求，在出现合同僵局的情形下，享有解除权的非违约方拒绝解除；第三，继续履行合同将导致当事人的利益关系明显失衡，违约方在合同履行出现困难时，往往会请求非违约方解除合同，此时，如果非违约方拒绝违约方的请求，而要求其继续履行合同，则可能出现合同僵局。

法律上之所以要打破合同僵局，主要原因在于：第一，有利于维护公平和诚信原则。在出现合同僵局时，享有解除权的一方当事人拒绝行使解除权，常常是为了以"敲竹杠"的方式向对方索要高价赔偿，这就违反了诚信和公平原则。但如果任由非违约方拒绝解除，则可能造成双方利益严重失衡。因而，在法律上有必要予以纠正。第二，降低交易成本费用。在打破合同僵局的情形下，可以使当事人及时从合同僵局中脱身，并及时开展其他交易，这在整体上可以降低交易的成本和费用。因此，民法典合同编草案第三百五十三条第三款规定："合同不能履行致使不能实现合同目的，有解除权的当事人不行使解除权，构成滥用权利对对方显失公平的，人民法院或者仲裁机构可以根据对方的请求解除合同，但是不影响违约责任的承担。"笔者认为，该规定有利于打破合同解除的僵局。然而，民法典合同编草案的上述规定虽然对打破合同僵局作出了大胆的尝试，是我国民法典的大胆创新，但其关于合同司法解除的条件规定得过于严苛，且与打破合同僵局的现实需求并不完全吻合。

有观点认为，合同僵局问题可以通过显失公平和情事变更制度解决。但笔者认为，首先，合同僵局问题是显失公平制度所不能解决的。显失公平是订约中的瑕疵，而合同僵局是合同履行中的问题，不涉及因效力瑕疵而予以撤销的问题。其次，合同僵局与情事变更也存在区别，不能将构成情事变更作为认定合同僵局的条件。一方面，二者产生的原因不同。从《合同法司法解释（二）》第二十六条规定来看，情事变更是因当事人在合同订立时无法预见的客观原因而引发的。而产生合同僵局的原因大都不是当事人在合同订立时无法预见的客观原因，而可能是当事人一方主观原因造成的。另一方面，对当事人利益的影响不同。在情事变更的情形下，因一定的客观原因的发生将导致继续履行合同对一方当事人显失公平，或者导致当事人的合同目的无法实现；而在合同僵局的情形下，合同僵局的出现通常只是导致一方当事人的合同履行成本过高，并不当然导致当事人的合同目的无法实现。

虽然合同僵局需要被打破，但是这绝不意味着要通过赋予违约方解除权的方式进行。从比较法上看，各国立法普遍不承认违约方享有合同解除权，我国合同法也不例外。我国合同法仅承认在一方构成根本违约的情形下，相对方享有解除权。如果承认违约方可以享有解除权，则将极大地破坏合同严守原则，并引发严重的道德风险，影响交易安全和秩序。笔者认为，在合同僵局的情形下，打破僵局应当采取司法解除的方式，即在出现合同僵局的情形下，允许当事人向法院申请解除合同，但合同能否解除，最终由法院作出判断。法院在裁判中应当判断合同难以继续履行，是否属于情事变更的情形，如果构成情事变更，则可以通过情事变更的规则予以解决，而无须通过诉讼打破合同僵局。此外，法院还应当判断非违约方拒绝违约方解除合同的请求是否具有正当的理由。2019年11月18日，最高人民法院通过的《全国法院民商事审判工作会议纪要》第48条规定了在合同僵局中，违约方申请解除需要满足的三项条件："（1）违约方不存在恶意违约的情形；（2）违约方继续履行合同，对其显失公平；（3）守约方拒绝解除合同，违反诚实信用原则。"依据这一规定，法院只有在综合考量各种因素之后，才能决定能否解除合同。

（三）规定当事人就合同解除发生异议时的解决规则

合同解除异议是合同法中的一项重要制度。例如，一方发出解除合同的通知后，如果对方当事人一直未予答复，此时，能否认定合同已经解除？在实践中经常发生争议。笔者认为，在此情形下，首先应当确定提出解除的一方是否享有解除权，如果发出解除通知的一方不享有法定解除权，则无论对方是否对解除提出异议，则均无法产生合同解除的效果。其次，如果有解除权的一方当事人在通知对方解除合同后，对方当事人未在合理期限内对合同解除提出异议，则通常可以认定合同已经解除。当然，法院还应当考虑对方当事人未在合理期限内提出异议的原因，尤其是当事人是否以作出履行等方式提出异议等情况，[1]而不宜一概以异议期间经过为由，简单地认定其将产生合同解除的后果。

---

[1] 参见崔建远：《解除权问题的疑问与释答》（上篇），载《政治与法律》2005年第3期。

（四）完善合同解除后的损害赔偿制度

对于解除后的损害赔偿问题而言，应当区分不同的解除原因而区别对待。[①] 在因违约而解除合同的场合，如果合同可以继续履行，非违约方主张解除合同，则其应当仅可以主张信赖利益损失赔偿，而不得主张赔偿履行利益损失。原因在于：一方面，在合同可以继续履行时，非违约方通过请求违约方继续履行合同，仍可实现其合同目的，但如果其选择解除合同，消灭合同的效力，则不应当再主张对合同履行享有期待利益，也无权再请求违约方赔偿其履行利益损失；另一方面，从当事人订立合同的目的来看，在一方当事人违约时，如果合同仍可履行，则非违约方可以请求违约方继续履行合同，但如果其选择解除合同，则可以认定，对非违约方而言，继续履行已经没有必要，或者非违约方的信赖利益损失已经大于其履行利益损失，此时，非违约方应当仅能主张信赖利益损失的赔偿。

十、违约责任制度的完善

违约责任制度是合同能够得以履行的重要保障，自合同法颁布以来，违约责任制度相对比较完善了，但也有需要进一步完善之处，需要在民法典分编草案中予以进一步明确。

第一，明确违约责任原则上不救济精神损害。关于违约责任中能否包括精神损害赔偿，无论在理论界，还是在司法实践中，都存在争议。在许多案件中，许多法官在违约与侵权责任竞合，以及一些因一方违约导致对方精神损害的情形下，均承认了非违约方的精神损害赔偿请求。因此，有不少学者主张，应当在民法典各分编草案中规定违约情形下的精神损害赔偿。[②] 民法典人格权编草案已经在相关条款中规定了在违约与侵权竞合的情形下，受害人可以主张精神损害赔偿。对于受害人基于侵权而非违约主张精神损害赔偿，是符合现行法规定的，也获得了学界的共识。但问题在于，在一些特殊的合同，如旅游合同、医疗服务合同等情形下，因为一方违约而导致另一方精神损害，法院可否判令精神损害赔偿？笔者认为，违

[①] 参见曾凡昌：《解除原因视角下的合同解除损害赔偿范围研究》，载《西南政法大学学报》2011年第2期。

[②] 参见崔建远：《论违约的精神损害赔偿》，载《河南省政法管理干部学院学报》2008年第1期。

约责任原则上不适用精神损害赔偿,主要理由在于:一方面,合同本身只是一种交易关系,当事人应当遵循等价交换的原则,如果在违约的情形下适用精神损害赔偿,将导致违约方的责任超出其订立合同的预期。尤其是通过违约责任救济精神损害可能会破坏交易中的等价交换规则。例如,在民间借贷中,债务人在债务到期后不还本付息,可能导致债权人遭受精神痛苦,但这并不意味着债权人能在本金和利息之外可以主张精神损害赔偿,否则就会破坏等价交换的原则。另一方面,在违约中适用精神损害赔偿,也会违反可预期性规则,因为违约方要承担多少精神损害赔偿,违约方在订约时往往能预见,这就极大地增加当事人的交易成本,就会阻碍当事人订约,妨害交易的正常进行。

  第二,完善可得利益赔偿制度。可得利益损失也应当纳入违约损害赔偿的范围,这也是完全赔偿原则的基本要求。[①] 合同法第一百一十三条虽然规定"损失赔偿额应当相当于因违约所造成的损失,包括合同履行后可以获得的利益",但该条并没有明确规定可得利益损失赔偿的具体规则。因此,在实践中,可得利益的赔偿一直缺乏可操作性,民法典合同编有必要在总结司法实践经验的基础上,进一步完善可得利益赔偿的具体规则。笔者认为,民法典合同编应当进一步完善可得利益损失赔偿的规则,具体而言:一是明确可得利益损失主要包括生产利润损失、经营利润损失以及转售利润损失等具体类型。当然,在认定非违约方的可得利益损失时,还应当区分不同主体的经营方式而确定其可以请求的可得利益损失类型。例如,生产企业就不能主张转售利润的损失。二是明确可得利益损失获得赔偿的具体条件,主要包括具有可计算性、一定的确定性、可预见性以及一定的因果联系性。[②] 民法典合同编应当充分借鉴司法实践经验,并综合运用可预见性规则、损益相抵规则、减轻损失规则以及过失相抵规则等规则确定可得利益损失的数额。[③] 民法典合同编也有必要规定禁止重复赔偿、禁止得利等规则。在获得可得利益赔偿后,使得当事人处于合同完全履行的状态,因此其不能再主张信赖利益损失的损害赔偿。三是明确可得利益

---

  ① 参见王泽鉴:《损害赔偿》,北京大学出版社2017年版,第29页。
  ② 参见石冠彬:《民法典合同编违约金调减制度的立法完善——以裁判立场的考察为基础》,载《法学论坛》2019年第6期。
  ③ 参见《最高人民法院关于当前形势下审理民商事合同纠纷案件若干问题的指导意见》第10条。

损失的排除规则。例如，在经营者欺诈经营，或者当事人已经约定了违约损害赔偿的计算方法，或者一方违约导致了对方当事人人身伤亡、精神损害等情形下，应当排除可得利益损失的赔偿。①

第三，规定约定损害赔偿的调整制度。依据民法通则第一百一十二条与合同法第一百一十四条，当事人可以约定损害赔偿的计算方式。同时，依据合同法第一百一十四条，如果当事人约定的违约金数额过分高于非违约方的实际损失，或者低于非违约方的实际损失，则当事人可以请求法院或者仲裁机构予以调整，但合同法并没有规定约定损害赔偿的调整制度，这显然属于立法上的疏漏。事实上，约定损害赔偿与违约金在制度功能上具有相似性，民法典合同编有必要参照违约金调整的规则，对约定损害赔偿的调整规则作出规定，即在当事人约定的损害赔偿低于实际损失或者过分高于实际损失时，当事人应当有权请求予以调整。

第四，完善违约金责任规则。《合同法司法解释（二）》第二十九条第二款规定："当事人约定的违约金超过造成损失的百分之三十的，一般可以认定为合同法第一百一十四条第二款规定的'过分高于造成的损失'。"但该条中的"损失"究竟是指实际损失，还是包括可得利益损失，并不明确。笔者认为，该条中的"损失"应当与合同法第一百一十三条中"损失"的含义一致，即该损失包括了可得利益损失，这更有利于对非违约方的救济，如果违约金的数额高于实际损失和可得利益损失总和的30%，则应当认定违约金的数额过高。此时，违约金条款已经具有赌博的性质，即该条款成为当事人一方获取暴利的工具，当事人可以请求法院对该数额予以调整。民法典合同编应当对此作出明确界定。另外，在调整违约金数额时，也应当考虑当事人是否为商主体，该交易是否为商事交易。如果属于商事交易从事的商事交易，则在认定违约金过高或过低时，应当更为谨慎。

第五，关于违约金与损害赔偿是否可以并用，合同法并未予以规定。一般认为，如果违约金不足以弥补实际损失，应当允许受害人请求违约损害赔偿。但在司法实践中，也有观点认为，既然法律没有明确规定可以并用，则当事人不能选择并用。如果违约金不足以弥补实际损失，则可以通过调整违约金数额的方式来救济非违约方。从比较法上看，有的国家也采

---

① 参见《最高人民法院关于当前形势下审理民商事合同纠纷案件若干问题的指导意见》第10条。

纳了这一立场。例如，在法国法中，除非违约金被明确约定为迟延违约金，否则不得与损害赔偿一并主张。① 笔者认为，如果违约金数额不足以弥补实际损失，通过调整违约金数额的方式不一定妥当。原因在于：一方面，违约金的调整应当以非违约方提出请求权为前提，如果非违约方未提出请求，法院不能直接调整；另一方面，调整违约金给法官过大的自由裁量权力，而如果违约金与损害赔偿并用，则应当以非违约方证明自身损害为基础，这需要进行损害的计算，其结果也将更为精确。因此，相比之下，允许违约金与损害赔偿的并用是更为妥当的选择。当然，如果当事人在合同中已经明确约定，违约金与损害赔偿不得一并主张，则应当尊重当事人的约定，排除二者的并用。

第六，关于定金与损害赔偿是否可以并用。定金具有多种类型，既包括成约定金，又包括违约定金和解约定金等。定金责任与损害赔偿能否并用主要涉及违约定金与损害赔偿的同时适用问题。合同法并未对这一问题进行规定。有观点认为，定金事实上是以金钱购买合同不履行的选择权，因而在当事人主张定金责任后，不能再请求违约损害赔偿。② 也有观点认为，应当区分损害预估性质的违约定金与惩罚性质的违约定金而分别考量。③ 对此，《最高人民法院关于适用〈中华人民共和国担保法〉若干问题的解释》第一百二十一条规定：“当事人约定的定金数额超过主合同标的额百分之二十的，超过的部分，人民法院不予支持。”依据该条规定，定金的数额受到了严格限制，因此，定金责任可能难以弥补实际损害，此时，应当允许当事人在主张定金责任的同时主张违约损害赔偿。

---

① 参见韩世远：《违约金的理论问题——以合同法第114条为中心的解释论》，载《法学研究》2003年第4期。

② 参见黄茂荣：《债法通则之三：债之保全、移转及消灭》，厦门大学出版社2014年版，第41页。

③ 参见韩世远：《违约金的理论问题——以合同法第114条为中心的解释论》，载《法学研究》2003年第4期。

中国民法典总则与分则之间的统辖遵从关系

孙宪忠*

【摘要】 我国即将通过的民法典包括一千二百多个条文，采取总则与分则相区分的立法模式。这种立法模式是立法体系化和科学化的结果，具有既节约立法成本又方便学习贯彻的优势。从民法发展历史来看，我国民法典编纂采取这种体例模式有其必要性和科学性。在总则与分则相区分的体例下，我国民法典总则编集中体现了立法者的指导思想，规定了民法基本原则和一般规则，充分贯彻了民法基本科学原理，对全部分则的规定具有统辖作用。解决民法典庞大的规范和制度群之间的体系逻辑问题，指出总则与分则之间分工合作、统辖遵从的逻辑关系，提出以总则编作为民法典整体的思想基础、规则效力基础、法理解读科学性基础，是理解民法典体系的关键，亦有助于澄清在我国民法典编纂"两步走"规划的特殊背景下，民法典分则一些编章编纂过程中出现的轻视甚至脱离民法典总则编规则的法理混乱。

【关键词】 民法典总则分则　民事主体　民事权利法律行为

引　言

在依法治国原则下，民法作为国家治理所依赖的基础性法律，因其作用范围极广而包含着庞大的规范和制度群。要让这些庞大的规范和制度群有效地发挥作用，当然需要立法有先进的指导思想，必须符合我国的政治制度和经济制度，符合我国的国情，符合时代的潮流；但同样不可忽视的是，它还必须具备立法技术上的先进性，这样才能够保证立法的质量。具

---

* 中国社会科学院法学研究所研究员。

体地说，这种立法技术，不但能够将庞大的民法规范和制度群编纂成为和谐有机的统一体系，而且它还必须具有清晰明确的逻辑，保障这个庞大的民法规范体系既有高度包容性，又有高度自洽性，能够满足市场经济发展和人民权利保护的需要；同时，这种立法技术还必须为社会学习和贯彻实施庞大的民法规范和制度体系提供方便快捷的渠道。本次我国民法典的编纂采取总则与分则相区分的立法模式，这种立法模式所包含的一系列立法技术，是我国法律界先辈们通过大量考察与比较之后才引入的，它的先进性既得到了一百年来中国民法立法和司法实践的证明，也得到了改革开放以来尤其是我国市场经济体制确立以来的法治实践的证明。

民法典的庞大体系被区分为总则与分则，不但在立法时可以比较集中地贯彻立法者改造和推动社会进步的法思想，而且从法技术的角度看，容易学习研究，也容易贯彻实施，尤其是方便司法适用。另外，本次我国民法典编纂并非完全新创，而是要将改革开放以来所制定的诸多民法单行法予以有机整合，所以采取的是"两步走"的立法规划。[①] 在这种情况下，民法典的编纂采取总则与分则相区分的体例，更加符合立法的国情。在这一规划下，第一步在2017年3月编纂完成了民法总则，并将其作为整个民法典的总则编；第二步是完成民法典分则各编的编纂，之后再整合民法典总则和分则各编为一体。在这种情况下，民法典总则的编纂完成与分则的编纂完成之间有了时间差。而且在立法时间极为紧迫的压力下，在民法总则刚刚编纂完成且其内容还没有来得及被充分消化的情况下，立法机关、法学界尤其是民法学界即将全部力量转移到了民法典分则的编纂之上，这样就造成了民法总则的思想和规则一度未能在民法典分则编得到充分贯彻的实际情况。在这一点上还必须注意的一个显著问题是，虽然近年来我国法律界尤其是民法学界的知识体系有很大进步，但是轻视法学基本原理、轻视民法知识的体系性与科学性的弊端一直存在，计划经济体制和自然经济条件下的法学观念未能得到彻底清理，那种自设前提、自我演绎、自圆其说的观点仍然存在，这些问题在民法典编纂过程中暴露无遗。在这种背景下，最能体现民法科学原理、体现民法体系性和科学性特征的民法典总

[①] 关于中国民法典编纂采取"两步走"规划，参见《民法典草案符合科学民主依法立法要求》，载《法制日报》2020年3月17日。关于这个规划，本文作者作为全国人大代表于2013年和2014年领衔提出了关于民法典编纂的两份议案，参见孙宪忠：《我动议——孙宪忠民法典和民法总则议案、建议文集》，北京大学出版社2018年版，第1页以下。

则编的思想和一些重要的规则确实一度被轻视甚至被忽视了。民法典分则各编编纂过程中出现了不少立法创意和观点，它们虽然可能会带来法学的繁荣，但是事实上也造成了分则编部分内容与总则编相脱节的问题。虽然在后来的立法过程中，这些问题逐渐得到了解决，但是因此而出现的民法理论混乱仍然存在，一些并不符合民法科学原理并且民法典本身也没有采纳的观点还很活跃，甚至有一些还被写入了国家级别的教科书。随着民法典编纂工作即将完成，如果依靠这些观点对民法典加以解读，原本已经造成的混乱就可能呈加剧之势。

本来，在"两步走"的规划下，民法总则的率先编纂就是为了对分则各编起到引导和制约的作用，而且在总则与分则相区分的立法模式下，民法典总则编作为民法立法指导思想和基本原则的集中体现、民法一般规则的集中体现，当然对民法典分则各编具有统辖的效力，分则各编则应该遵从民法典总则编的规定。但是，我国法学界尤其是民法学界，对于民法典编纂为什么要区分为总则与分则的体系性、科学性及必要性并不非常熟知，对总则与分则之间统辖与遵从的逻辑关系理解得并不完全透彻，对我国已经编纂完成的民法总则规范对民法典分则各编如何发挥统辖作用也不十分清楚、明确。这些问题，将对下一步民法典的学习研究和贯彻实施尤其是司法适用造成消极影响。本文提出并研究这些问题，希望对澄清相关理论混乱、准确理解民法典以及相关法理能够有所裨益。

一、民法典总则与分则区分体例的立法科学性和必要性

我国民法典编纂采取的总则与分则相区分的立法结构，是立法科学性的体现，其优势已经被我国法制实践经验证明。而且，本次民法典编纂采取这种立法模式，在我国既是民事立法历史经验的体现，也是当前民事立法独特的背景使然。

民法被称为社会生活的百科全书，因为它的全部法律规范都来源于社会生活的现实，所以它必须反映现实。但是，民法规范对于社会生活现实的反映，并不是照相一样的反映，而是必须利用归纳和抽象的方法，将生活现实关系"制作"为法律概念，然后在这些概念的基础上形成法律规范、制度和体系。归纳和抽象听起来略显得不那么亲近民众，但它们也是一般人都熟悉的社会科学的研究方法。为了使法律概念既具有科学性，又不那么远离现实生活，法学界的先辈们在这一点上已经积聚了丰富的经

验，他们使用的法律概念，比如所有权、合同、亲属等，其实就是来源于生活实践，所以多数的法律概念是一般社会大众熟知的。当然，确实也有一些概念术语与社会生活的直观不同，一般社会大众可能会觉得它们不容易理解。但是，这些比较专业的法律概念的产生也是十分必要的。因为民法要规范的社会生活范围十分广泛，有一些民事活动比如投资贸易等活动的法律概念就不是社会大众都熟悉的。而且立法必须采取归纳和抽象的方法，建立涵盖范围比较大的总括性法律规则。这些总括性的法律规则所使用的概念，也可能是稍微远离社会大众的，但是立法上必须如此。如果不作这样的技术性处理，那么不但像民法这样作用范围极为广泛的法律无法制定出来，甚至任何法律都无法制定出来。在瑞士民法典的制定过程中，立法者也遇到了法律概念抽象难懂的批评指责。主持立法工作的约瑟夫·翁格尔回答说，如果不使用法律的专业概念和逻辑，而是按照一般民众熟悉的语言和理解方式来编纂民法典，那么民法典就不可能只是一两千个条文，而是要写几万、几十万个条文，因为任何一个法律条文都必须认真描述现实，而且这些条文还需要通过立法解释清楚。这样，民法典可能要编几十卷，写几百万字。总而言之，这样的立法是谁也完成不了的任务。[①]因此，民法典编纂使用专业的概念和逻辑是十分必要的，这不但会使得法律的语言更加严谨准确，而且还极大地节约了立法各个方面的成本。事实上，科学主义法学就是在这样的历史经验的基础上发展而来的。

我国民法典编纂采取总则与分则相区分的体例，同样也是科学主义法学发展的产物。这种立法体例的产生并不算早，不过立法者对于民法概念的整理却早已开始。在丰富的民法概念面前，立法者很早就已经开始对这些概念展开分析和归纳的工作，这些工作从立法技术上看，就是明确概念与概念之间的差异性和相同性，然后再将它们分门别类，编纂为一个有内在清晰逻辑的法律规范和制度的整体。这样的立法经验是世界各国都经历过的。总则与分则相区分的模式则是我国在近代法制变革的过程中继受而来的。这种立法模式就是出现在17—18世纪的潘德克顿体系，也就是德意志法系的法典编纂模式。潘德克顿体系是继受罗马法的产物，但也是超越罗马法的标志。在法制史上，罗马法重现之后，德意志（当时德国尚未统一）的法学家们在早期罗马法"学说汇纂"体系的基础上，利用该体系长

---

① Konrad Zweigert, Hein Koetz, Einfuehrung in die Rechtsvergleichung, 3. Auflage, J. C. B. Mohr（Paul Siebeck）Tuebingen, 1996, S. 166 usw.

于理论、概念清晰严谨的优势,对其进行了更系统的研究,形成了专门研究民法典编纂科学的法典编纂学派,也被称为潘德克顿学派。① 在现代民法发展史上,潘德克顿学派的贡献非常大。众所周知的法律关系理论,现在已经是民法甚至是全部法律分析的基本逻辑,就是由这个学派归纳并最终完成的;作为现代民法象征、集聚近现代以来的人文主义思想而形成的法律行为理论和制度,是这个学派创立的;作为当代民法分析和裁判的基本理论的物权和债权的区分原则,是这个学派提出并不断完善的。潘德克顿体系的出现,适应并支持了当时欧洲编纂民法典的热潮,推动了欧洲的民法法典化运动。② 德国民法典、瑞士民法典、日本民法、韩国民法等,都是这个理论体系的产物。

潘德克顿体系最显著的特征,就是在这个体系中出现了民法总则,或者说,它确立了总则与分则相区分的编纂模式。将全部民法规范或者民法制度区分为总则与分则,是一种科学主义的立法体例,它是运用上文探讨的归纳与抽象的立法技术的结果。在此,归纳和抽象指的是对于民法规范和制度概念含义的区分和整合,以及对其内在逻辑的发现。它首先把具有共同特征的法律规范群归纳起来,然后从中抽象出一般规则,再把这些一般规则按照一定的逻辑整合为协调的制度,最后才形成了民法总则。学者借用数学的概念,将这种从具有共同性的法律规范群中抽象出一般规则的

---

① 法学上所说的潘德克顿法学,起源于古罗马法,但是在被17、18世纪德意志的法学家们继受之后,该法学体系从内容到形式都发生了重大变化。依本文作者的研究,潘德克顿一词大体上有三种不同含义。其一,是罗马皇帝查士丁尼编纂《民法大全》时,被吸纳为其中的一部分的《学说汇纂》(degesitae),是当时著名法学家的言论集,可以作为有效的法律渊源,但是本身不是立法的产物。其二,指14世纪后,德意志法学界在继受罗马法后将其予以改造的产物,以学者们编纂的《实用学说汇纂》(ususmodernuespandectarum, lat moderner Gebrach der Pandekten)为代表,约形成于17世纪。此时德意志尚未统一为国家 "实用学说汇纂" 被称为德意志的 "普通法"(和英格兰的common law 不同)。其三,指19世纪德意志以民法典的编纂作为研究对象而形成的法学学派 (Pandetistik),也称为法典编纂学派,其理论要点如同其名。参见 Vgl. Wieacker, Privatrechtsge - schichte der Neuzeit, 2, Auf. 1967, S. 430ff; Konrad Zweigert, Hein Koetz, Einfuehrung in die Rechtsvergleichung, 3. Auflage, J. C. B. Mohr (Paul Siebeck) Tuebingen, 1996, S. 166 usw., 第130页以下。

② 欧洲的民法法典化,指的是从18世纪开始欧洲大陆各个国家均着手制定民法典的事件,最早的是1756年制定的巴伐利亚民法典。17世纪开始,统治欧洲长达千年的德意志民族神圣罗马帝国逐渐解体,天主教神权统治力下降,随后欧洲出现了一些民族主权国家。这些国家为了有效地行使治权,都开始编纂民法这样的基本法律。这一运动成就了 "大陆法系" 和 "民法法系" 的美名。这些民法典中,最有名的当属法国民法典、德国民法典、瑞士民法典等。

立法技术称为"提取公因式"。① 在"提取公因式"之后,我们会清晰地看到,社会生活中形成的民法规范,一部分成为一般性规范或者相对抽象的法律规范,而另外的部分成为具体规范或者相对具体的规范。而这些一般规范之中,还有可能再作进一步的提炼,由此得到的规范群就形成了民法总则。比如,在民法上作为最一般的逻辑,也作为民法分析和学习研究的基本技术手段,即法律关系理论,它就是按照提取公因式的方法在民法典总则编中予以展现的。法律关系理论,在逻辑上包括主体、客体、权利义务、责任等法律规范和制度。在民法上,不论是哪一种具体的法律制度,比如所有权、合同、婚姻家庭等,都存在着主体、权利义务和责任的制度建设问题。因此,按照提取公因式的方法,立法者把这些制度中反映主体、权利义务和责任的共同性规则提取出来,然后按照从主体、权利义务到法律责任的逻辑,将它们编制为民法总则。

在民法总则出现后,其他稍微具体一些的法律规范,也按照其概念的差异性和相同性的逻辑,被整合为民法分则。这样,民法典中的法律规范,全部被纳入总则与分则这两个大的规范和制度群之中。当然,在使用提取公因式的立法技术整理民法规范和制度的过程中,其产物不仅仅只有民法总则,还有民法中的共同规则、一般条款等。所谓共同规则,指的是对某一类法律规范都适用的规则。具体地说,写在我国民法典分则各编的第一章的"一般规定",就是适用于该编的共同规则。所谓一般条款,指的是对某一类型的民事活动或者民事行为都具有约束力的条款,比如民法总则第一百四十三条关于民事法律行为的有效条件的规定,就是对于各种民事法律行为都有约束力的一般条款,它对物权编中的处分行为、对合同编中的债权行为、对婚姻家庭编中的婚姻行为和收养行为、对继承编中的遗嘱行为等,都有约束力。

总则与分则相区分的立法模式,不仅给民法典的编纂提供了科学的可能的道路,而且也为民法的学习研究和贯彻实施提供了最佳的道路或者方法。首先,从立法角度看,如果没有总则编,可以说立法将遇到无法克服的困难。比如,我们知道对于任何民事活动的法律调整都离不开对于主体规则的运用,如果不采取提取公因式的方法,就需要在规范每一个民事活

---

① See Hans Koehle, Einfuehrung zum BGB, Beck – Texteimdtv > 2004, XV. 汉语译本见[德] H. 库勒尔:《〈德国国民法典〉的过去与现在》,孙宪忠译,载孙宪忠编译:《德语民法学精读译文集》,北京大学出版社 2019 年版,第 10 页以下。

动的法律条文中都写明对于民事主体的要求,仅此一项,就要在民法中增加数千个法律条文,而且全部是重复的规定。再如,关于民事法律行为的规定,如上所述,很多民事活动都是由当事人的民事法律行为来推动的,如果不采取提取公因式的方法将民事法律行为的一般规则写入民法总则之中,那么民法典就又要增加数千个法律条文。以此类推,我们就知道如果不采取科学主义的立法模式,不但民法甚至可以说任何法律都制定不出来。其次,从法律学习研究和贯彻实施的角度看,总则与分则相区分,其实完全符合我们学习和运用知识的习惯,即都是先掌握一般规则,然后才掌握具体规则的常识。比如,法官或者律师在分析一个民事案件时,都会先分析案件中的民事主体的法律资格问题,然后才会分析这个案件的其他具体情况。因此,总体而言,总则与分则相区分的立法体例,对立法、司法和学法而言,不但不会增加困难,反而提供了方便快捷的方法。

除此之外,相比在它之前产生的法学阶梯的立法模式,① 潘德克顿学派的理论体系更加完善透彻,而且最重要的是,它在司法实践中大大提升了法律实施的效果,尤其是能够极大地提升法律工作者的分析能力,能够更加清晰明确地指导法官迅速作出准确的裁判。因此,它的理论和制度在当代世界备受推崇,比如法律关系的分析方法、支配权和请求权的分析方法,也基本上为英美法系和法国法系所承受。正因如此,它才被后续立法者普遍接受。

我国在清末变法时引入了潘德克顿体系。修法大臣伍廷芳就采纳德国民法的立法模式,所提出的根据是"后发者为优",② 就是指潘德克顿体系后发于法学阶梯模式而言。事实上,当时清朝政府因为甲午战争失败,变法图强的心愿强烈,于是向很多国家派出考察团,在经过一番分析比较之后,才得出了潘德克顿学派超越英美法系和法国法系,更容易为我国继受的结论。③ 改革开放之前,我国引入苏联法学,而苏联的民法不论是

---

① 关于法学阶梯,参见〔古罗马〕查士丁尼:《法学总论——法学阶梯》,张企泰译,商务印书馆1989年版,"出版说明"。
② 参见杨鸿烈:《中国法律发达史》,香港商务印书馆1930年版,第904页。
③ 清末变法时,中国当时的修订法律大臣在奏疏中说:"原本后出最精确之法理,学术之精进由于学说者半,由于经验者半,推之法律,亦何莫不然?以故各国法律愈后出者最为世人瞩目,意取规随,自殊剽袭,良以为学问乃世界所公,殊非一国所独也。"参见杨鸿烈:《中国法律发达史》,香港商务印书馆1930年版,第904页;谢振民编著:《中华民国立法史》(下册),中国政法大学出版社2000年版,第745页。

1923年的苏俄民法典还是1936年的《苏联民法立法纲要》,其概念体系以及立法编章结构仍然来源于潘德克顿体系。我国改革开放之初于1986年制定民法通则,其基本概念和知识结构同样来源于潘德克顿体系。本次民法典编纂在立法技术上也是一样的。

二、民法典总则编对分则各编具有的统辖效力

我国民法典共分为七编,各编中总则编处于龙头地位。民法典总则编,既具有潘德克顿体系的特征,也是整个民法典的核心。说它具有潘德克顿法学体系的特征,是因为在其他的立法模式中都没有民法总则。比如,我国法学界比较熟悉的同为大陆法系的法国民法典,就没有这种类型的民法总则。法国民法典的编纂采纳的是法学阶梯的模式,它的第一章虽然也被翻译为"总则",但其内容是关于民法的效力范围、法官如何适用民法等方面的规定,这些内容属于民事立法施行法的范畴,大体上类似于潘德克顿体系中民法的附则部分。而潘德克顿体系下的总则,规定的一般是民法的基本原则、主体制度、法律行为制度等对于民法典的分则各编具有实体性作用的一般制度或者基本制度。这些内容属于民事立法的实在法的范畴。我国民法典因为规定了这样的总则,所以它的立法体例仍然属于潘德克顿体系。

民法典总则编是整个民法典的核心,其原因有三个:一是总则编集中体现了立法者编纂民法典的指导思想。民法总则开篇第一章第一条就阐明了它的立法根据和立法目的,接着规定民法各项基本原则。之后的各项基本制度,都体现了立法者不但承认和保护民事权利,而且要把各种主体的民事权利保护作为国家治理的基本目标的指导思想。这一点,不但对于整个民法典具有指导和统辖的作用,而且对于民法典之外的其他立法、对于民事执法和司法也都具有指导和统辖作用。二是总则编集中规定了民法的基本原则和一般规则。这些基本原则和一般规则,是从具体的现实生活规则中归纳和提取出来的,所以它们并不背离现实,但是它们在民法总则中得以展现,还是贯彻了立法者规范社会、推进社会进步的基本思想。比如,我国民法总则规定的平等原则、诚信原则、合法原则、绿色原则等,以及第一百四十三条关于民事法律行为的有效条件的一般规定等,都体现了这样的立法精神(对此下文还有进一步的讨论)。三是总则编最集中地体现了民法的科学原理。上文提及,民法的科学原理,是对人类社会依据

民法从事国家治理的数千年的经验和教训的总结，尤其是在理性法学时代，民法原理经过法学家们的研究整理，已经形成了概念严谨、逻辑分明、体系包容而且完善的知识系统。像法律关系理论、财产权利理论、人身权利理论、法律责任理论等，从主体到权利义务，从权利义务的变动到法律责任，从具体的理论到整体的理论，大体上都已经发展完备。这些理论不仅可以为立法、执法、司法提供强有力的支持，而且也对民法学研究提供了基本的规范和指引。这些民法的基本原理，在民法典总则编中的体现是最完整的。因为民法典分则各编可能主要围绕着某一种权利、某一种民事活动展开，而总则编却要反映全部民事权利、全部民事活动的要求。不论是法律关系的逻辑，还是绝对权和相对权的区分、支配权和请求权的区分、物权和债权的区分、法律行为理论、违约责任和侵权责任的区分等理论，只有通过对民法典总则编的解读，才可以得出确切的结论。

民法典总则编在整个法典之中居于统率地位与核心地位，因此，它理所当然地对民法典分则各编的具体规范和制度具有统辖的效力，民法典分则各编对于总则编处于遵从的地位。所谓统辖，就是民法典总则编的规定对于分则各编的规定具有统辖或者统率的效力，分则各编的规定必须遵从总则编的规定。如果在法律上确有具体规则不能适用总则编的规定，民法典就要用"但书"排除的方式作出明确的规定。如果民法典没有作出排除性规定，那么分则不得违背总则。关于总则与分则之间统辖与遵从的法理和逻辑，是我们学习和研究民法典、贯彻实施民法典的基本遵循。掌握法理和逻辑是至关重要的。我国民法典共七编、上百个章节、一千二百多条，可是各编、各章节、各条文的地位都是不一样的。掌握了这个法理和逻辑，就找到了解读民法典这个庞大体系的金钥匙。

从民法典编纂过程中出现的各种观点以及社会热议或者争议的问题来看，恰恰就是总则与分则之间的法理和逻辑这样的要点，却没有得到我国社会、法学界包括民法学界，也包括部分立法工作者的准确理解。一般而言，总则与分则的区分，也就意味着总则与分则的分工和配合，这两个部分的法律规范和制度承担的使命不一样，但是它们是互相配合发挥作用的。因此，凡是在总则编中已经作出清晰规定的，分则编就不再规定，比如主体制度、民事法律行为制度、民事责任的一般规定等。而且，凡是总括性的规则，也都应该尽量写入民法总则之中，而不必在分则各编重复规定。这一方面的逻辑在我国社会应无争议。

但是，关于民法总则和分则之间具有统辖与遵从的逻辑关系和法理，却没有被我国社会包括法律界彻底掌握和准确运用。恰恰这一点，才是总则与分则相区分的编纂体例的知识要点。对此，不仅仅在立法上，而且在法律生效后的学习研究与贯彻实施过程中，尤其需要引起重视。在本次民法典编纂过程中，在民法总则已经编纂完成的情况下，就民法典分则各编的一些重大制度设计发生了很多争议。这些争议中的一些观点，确实既不符合民法总则的规定，也不符合民法的基本原理，但是这些观点却得到了大张旗鼓的宣扬，而且产生了很大的社会影响。在民法典生效之后，这些观点的影响还会长期存在。本文对这些观点择一二要者，加以分析讨论。

比如，在本次民法典合同编的编纂过程中，一些学者对法典草案的猛烈批评之一，就是该编草案删去了合同法第五十一条，这样就许可了出卖人没有取得所有权时可以订立买卖合同。这些学者批评说，没有所有权就能出卖标的物，这个规则很不合理。① 还有一些学者提出了与此相类似的批评。这些观点在社会上造成很大影响，至今还有人依此对立法提出强烈批评。这些批评虽然激烈，但其论点和论据都是无法成立的。我们要思考的是，在民事活动中，如果出卖人没有所有权，就不能订立合同吗？一般人所说的买卖，在正常的市场交易中包括订立合同和履行合同两个阶段。出卖人在订立合同的时候没有所有权是正常的，只要在履行合同的时候他能够拿到所有权并把所有权移转给买受人就可以了。对于这种常规交易，从订立合同和履行合同的区分的角度我们是很容易理解的。标的物不存在或者出卖人没有所有权不妨碍合同的成立，因为订立合同只是在当事人之间产生债权法律关系，而不发生所有权的移转。因此，草案的现有规定是符合民法原理的。

再如，在民法典人格权编的编纂过程中，有课题组曾经提出过以人格权的转让作为立法基本理由的观点，② 甚至提出把自然人的遗体、人体器官、胚胎、基因等的转让也纳入人格权转让的立法范畴的建议。这样，似乎自然人的遗体、人体器官、胚胎、基因等都具有了人格，它们之上也存在着人格权。但是，这一观点明显违背了民法总则关于人格以及人格权的规定，也违背了相关的民法原理。民法总则第十三条已经明确规定，自然

---

① 参见梁慧星：《关于民法典分则编纂中的重大分歧》，载 http://iolaw.cssn.cn/bwsf/201912/t20191223_5063778.shtml，2020 年 5 月 1 日最后访问。

② 参见王利明：《人格权的属性：从消极防御到积极利用》，载《中外法学》2018 年第 4 期。

人出生以后、死亡之前才享有法律人格，这就是说，只有活着的自然人才有人格，这既是民法总则的规定，也是民法原理。人体器官、基因等怎么能享有法律人格？既然这些都不享有人格，哪里来的人格权？人格权设置在人格之上，没有人格的东西就是物，当然不能享有人格权。拿这些民法上的特殊的物，来支持人格权转让的制度设想，其实是站不住脚的。另外，民法的发展历史告诉我们，人格权是专为保障自然人的法律人格而发展起来的，这就是众所周知的人格权专有原则。在人格权专有的情况下，人格权怎么能转让？因此，这些观点既违背了民法原理，也违背了民法总则的规定。

在民法典分则各编的编纂过程中，诸如此类违背民法总则规定的观点很多，上述列举的只是其中一些影响非常大的观点，值得我们思考和探讨。可以看出，这些观点的关键问题就是明显地违背了民法总则的规定，而且对相关的民法原理掌握得不牢靠。这些观点曾经对立法造成了困扰，对于民法典的学习研究和贯彻实施也很不利。因此，在未来的学习和研究过程中，我们需要继续从民法总则的规定和民法学原理的角度对这些问题予以澄清。

另外，以往的实践表明，我国还有一些学者和司法专业人员在学习研究民法的过程中，在应用民法来解决现实问题的时候，仅仅只研读物权法、合同法等即将成为民法典分则的具体规定，而忽视了民法总则的规定。还有一些司法工作者经常抱怨立法不详备、无法可依。实际上，在民法典分则规定不详细的时候，民法总则所提供的法律资源是非常丰富的，是可以满足法律适用的需要的。民法总则规定的民法基本原则，具有指导整个民法典立法的作用、对民法具体条文和具体制度加以解释的作用以及在具体条文规定不详备的情况下直接适用的作用。[①] 在比较法上，直接适用民法基本原则来裁判处理民事案件、规范民事活动的例子是非常多见的。[②]

通过这些讨论我们可以看出，在我国，不论是理论界还是实务界，都有忽视民法典总则编对于分则各编的统辖作用的认识缺陷。我们应当强调，民法典总则编规定的法律规范，是民法上最一般的法律规则，它最能

[①] 参见梁慧星：《民法总论》，法律出版社2017年版，第46页。
[②] 参见李敏：《民法法源适用规范研究——瑞士范式与中国问题》，中国社会科学院研究生院2014年博士学位论文。

够体现立法的指导思想,从而形成了民法上的基本原则和基本制度,它们具有最强大的法律适用能力。不论是从立法思想的角度还是从立法技术上看,民法典分则各编都是受到总则编统辖的,分则编必须遵从总则编的规定。鉴于这一问题具有鲜明的理论和实践意义,以下本文将围绕民法典总则编和分则各编之间的逻辑关系,进一步阐明总则与分则之间的统辖遵从关系。

三、民法典总则编中基本原则和一般规则的统辖效力

在民法典的学习研究和贯彻实施过程中,我们必须按照总则编与分则各编之间的逻辑关系,明确前者对于后者的统辖效力、后者对于前者的遵从地位。民法典总则编集中地体现了立法者的指导思想,规定了民法的基本原则,体现了民法科学的基本法理。而民法典分则部分,是在相对比较具体的制度中落实立法的指导思想、贯彻民法的基本原则和科学法理。民法典总则编对于分则各编的统辖作用,首先体现在它所规定的民法基本原则和一般规则方面。

在早期的潘德克顿法学中,民法以及民法总则中并无关于基本原则的规定。比如,德国民法典第1条规定的是民法上自然人的权利能力。但是后来的民法典普遍地规定基本原则,[①] 原因就在于总则中的基本原则最能够体现立法者编纂民法典的指导思想,体现依法治国原则下规范民事活动的基本目标和立法者关于民事问题的基本看法。因此,我国民法总则规定基本原则不仅是重要的,而且是必要的。民法总则第一章"基本规定"规定的民法基本原则有七项(第三条至第九条),分别为合法原则、平等原则、自愿原则、公平原则、诚信原则、公序良俗原则、绿色原则。相较而言,绿色原则之外的其他原则在我国民法上已经有非常多的探讨,这些原则对于民法立法和司法的价值非常大,这一点毋庸赘述。因为法学界对于民法基本原则的探讨一直具有很高的热情,这一方面的著述可以说是汗牛充栋,本文对这些原则的内容、含义、立法价值不再赘述。但是,无论如何,我们应该明确,民法总则规定的这些基本原则对于民法典分则各编的统辖作用十分强大。可以说,全部的民事活动都要服从民法基本原则的要求。尤其值得注意的是民法总则关于绿色原则的规定,这无疑是中国民法

---

① 如瑞士民法典第3条、日本民法第1条等。

典的重大创新点之一,它贯彻了中国在追求经济发展的同时特别强调绿色发展和生态保护的基本理念。①

在民法总则第一章中,还有一些关于法律适用的一般规则的规定,其理论价值和实践价值都非常显著。除平等原则、诚信原则、合法原则这些众所周知的原则也可以作为民法一般规定适用于案件分析和裁判之外,本次民法典立法还规定了"可以适用习惯"和"公序良俗"这两个理论和实践价值非常显著的一般规则(第十条)。适用习惯,可以说在其他国家民法中已经有所规定,尤其是瑞士民法典第 1 条创新性地规定习惯可以作为法律的渊源。② 如上所述,民法要调整的社会关系本来就十分复杂,再加上我国地域辽阔、民族众多,民法典加上民法的特别法,即使它们规定得再详细,也不可能将全部社会规则都清清楚楚地写下来。此外,公序良俗原则的意义也非常显著,它为法院、仲裁机构提供了具有补充性质的强大的法律资源,对于弥补可能的法律漏洞有着十分重要的作用。③

民法基本原则对于民法的整体具有统辖意义,它们也可以说是民法上最一般的法律规范,也就是必须首先予以遵从的法律规范。它们不仅仅对于民法典分则各编具有统辖意义,而且对于民法典总则编的一些制度也具有统辖意义。总之,民法上任何权利的享有、行使,都必须符合这些基本原则。比如,在财产权利方面,虽然当事人之间对于如何订立合同和履行合同可以按照自己的意愿作出决定,但是不能违背法律的强制性规定,不能违背公序良俗。在人身权利方面,不论是婚姻的缔结还是解除,当事人当然享有自主权利,但是同样,其自主权利的行使不能违法,不能违背公序良俗。

---

① 2015 年中共十八届五中全会提出中国发展的五大理念,即创新、协调、绿色、开放、共享。2018 年中国宪法修改,宪法序言第七自然段加入"贯彻新发展理念",将社会文明、生态文明写入宪法。

② 瑞士民法典第 1 条关于法源的规定,参见参见李敏:《民法法源适用规范研究——瑞士范式与中国问题》,中国社会科学院研究生院 2014 年博士学位论文。

③ 关于公序良俗原则,参见[德] K. 茨威格特、H. 克茨:《合同法中的自由与强制》,孙宪忠译,载梁慧星主编:《民商法论丛》(第 9 卷),法律出版社 1998 年版;于飞:《公序良俗原则与诚实信用原则的区分》,载《中国社会科学》2015 年第 11 期。

四、总则编自然人人格规则对于人格权编婚姻家庭编的统辖作用

民法典总则编规定自然人人格,从立法体系上看,就是要建立自然人作为民事主体的制度。我们知道,任何法律制度的建构都是要解决社会现实问题的,这是我们认识民法和其他法律制度的基点。现代民法自然人主体制度构建的问题意识,包括两个大的方面:第一个方面,要消除自然人享有人格的法律障碍,保障一切自然人都能够依法享有平等人格。这个问题意识的切入点在于,在民法形成初期,人类还处于奴隶制社会。在奴隶制时代,奴隶虽然是自然人,但不是法律上的人,他们没有法律人格,不可以享有权利和承担义务。他们的一切包括其生命都是奴隶主的财产。为了区别于奴隶,罗马法早期就借用了戏曲舞台上使用的面具(persona)这个词,来表示具有法律人格的自由民。① 因此"法律人"和自然人在法律上是两个不同的概念。但是,即使在享有法律人格的自然人也就是自由民之中,古代法又规定了等级身份制,有些人是贵族,有些人是平民;有些人是合法的上等人,有些人是法律规定的下等人。贵族与平民之间、上等人和下等人之间的法律人格也是不平等的,还有一些下等人对上等人存在着人身依附关系,如中国的"奴"和欧洲的农奴制度等。② 在奴隶制和等级身份制下,自然人之间存在着赤裸裸的合法的不平等。近现代人文主义革命否定了奴隶制和等级身份制,确立了每一个自然人都享有平等人格、每一个自然人的人格都享有至高无上的尊严、每一个自然人的法律人格都受到法律绝对保护的现代文明思想,并且将这些思想陆续写入了世界各国的宪法,因此,世界主要国家的宪法上都陆续出现了人格尊严原则。将这个原则写在宪法之中,是因为人们普遍认识到,古代社会的人格制度的不公正,主要的原因还是个国家政治问题,而不仅仅是民法问题,所以人格问题的解决,必须借助于宪法的最高法律效力来制约国家权力,消除社会对于自然人的歧视。和宪法的精神相一致,近现代民法遵从人文主义思想,规定了权利能力制度,让每一个自然人都能够自出生时起享有平等人格。

现代民法自然人主体制度构建要解决的第二个大问题是,自然人因为

---

① Creifelds, Rechtswoerterbuch, 12. Auflage, C. H. Beck, 1994, S. 883.
② 参见[德]汉斯·哈腾豪尔:《民法上的人》,孙宪忠译,载孙宪忠编译:《德语民法学精读译文集》,北京大学出版社2019年版,第98页以下。

自身智力发育原因不能妥当处分自己的利益而可能造成自身损害方面的问题。自然人在未成年阶段，会普遍地出现这一方面的问题，某些自然人即使成年之后，也会出现这一方面的问题。为解决这个问题，民法从"保护主义"原则出发，建立行为能力制度、监护制度等，① 对行为能力受限者的处分行为予以限制，使这些不当处分的效力待定或者无效。这样，即使未成年人等行为能力受限者作出了对自己利益的不当处分，这些处分也不会得到法律的承认和保护，他们可以将自己的财物追回。比如，一个儿童将家中一件古老器物当作废品出卖，该物品可以根据未成年人行为能力受限制的规则而追回。

民法典总则编关于人格的规定，对于民法典的分则各编尤其是人格权编、婚姻家庭编具有强烈的统辖效果，是我们学习研究和贯彻实施这些分则编的立法基础。总体而言，对于人格权以及人身权利的认识，我们必须认真研究领会民法总则第一百零九条等关于人身权利的立法指导思想，领会生命、健康、隐私等作为法律权利，其权利根据并不是民法，而是宪法保护的人格尊严、人身自由的精神。我们都知道，生命、健康和隐私等权利，并不是根据民法取得的，也不是根据民法享有的；生命、健康、隐私与自然人的人格完全无法分离，所以只能是自然人专有的权利，不能根据民法来转让或者继承。如前所述，就人格权编的规定而言，因为在立法过程中有课题组提出了人格权转让的观点并且依据人格权转让的观点提出了一些条文设想，后来还把这些条文设想写入了教育部的统编教材，② 所以会使人误以为人格权编的立法指导思想就是规范人格权的转让。但是从上文的分析我们知道，现代民法中的人格建立在生命伦理的基础之上，建立在宪法规定的人身自由和人格尊严的基础之上，基于人格尊严、人身自由至高无上的人文主义思想，人格和人格权当然不可以分离，人格权当然不能脱离其主体。此外，人格权以人格作为对象，是专门为保障人格而发展起来的，与人格不可分离，这样的权利怎么能够转让？在人格权这个概念提出后，人们发现，人格和人格权是完全无法分开的，比如司法实践中常见的个人隐私受到侵犯，究竟是侵犯了他的人格还是侵犯了他的人格权？

---

① 参见［德］K. 茨威格特、H. 克茨：《行为能力比较研究》，孙宪忠译，载孙宪忠编译：《德语民法学精读译文集》，北京大学出版社2019年版，第127页以下。

② 参见《民法学》编写组编：《民法学》（马克思主义理论研究和建设工程重点教材），高等教育出版社2019年版，第128页以下。

因此，那些以各种理由要把人格和人格权相区分的观点，都是无法成立的。

在学习研究和贯彻实施民法时，我们必须注意到这些基础性问题。另外，在民法典人格权编中还出现了涉及自然人的遗体、移植的器官、胚胎甚至基因等方面的条款。在传统民法中，自然人的遗体、移植的器官、胚胎甚至基因等都是作为民法上"特殊的物"来加以规定的。① 但是一些学者把它们与人格混同使用，似乎这些物品也是有人格的；然后将这些物品的转移也作为人格权转让的例子。这样的理解实在是讲不通的。我们在学习和研究人格权编中的这些条款时，首先应该遵从民法总则关于人格的基本规定，那就是自然人的人格"从出生时起到死亡时止"（第十三条），有生命的自然人才有人格，这就是法律人的"现世人"的规则。② 如果在民法的学习研究中连这些基本的逻辑、基本的民法原理都不遵从，那么不但会造成理论上的很多混乱，也会累及法律的贯彻实施。

民法典总则编关于人格的规定对婚姻家庭编的统辖效果，主要体现在行为能力和监护制度对婚姻家庭关系中人身权变动的各个方面都具有制约的效力。不论是夫妻之间的权利义务还是父母子女以及兄弟姐妹之间的权利与义务，无论它们发生什么变化，都首先要遵从民法总则关于行为能力、监护等规则的规定。如果不能遵从民法总则的这些规定，相关行为就不能得到法律的承认和保护。

五、民法典总则编法人规则的体系价值

自民法通则规定法人制度以来，我国法学界关于法人的研究成果汗牛充栋，对此本文不再赘述。不过，就民法总则关于组织体的民事主体制度的独特规定，还是值得作阐述的，因为这些规定作为一般规则，对法典之内甚至法典之外的商事法具有统辖性的法律效力。民法总则关于组织体的规则，其特点首先就是把法人划分为营利法人和非营利法人两大类（第三章第二节和第三节），然后创新地设置了特别法人制度（第三章第四节），还规定了非法人组织（第四章）。这些组织体制度体现了立法者自己的思考。可以说，把法人划分为营利法人和非营利法人，从行为规范和裁判规

---

① 参见孙宪忠：《德国当代物权法》，法律出版社1997年版，第5页。
② 参见[德]汉斯·哈腾豪尔：《民法上的人》，孙宪忠译，载孙宪忠编译：《德语民法学精读译文集》，北京大学出版社2019年版，第98页以下。

范的角度抓住了法人分类的本质,这一点比其他民法典追求法人分类上的学术清晰,显得更有实践价值。民法总则规定的特别法人,确定了机关法人、农村集体经济组织法人、城镇农村的合作经济组织法人、基层群众性自治组织法人为民事主体(第九十六条),其理论价值和实践价值都非常高。改革开放以来,这些组织体不但要参与民事活动,而且还有一些已经取得了具有重大价值的资产(比如很多城镇郊区的农村集体经济组织),还有一些被政策和法律赋予特殊职能,要在未来改革中发挥更大的作用(比如农村新型合作社)。承认这些法人类型,对于它们的治理结构的完善是非常必要的。另外,民法总则关于"非法人组织"的规定,意义也十分重大。此前立法在这些组织体的民事主体资格方面的规定要么语焉不详,要么没有规定。本次民法典编纂终于弥补了这个缺陷,民法典中的民事主体体系已经臻于完善。

六、民法典总则编中民事权利一章的体系价值

民法总则第五章规定了民事权利。从比较法的角度看,对我国民法理论和编纂体例有着很大影响的民法或者民法典,比如德国民法典、日本民法、瑞士民法典等,其总则编并没有关于民事权利的一般规定。在我国民法典的编纂过程中,也曾有学者提出建议,主张不在民法总则中规定民事权利一章。但是我们认为,民法典总则编中不仅仅要规定民事权利一章,而且要把它作为重点来规定,[①] 因为这不仅仅是民法通则所确定的中国立法传统,而且其理论和实践意义都非常显著。

首先,民事权利一章在总则编中的规定明确地建立了该章在整个民法典中的核心地位,而且进一步说,它也确立了该章以及整个民法典在我国全部民商法的大体系中的核心地位。从其内容看,不仅仅民法典分则中的民事权利在该章得到了规定,而且民法典分则没有规定的商事权利、知识产权、社会性民事权利(民法总则第一百二十八条),都在这一章中得到了规定。通过这样的规定,整个大民事法律体系中的权利规则形成了统一和谐的整体。而且,这种立法体例,使得民法典总则编不但统领了民法典分则各编,而且也成为庞大的广义上的民商法体系的统率,对整个民事法律体系都可以发挥统辖作用。可以说,正是通过这样的规定,我国民事法

---

① 参见孙宪忠:《关于〈民法总则草案〉"民事权利"一章的修改建议》,载孙宪忠:《我动议——孙宪忠民法典和民法总则议案、建议文集》,北京大学出版社2018年版,第237页以下。

律的体系性科学逻辑才得到了充分的体现,民法典立法的指导思想,就可以通过此中的科学逻辑辐射到商法、知识产权法、社会立法等领域之中。因此,从民法典体系性科学逻辑的角度看,民事权利一章不仅是必不可少的,而且是最能体现法典体系性逻辑的核心支点。

其次,民法总则中民事权利一章的规定,为广义上的民事权利的法律发展提供了法律根据。从改革开放的需要来看、从市场经济体制和人民权利的需要来看,广义上的民事权利制度,包括民法典中规定的民事权利,也包括商事权利、知识产权和社会性权利等,在未来肯定还会有很大的发展,而民法典总则编关于民事权利的一般规定,将为这些发展提供制度支持和保障,也将为它们的发展提供引导和规范。

再次,民法总则民事权利一章,为在广义的民商事案件的分析和裁判中适用民法典提供了法律根据。可以看到,本章的规定并不仅仅只是引导社会大众的行为规范,也包括了很多裁判规范,这些规范对于指引执法者、裁判者将发挥基础性作用。这一点可以说是民法典总则编最为显著的体系性科学逻辑的作用。在此,我们不妨指出民法总则民事权利一章可以给未来的民事立法、执法和司法提供制度支持的若干要点:

(1)民法总则关于人身自由、人格尊严保护的规定(第一百零九条)作为民事权利一章的第一条,集中体现了现代民法保护人民权利的文明精神。人身自由和人格尊严,起源于人文主义的自然权利思想,获得现代宪法的普遍承认,作为民法上的"一般人格权"制度,[1]将在普通民众的民事权利保护上发挥强烈的引领作用。这个条文无疑是本次民法典编纂最大的亮点之一。相较而言,其他国家的民法典还没有这样的规定。

(2)民法总则关于个人信息(第一百一十一条)、数据资产(第一百二十七条)等的规定,吸收了互联网时代民法规则的新发展,具有鲜明的时代价值。更为重要的是,这些规则为未来设计这些领域的民事权利立法和司法提供了依据。

(3)民法总则关于财产权利的规定(第一百一十三条至第一百二十七条),既包括对各种财产权利(物权、债权、股权等商事权利、知识产权、数据资产等)的细节表述,也包括对财产权利的保护、行使、征收等一般规则的规定,这就为庞大的财产权利群建立起了一种有内在逻辑联系和统

---

[1] 参见尹田:《论一般人格权》,载《法律科学》2002年第4期;姚辉、周云涛:《关于民事权利的宪法学思维——以一般人格权为对象的观察》,载《浙江社会科学》2007年第1期。

合性的规则，让人民能够比较清晰地看到各种财产权利的区分界限，为市场交易以及相关的司法裁判提供了可予遵循的规则，同时也为国家的财产立法、执法和司法提供了比较明确的基本规则。

（4）民法总则第一百二十八条为民法典和社会立法建立了法律科学原理上的连接点，为社会性法律的制定和司法提供了强大的民法基础，其重要价值怎么强调都不为过。设置这个条文在立法过程中曾经有些争议，一些学者认为这些权利属于社会性立法中的权利，而非民事权利，因此规定在民法总则中并不妥当。但是我们认为，这些权利在涉及群体人利益保护时具有社会性权利的特点，但是在涉及个体利益保护时也有民事权利的特点。因此，在特定的民事权利主体的这些权利受到侵害时，应该适用民法来予以保护。

以妇女权利受侵害为例。对这些案件的处理，当然可以依据涉及女性权利保护的法律。但是，对于该受到侵害的特定女性而言，这些损害女性权利的行为，也损害了她的个人的合法权益。因此，在适用保护女性的法律来保护该女性的个人权利时，也可以适用民法典侵权责任编的规则。举个简单的例子，一些偏远地区还有重男轻女甚至欺压妇女的恶习，从宪法或者妇女儿童权益保护法的角度看，这是数千年男尊女卑的余毒，但是从民法的角度看，这也是对具体的女性的个人权利的侵害，所以适用民法典侵权责任编对其权利予以救济，是完全没有问题的。因此，民法总则第一百二十八条的立法意义和司法意义非常大，此前的民法总则解读常常忽略了这一点，对此应该引起注意。

一些法学著述将民法总则第一百二十八条解释为保护弱势群体的规定，这个解释缩小了这个条文的立法本意。我们应该从民法总则确立的权利体系这个角度来理解该条文的价值，这就是关于一般法和特别法之间的法律适用逻辑：有特别法的，应优先适用特别法；特别法没有规定时，则适用一般法。通过这个条文，我们应该看到适用民法、适用民法总则的体系逻辑。也就是说，虽然行为人侵犯的可能是宪法、行政法等法律规定的权利，但只要被侵害的权利可以被肯定为是特定主体的权利，司法就可以认定构成了对特定主体的法律利益的损害，就可以适用民法总则第一百二十八条的规定。根据这个条文，民法典总则编的多数条文都可以适用于特别民事权利的法律分析和裁判之中，所以其价值非常显著。

（5）民事权利一章对于民事法律关系变动根据的总括性规定（第一百

二十九条),弥补了法律制度上的一个重大空白。该条文规定,民事法律关系变动的根据有民事法律行为、事实行为、法律规定的事件或者法律规定的其他方式。在立法上明确法律根据的意义是非常显著的,但在此之前,不仅中国民法尚无系统规定,而且相关立法例也无明确规则,只有民法学者作出的理论总结。①民法总则的这一规定具有立法创新的重要价值。

(6)民事权利一章关于权利行使的规则的规定(第一百三十条至第一百三十二条)不仅仅对民法典中民事权利的行使,而且对广义上的民事权利的行使,都具有统率的规范效力,因此这几个条文的意义都十分重大。享有民事权利者,当然可以依据自己的意愿来行使权利,但是行使权利必须依据合法的方式。因此,这几个条文对于执法和司法的价值是很显著的。

从法学理论上看,第一百三十条规定的民事主体行使权利依据自己的意愿这一点,学理价值尤其显著。长期以来,我国民法学界把权利行使作为事实行为,尤其是把合同履行中当事人所为的动产交付、不动产登记都理解为事实行为,②看不到权利人行使权利中的内心意愿,不能按照权利人的意愿来理解和处理权利客体的转移。依据该条文,可以说这些错误观点得到了有力的纠正。

最后,民法总则关于民事权利的规定,为澄清民法学理论混乱、保障我国民法学知识体系的科学化奠定了基础。在民法典编纂过程中,我国民法学界出现了我国民法中没有债法总则因此也就没有债权立法体系、采纳人格权编和侵权责任编表明我国民法典立法脱离了潘德克顿法学体系等观点,这些观点对于民法学习和研究造成了相当大的负面影响,进而又对物权和债权相区分的民法分析和裁判方法造成了消极影响。但是,这些具体立法方案,从民法总则的规定来看都是有根据的。比如,民法总则民事权利一章,整体上就是按照人身权利和财产权利的区分编纂起来的,其他的一些财产权利,也都按照关联性原则,附从性地规定在人身权利或者财产权利之中。其中值得指出的是,人格权的一般规则,规定在民法总则民事权利一章中的第一百零九条、第一百一十条。关于自然人的个人信息保护问题,从立法关联性原则出发,规定在第一百一十一条。至于债权体系的

---

① 参见孙宪忠:《我动议——孙宪忠民法典和民法总则议案、建议文集》,北京大学出版社2018年版,第237页以下。

② 参见董安生:《民事法律行为》,中国人民大学出版社2002年版,第129页以下;崔建远:《从解释论看物权行为与中国民法》,载《比较法研究》2004年第2期。

基础，则规定在第一百一十八条至第一百二十二条，其中第一百二十条就是关于侵权之债的规定。从民法总则关于民事权利的全部规定看，我国民法仍然坚持了人身权利和财产权利的区分、物权和债权的区分这些基本逻辑，因此，对我国民法学长期以来的知识体系并无扰乱，民法理论对于立法和司法的支持以及引导作用并无脱节之忧。

七、民法典总则编民事法律行为一章对分则的统辖作用

民法总则第六章规定的民事法律行为制度[①]是民法总则、民法典甚至是广义上的民商法大体系的核心制度之一，其法理和实践意义非常强。民法总则关于民事法律行为的规则对于民法典分则各编甚至广义民商法的统辖作用，必须从民法体系化科学逻辑的角度予以充分揭示，才能彰显其制度意义。

从民法典编纂过程中出现的各种争论来看，我国社会尤其是法学界，有必要进一步更新或者提升对于民事法律行为的法理和制度含义的认识。因为，自从民法通则采用苏联法学关于民事法律行为的概念及其定义之后，该法关于法律行为的制度含义已经与经典民法确立的法律行为的定义大相径庭。经典民法中的法律行为概念及其制度产生于理性法学时代，它的含义是，民事权利的各种变动必须由民事主体自己的内心真实意愿来决定。这个表面上看似简单的定义，体现了一场极为重大的政治和法律革命。因为在法律行为理论和制度产生之前，民事权利变动的法律效力归根结底来源于神的意志或者君主的意志，其实就是来源于统治者的意志。在人文主义革命和启蒙思想时代，法律上产生了意思自治原则，其含义就是要把各种权利变动的自决权交还给权利人自己，而不是交给神或者君主。法律行为理论就是为了在民法中贯彻意思自治原则而产生的，该制度的问题意识是要废除把神或者君主的意志作为民事权利义务的法效渊源的政治体制和法律体制，建立让民事主体自己决定自己的权利义务的政治体制和法律体制。法律行为理论的提出并加入民法，其意义十分重大。在神权法和君权法的体制里，民法上的权利归根结底来源于国家的统治者，民事活动最终要听命于神或者君主，所以民事主体归根结底不能成为真正的"主

[①] 关于法律行为理论产生的背景资料，参见［德］汉斯·哈腾豪尔：《法律行为的概念——产生以及发展》，孙宪忠译，载孙宪忠编译：《德语民法学精读译文集》，北京大学出版社2019年版，第141页以下。

体"。法律行为理论从法律伦理的角度,把民事权利的渊源确定为民事主体自己的意思表示,归根结底确定为民事主体自己内心的真实意愿,这就从政治伦理和法律伦理的角度,解决了民事权利的根源问题,既确立了民事主体的法律地位,也从本源上废除了人与人之间不平等的等级身份制,为民事权利发生变动重新建立了正当性基础。但是,苏联法中建立的民事法律行为制度,恰恰删除了由权利人自主决定这个核心因素,它强调的是民事主体必须对制定的现行法律的服从。我国民法通则依据苏联法,规定民事法律行为只能是合法行为。① 这种民事法律行为制度强调的是,民事主体必须服从国家治理者确定的秩序,而不是民事主体自己的内心真实意愿。② 因此,这个理论的要点是排除了法律行为之中的意思自治因素,背离了经典民法中法律行为理论的政治和伦理基础。而且,在本次民法典总则编的编纂中,坚持苏联民法观念的观点和坚持经典民法理论的观点在这个要点上还发生过争论。③

从这些争论我们可以看出,民法总则第一百三十三条将民事主体的意思表示作为民事权利变动的核心要件加以规定,具有重大的理论和实践价值。相比民法通则的规定,民法总则第一百三十三条并不仅仅只是一个理论提法的不同,而是一个非常重要的更新。这个更新并不是一个法律条文复归经典民法基本知识体系这么简单,而是我国民事权利变动的整体制度复归意思自治原则的体现。如上所述,民事权利义务发生变动,归根结底要从政治和法律的基本伦理的角度来认识,所以这个规定既体现了民法核心的更新和改进,也体现了整个民法体系的更新和改进。这一点完全可以作为我国民法典促成的理论和制度的更新和进步的典型标志来看待。

当然,民法典总则编关于法律行为制度的规定,更为显著的价值是它作为行为规范和裁判规范的实践意义,尤其是对民法典分则各编确定的权利变动的法律根据所具有的统辖效力,需要在民法学习研究和贯彻实施之时予以充分重视。本文对此试析如下:

第一,民事法律行为制度作为民事权利变动的一般法律根据,对全部

---

① 参见民法通则第五十四条。
② 参见张文显主编:《法理学》,法律出版社1999年版,第101页。
③ 参见孙宪忠:《民法典总则编"法律行为"一章学者建议稿的编写说明》,载《法学研究》2015年第6期;本文作者作为全国人大代表所提的立法建议《民法典总则编"法律行为"一章的建议稿》之"本章立法理由"部分,载孙宪忠:《我动议——孙宪忠民法典和民法总则议案、建议文集》,北京大学出版社2018年版,第22页以下。

民法上的依据民事主体的意思表示发生的权利设立、转让、变更和消灭均有基础性规范意义，全部以民事主体的意思推动的民法（包括民法的特别法商事法、知识产权法等）上的权利变动，都应该从民事法律行为制度的法律规范中确立其法律根据，否则就不能获得法律的承认和保护。

受苏联法学影响，我国的法学理论和制度建设在贯彻意思自治原则方面确实存在不足，对此必须依靠民事法律行为的理论和制度来予以更正。比如，在物权法中，法学界、实践部门甚至一些立法机关的工作人员，都不能准确理解不动产物权变动和不动产登记之间的关系。他们非常简单地认为，不动产物权变动的效力来源就是不动产登记，而且仅仅只是不动产登记，认为只有进行过行政登记的物权变动，才能够获得法律的承认和保护。一些学者包括民法学者在内以及很多行政管理机关及法院，把行政机关进行的不动产登记行为理解为国家管理行为，或者理解为行政机关给当事人授权或者确权的行为。如果当事人在法律交易中没有履行登记程序，行政机关或法院就认为当事人没有权利。有时候，当事人购买的商品房，已经居住了很多年，法院还判决其不享有所有权。其实这些做法都是违背意思自治原则的，既不符合民事权利归属于民事主体的权利学说，也不符合法律行为理论中当事人依据其意思表示来设立、转让、变更和消灭民事权利的重要规定，所以也不符合物权变动的科学法理。法律交易中的不动产物权变动，本质上仍然是依据法律行为发生的，其法律效果必须依据民事法律行为理论来理解和处理。在设计和解读物权变动的制度时，我们都应该清楚地知道，权利是出让人转让给受让人的，而不是政府的登记部门授权给受让人的。物权的转让来源于出让人转让的意思表示，不动产登记仅仅只是当事人物权变动的意思表示的公示方式而已。不动产登记不是国家管理，更不是国家给当事人赋予权利或者确定权利。[①]

不仅仅在财产关系领域，在人身关系领域里，苏联法学关于民事法律行为的理论的影响也是很大的。比如，在结婚与离婚这个非常重要的制度建设上，法学理论和实务部门一直把婚姻的效力解释为婚姻登记的效果，

---

① 依据法律行为理论来更新我国法学理论和制度建设方面的这一弊端，一直是本文作者努力的方向。在这一方面，本文作者对支持这种仅仅依据不动产登记来确定交易中的物权变动的"债权形式主义"理论提出批评，以及为更正其错误而提出"区分原则"理论等。参见笔者著作《中国物权法总论》（法律出版社2018年版）中关于物权变动一章、关于物权行为理论一章的阐述。

不承认或者不能彻底承认婚姻法律行为。这种扭曲甚至压抑民事主体意思自治的立法和法学理论,可以说处处可见。

毋庸讳言,不论是学习研究和贯彻实施民法典,准确领会民事法律行为所体现的意思自治原则的重大价值和核心因素,还是准确应用该制度来更新我国法学及其相关制度,准确应用该理论和制度从事执法和司法,在我国都还是一项不容忽视的艰巨任务。

第二,民法总则建立的法律行为规则,核心是民事主体意思自治,包括权利自决和责任自负,这是相辅相成的两个方面,应该同时得到贯彻和遵从。

民法总则第一百三十三条规定的民事法律行为制度包括权利自决这一点,是非常清晰明确的,也是社会容易理解和掌握的。但是,这个制度所包括的责任自负这一点,尽管条文没有明确,也是其当然之意。根据民法总则第一百三十三条,当事人根据内心意愿为自己设置权利义务关系,这个权利义务关系生效后,他并不仅仅只是享有权利,还意味着他要承受因此而产生的法律义务。权利自决和责任自负是两个不可或缺而且是互相支持的法律后果。如果仅仅只是强调民事主体的权利自决,而忽视其责任自负这一方面,这不但违背了法律行为理论的本意,也会造成严重的诚信缺失的社会问题。

第三,从裁判规范的角度看,民法总则建立的法律行为制度,为人民法院以及各种裁判机构提供了强大的分析和裁判依据,需要法院和各种裁判机构予以充分尊重和适用。

多数民事案件涉及交易,而交易的本质就是民事法律行为,故交易的法律分析和裁判,必须依靠民事法律行为制度。民法典规定的法律行为制度可以说是比较完善的,它不但继受了传统民法确立的法律行为的制度体系,而且也结合我国实际进行了很多创造,因此为人民法院和其他裁判机构提供了强有力的依据和可以普遍适用的法律资源。从表面上看,法律行为制度中很多条文的规定都比较抽象,但是这些概念都是来源于生活现实的,而且恰恰就是这种抽象的规则,才更有辐射力,才更有普遍的适用性。虽然民法学界对于意思表示理论还有意思主义和表示主义的争论,但是这一理论争议在裁判制度建设方面并无太多价值,因为民事主体的内心意愿总是要通过客观的方式表达出来,才能为外界所认识,也才能发生民事权利变动的效果。① 无论如何，在分析和裁判民事权利的变动时，确定主体的内心真实意愿、将其作为民事权利义务发生变动的核心要素，这一点才是至关重要的。

如上所述，民事法律行为的核心要素就是意思表示，而这个意思指的是设立、转让、变更和消灭民事权利义务关系的意思，民法上称之为"法效意思"。更进一步说，民法上的权利义务关系，必须遵守明确肯定的原则或者具体性原则，民事权利义务必须明确肯定地指向具体的主体，指向具体的客体，而且权利和义务本身也必须明确肯定，比如说，到底是物权还是债权。法效意思的核心，其实是指向民事权利的；而民事权利，有人身权利和财产权利的区分，或者按照民法理论上的体系，有支配权和请求权的区分；在财产权利之中还有物权和债权之分。因此，法效意思，也应该区分为针对人身权利的意思和针对财产权利的意思、指向支配权的意思和指向请求权的意思、物权意思和债权意思。按照法律行为理论来分析和裁判交易民事案件，一般而言就是要按照当事人的意思表示来分析和裁判案件；进一步说，或者从本质上说，其实就是按照法效意思来分析和裁判案件。尊重当事人的法效意思，就要尊重法律行为方面人身法律行为和财产法律行为的区分、基于支配权的法律行为和基于请求权的法律行为的区分、物权法律行为和债权法律行为的区分。这并不是一种理论的演绎或者推导，而是法律行为理论及其制度的本意。不论是从事民法学习研究还是从事法律实务，都应该对此有清晰的把握。比如，在对买卖合同这种典型的民事交易进行分析和裁判的时候，我们必须清楚地认识到，在订立合同阶段，当事人的内心意愿也就是法效意思仅仅是订立合同，所以我们应该确定此时当事人之间发生的法律关系仅仅只是债权关系或者请求权的法律关系。在履行合同阶段，当事人的内心意愿也就是法效意思是所有权的转移，所以我们应该按照当事人的法效意思，确定这个阶段发生所有权转移的效果。这样，我们就能针对订立合同的法律效果和履行合同的法律效果作出清晰明确的分析和裁判。

实际上，民法总则规定的分析和判断主体的真实意思表示这个要点的规则，确实也是结合了意思主义和表示主义两个方面的要求（参见第一百三十五条规定的意思表示的形式、第一百三十七条规定的对话情况下意思

---

① 参见［德］汉斯·哈腾豪尔：《民法上的人》，孙宪忠译，载孙宪忠编译：《德语民法学精读译文集》，北京大学出版社2019年版，第141页以下。

表示的相对人知道方可生效的规则等)。此外,民法总则规定的虚假的意思表示、重大误解、欺诈、胁迫、显失公平等瑕疵意思表示的规则(第一百四十六条至第一百五十一条),同样具有显著的裁判规范的价值。这些规定也弥补了此前的一些立法漏洞。

第四,民法总则还规定了多种法律行为类型(第一百三十四条),弥补了民法通则、合同法等法律只承认双方法律行为,而不承认单方法律行为(如悬赏行为、抛弃行为)、多方法律行为(三方当事人以上的交易行为)、共同行为(如公司发起行为、决议行为)等非常重要的法律行为类型的制度缺陷。①

总体来看,民法典总则编把当事人的意思表示作为民事权利发生变动的基本根据,明确了效果意思的作用,这就为民法典分则各编贯彻意思自治原则确立了理论和制度基础,也为民事案件的分析和裁判提供了强大的武器。

结　语

总体来看,民法典确立总则与分则相区分的编纂体例,其科学性不容置疑。总则编对于分则各编的统辖效力,其渊源有三个方面:一是总则编集中体现了立法者的指导思想,体现了立法者依靠民法完成国家治理的基本观念;二是总则编规定了民法基本原则和一般规则,是分则各编各种规则立法理念的集中体现;三是总则编贯彻了民法基本科学原理,集中凝结了人类社会数千年民法发展历史的经验和智慧。我国民法典总则编所建立的一般规则,不但在法思想上坚定地继受和贯彻了改革开放的精神,坚持了保障社会主义市场经济体制和人民权利的指导思想,体现了依靠民法进行国家治理的总体要求;而且它从立法技术的角度贯彻了法律关系的主线,坚持了权利核心主义和意思自治原则,建立起了总则与分则之间分工合作、统辖遵从的逻辑关系,也建立起了民法典作为一般法对民法特别法的统合逻辑关系。民法典总则编的体系价值,值得充分肯定,也值得我们认真学习研究和贯彻实施。尤其是制定早于民法典的合同法、物权法以及本次民法典编纂新创的人格权编,不论是学习研究还是贯彻实施,都更应

---

① 民法通则第五十七条规定,行为人对法律行为"非依法律规定或者取得对方的同意,不得擅自变更或者解除"。从该条文"取得对方同意"的规定可以看出,该法关于法律行为的规定没有考虑到单方行为、多方行为、共同行为的立法规则,是其明显的体系性制度缺陷。

该注意遵从民法典总则编的立法思想和体系价值的统辖效力。对民法典总则编的轻视或者忽视，不但会造成严重的理论混乱，而且也会造成严重的实践错误，这是我国目前民法典学习研究和贯彻实施必须解决的大问题。本文提出以总则编作为民法典整体的思想基础、规则效力基础、法理解读科学性基础，明确总则编与分则各编之间统辖遵从的逻辑关系，望对于民法典整体的学习研究有所裨益。

编纂民法典婚姻家庭编的法理思考与立法建议

龙翼飞*

【摘要】编纂民法典婚姻家庭编的基本立法思路是,高度重视亿万人民群众对婚姻家庭和谐幸福的根本利益需求,高度重视婚姻家庭关系的人伦本质和人文关怀,高度重视社会主义核心价值的融会贯通,坚持大民法的理念,弘扬当代中国社会主义民法的法理思想,实现民法的立法目的。民法典婚姻家庭编应秉持的法理思想包括人权平等、人格尊严、人身自由、人亲和谐、人际诚信、人性友善、人财共济、人伦正义、人本秩序、人文关怀,这些法理思想又体现在由核心法理、基本法理、具体法理和法律规范构成的严密的逻辑结构之中。在完善民法典婚姻家庭编时,应当严格遵循其基本立法思路,在其基本法理思想的指导下,修改或增设若干一般规定或具体章节,唯有如此,才能精益求精,满足广大人民群众对它的美好期待。

【关键词】民法典婚姻家庭编 法理思想 完善建议

第十三届全国人大常委会第十四次会议对民法典婚姻家庭编(草案三次审议稿)进行了审议,并于2019年11月2日在中国人大网公布,向社会公众征求意见。2019年12月28日,第十三届全国人大常委会第十五次会议决定,将已经全国人大常委会会议审议的民法典草案提请十三届全国人大三次会议审议。①《民法典婚姻家庭编(草案三次审议稿)》经过了广泛的调研和深入的研究,已经吸收了许多创新的立法建议,得到了社会各

---

* 中国人民大学法学院教授、博士生导师,中国法学会婚姻家庭法学研究会常务副会长。
① 参见民法典婚姻家庭编(草案三次审议稿)征求意见,载 http://www.law-lib.com/fzdt/newshtml/20/20191102073901.htm,2020年1月24日访问。

界的较高评价。但是，按照"编纂一部适应中国特色社会主义发展要求，符合我国国情和实际，体例科学、结构严谨、规范合理、内容协调一致的法典"的立法要求，在民法典草案进入全国人大会议审议之前，对民法典草案中的婚姻家庭编内容，还应当进一步明晰其基本立法思路，探究其基本法理思想，增设若干基本制度，以实现国家的上述立法要求。

一、编纂民法典婚姻家庭编应当遵循的基本思路

根据国家对编纂民法典的最高立法要求，编纂民法典婚姻家庭编时，应当遵循如下基本思路：

第一，高度重视亿万人民群众对婚姻家庭和谐幸福的根本利益需求，以经过调查研究的实证分析为根据，提出符合当代中国社会生活实际的立法建议。恩格斯曾经指出，民法乃是以法律形式表现了社会经济生活条件的规则。只有把亿万人民群众对婚姻家庭和谐幸福的根本利益需求写入民法典婚姻家庭编中，才能使亿万人民群众由衷赞同、充分尊重、严格遵守和自愿服从该编法律规则。因此，"婚姻家庭立法的科学性不依赖于采取建构主义的方式，而是需要从社会现实出发，支撑制度形成的依据，面向解决生活当中的实际问题，使规范具有实用性和可操作性。"①

第二，高度重视婚姻家庭关系的人伦本质和人文关怀，以保障亿万人民群众在当代中国婚姻家庭领域的人权实现和家庭和睦为核心目标。厘清婚姻家庭制度的价值基础，是合理构建婚姻家庭法律体系的前提。民法典婚姻家庭编的特殊之处就在于，该编所调整的婚姻家庭关系具有人伦的本质，这种家庭伦理注重尊重家庭的整体性，关注家庭成员之间的情感与自律，强调权利和义务的双向性，②要求该编的法律规范应当充满法律温暖的人文关怀。确立婚姻家庭法的伦理价值就是要将婚姻家庭的伦理性纳入法律中来，立法要强调对家庭伦理的尊重和倡导。

第三，高度重视社会主义核心价值的融会贯通，以当代中国社会主义法理思想为标准，考量婚姻家庭法律规则的科学性。正如习近平总书记所指出的："人类社会发展的历史表明，对一个民族、一个国家来说，最持

---

① 李拥军、雷蕾：《论我国婚姻家庭关系的伦理价值与立法表达》，载《政法论丛》2019年第2期。

② 参见李桂梅：《现代中国的社会伦理与家庭伦理》，载《湖南师范大学社会科学学报》2004年第2期。

久、最深层的力量是全社会共同认可的核心价值观。"① 如果没有共同的核心价值观,一个民族、一个国家就会魂无定所、行无依归。② 因此,社会主义核心价值观是民法典婚姻家庭编的立法灵魂,社会主义法理思想是民法典婚姻家庭编的立法思想基础。在编纂民法典婚姻家庭编时,应当将树立优良家风、弘扬家庭美德、重视家庭文明建设作为该编的重要的立法原则。

第四,坚持大民法的理念,以当代中国民法体系为框架,研究婚姻家庭编的具体法理、具体法律规则的精确性和可操作性,弘扬当代中国社会主义民法的法理思想,实现民法的立法目的。婚姻家庭法是民法的重要组成部分,既具有民法的共性,也具有婚姻家庭法的个性。大民法的理念要求,婚姻家庭编的内容要在民法基本原则的基础上尊重个性。

二、编纂民法典婚姻家庭编的基本法理思想

(一) 中国民法典立法的法理思想重塑

编纂中国民法典是以习近平同志为核心的党中央作出的依法治国、建设社会主义法治国家的重要决策,是当代中国社会主义法治建设的超大型立法工程。能否贯彻党中央的立法决策,编纂好民法典,取决于立法思想是否先进,立法体系是否科学,立法规范是否务实,立法内容是否创新。在这四个要素中,立法思想是否先进,是最重要的前提条件。

立法思想是一个法理概念,应当从法理的角度追溯其来源。在第十二届全国人民代表大会第五次会议上,全国人大常委会副委员长李建国指出,民法总则草案的起草过程特别注意尊重立法规律、讲法理、讲体系。③ 张文显教授进一步明确了法理概念,他指出,法理"体现了人们对法的规律性、终极性、普遍性的探究和认知,体现了人们对法的目的性、合理性、正当性的判断和共识,体现了人们对法律之所以获得尊重、值得遵守、应当服从的那些内在依据的评价和认同"④。法理是一个综合性、普适

---

① 习近平:《习近平谈治国理政》,外文出版社2014年版,第168页。
② 参见《习近平总书记系列重要讲话读本(2016年版)》,学习出版社、人民出版社2016年版,第189页。
③ 参见李建国:《关于〈中华人民共和国民法总则(草案)〉的说明》,载《人民日报》2017年3月9日。
④ 张文显:《法理:法理学的中心主题和法学的共同关注》,载《清华法学》2017年第4期。

性和实践理性的概念,具体到民法,张文显教授特别指出,生命无价、人身自由、人格尊严、性别平等、财产神圣、契约自由、诚实信用、公平正义、公序良俗、环境正义、权利救济、定分止争等都属于民法学中的法理。① 上述论断为我们揭示了当代中国民法的核心法理,奠定了当代中国民法典立法思想的理论基础。

(二) 民法典婚姻家庭编应秉持的法理

自然人是婚姻家庭关系的主体。对自然人的婚姻家庭关系进行法律调整,其终极目标是实现自然人在这个领域内的人权和家庭和谐。该终极目标决定了中国民法的法理思想。在具体编纂婚姻家庭编时,应将如下法理思想一一体现在相应的法律规范中。

1. 人权平等

人权又称普遍的人权或自然权利,是指自然人因其为人应当享有的权利,具有平等性和道义性的特征。英国学者米尔恩曾对人权概念作了如下界定:"人权概念就是这样一种观念:存在某些无论被承认与否都在一切的时间和场合属于全体人类的权利。人们仅凭其作为人就享有这些权利,而不论其在国籍、宗教、性别、社会身份、职业、财富、财产或其他任何种族、文化或社会特性方面的差异。"② 在现代社会,人权包括自然人的生命、人身、政治、经济、社会、文化、婚姻家庭等方面的权利,是涉及自然人的社会生活各领域的权利体系,既是个体性权利,又是集体性权利。世界各国宪法均将自然人享有的人权明细化和法制化,使之成为受到国家保护和社会保障的人人平等享有的权利。我国宪法第三十三条、第四十九条正体现了这种对人权的明细化和法制化。宪法第三十三条规定:"凡具有中华人民共和国国籍的人都是中华人民共和国公民。中华人民共和国公民在法律面前一律平等。国家尊重和保障人权。任何公民享有宪法和法律规定的权利,同时必须履行宪法和法律规定的义务。"第四十九条规定:"婚姻、家庭、母亲和儿童受国家的保护。夫妻双方有实行计划生育的义务。父母有抚养教育未成年子女的义务,成年子女有赡养扶助父母的义务。禁止破坏婚姻自由,禁止虐待老人、妇女和儿童。"由于"关系先于

---

① 参见张文显:《中国民法典的历史方位和时代精神》,载《经贸法律评论》2018年第1期。
② [英] 米尔恩:《人的权利与人的多样性》,夏勇、张志铭译,中国大百科全书出版社1994年版,第2页。

个人，关系之外无个人"①，因此，民法典婚姻家庭编不仅重视人权的价值，而且将人权平等思想作为其立法思想，以体现婚姻家庭关系中的人权。人权平等是中国当代婚姻家庭制度区别于传统婚姻家庭制度的根本标志，是现代婚姻家庭制度的社会基础和宪法原则，体现了社会主义核心价值观。在民法典婚姻家庭编中，人权平等的法理应当体现为以下几个方面：第一，婚姻家庭受国家特别保护；第二，婚姻家庭成员的法律地位一律平等；第三，自然人的婚姻家庭权利不受侵害；第四，实行一夫一妻制，禁止重婚，禁止有配偶者与他人非法同居；第五，夫妻平等享有生育权利；第六，民族婚姻家庭受法律保护；第七，涉外婚姻家庭受法律保护。

2. 人格尊严

人格尊严是自然人所享有的在自身价值认知、自尊心理和应当受到他人与社会最起码尊重方面的人格利益。人格尊严体现了自然人尊重自己和被他人尊重的有机统一性和伦理品格性，在法律上被确认为人格权。该种权利包括姓名权、隐私权、名誉权、荣誉权、肖像权等。宪法第三十八条规定："中华人民共和国公民的人格尊严不受侵犯。禁止用任何方法对公民进行侮辱、诽谤和诬告陷害。"具体到婚姻家庭领域，自然人在婚姻家庭中的人格尊严包括所有家庭成员均享有人格尊严受到尊重的权利，禁止家庭暴力，禁止亲属间的遗弃等。婚姻家庭领域通常被认为是一个私人性的领域，隐私性较强，很难也没有必要做到较高的透明度，这一方面有利于维护家庭成员的隐私及作为一个整体的家庭的隐私乃至名誉，另一方面却也增加了婚姻家庭内部的侵犯人格尊严的行为的隐蔽性。基于此，维护人格尊严是现代社会婚姻家庭关系成立和存续的客观需要，是民法典婚姻家庭编中重要的立法原则。在婚姻家庭编中，该法理应体现为以下几个方面：第一，确认夫妻独立享有姓名权；第二，子女可以随父姓，也可以随母姓，成年子女享有依法决定自己姓名的权利；第三，婚姻家庭成员应当互相尊重；第四，禁止家庭暴力，禁止家庭成员间的虐待和遗弃；第五，保护婚姻家庭成员的隐私权；第六，婚姻家庭成员个人享有名誉权，家庭集体享有名誉权。在以上六点中，第一、二、三、四点体现了对婚姻家庭中的独立个体的人格尊严的保护。其中，第一、二、三点从正面肯定了婚

---

① 赵汀阳：《"预付人权"：一种非西方的普遍人权理论》，载《中国社会科学》2006年第4期。

姻家庭内的独立个体维护其自身人格尊严的行为；第四点从反面禁止了侵犯婚姻家庭内成员的人格尊严的行为；第五、六点则更加侧重于将婚姻家庭看作一个整体，强调家庭成员之间对彼此的义务，以及在对外关系（某婚姻家庭的成员与不属于该婚姻家庭的人之间的关系）中，对家庭成员及家庭整体的维护。

3. 人身自由

人身自由是宪法赋予自然人的在法律允许的范围内维护其行动自主和思想自主的权利。人身自由权是自然人依法享有的按照自己的意志进行活动和思维，不受约束、控制和妨碍的人格权，包括身体自由权和思想自由权。人身自由权是自然人享有所有民事权利的法律前提和基本保障。在文明进步的婚姻家庭关系中，人身自由的法理应当体现在婚姻家庭编的以下几方面。第一，保护自然人的婚姻自由权，包括结婚、离婚、再婚自由。在中国古代，包办买卖婚姻所带来的惨剧不胜枚举，非男女自愿、非以感情为基础的婚姻关系很难维持婚姻的稳定，而如果离婚不自由，则必然引发更多、更持久的婚姻家庭纠纷乃至家庭暴力和争斗，甚至出现更多的婚内出轨、婚姻关系名存实亡的现象，这无疑会给社会秩序的稳定带来隐患。基于此，自然人是否享有婚姻自由权，不仅关系到婚姻关系是否稳定，而且关系到社会秩序是否稳定。第二，夫妻双方都有参加生产、工作、学习和社会活动的自由。"只要妇女仍然被排除于社会的生产劳动之外而只限于从事家庭的私人劳动，那么妇女解放，妇女同男子的平等，现在和将来都是不可能的。"① 只有妻子可以像丈夫一样，自由地参加生产、工作、学习和社会活动，才能真正地实现男女平等、夫妻平等。第三，所有家庭成员的人身自由均受法律保护。这是一项综合性的、概括性的、原则性的规定，适用于每一个婚姻家庭成员，适用于每一项在上面两点中未被完全列举的人身自由。

4. 人亲和谐

人亲有广义和狭义两种含义，广义上的人亲泛指自然人中彼此具有婚姻家庭关系的亲属，与"亲人"同义。狭义的人亲则仅指自然人的双亲即父母。《庄子·外物》中称："人亲莫不欲其子之孝。"在婚姻家庭关系中，人亲和谐是指亲属之间应当和睦相容，互爱互助，这是婚姻家庭关系有别

---

① 恩格斯：《家庭、私有制和国家的起源》，人民出版社2018年版，第80页。

于其他法律关系的本质属性,是维系自然人的血缘联系和人伦纽带的需要,是社会主义核心价值观的重要内容。在婚姻家庭编中,该法理应该体现为:第一,夫妻应当互相忠实、互相尊重、互相关爱;第二,家庭成员间应当敬老爱幼、互相帮助,维护平等、和睦、文明的婚姻家庭关系。家庭是社会的一个核心单元,婚姻家庭关系是最基本的社会关系。《孟子·梁惠王上》中有"老吾老,以及人之老;幼吾幼,以及人之幼"的名言,费孝通亦把中国的社会关系称作差序格局,认为中国的亲属关系就像向水中丢石头形成的由近及远的同心圆。① 婚姻家庭编中的人亲和谐法理之所以重要,乃在于由狭义的人亲和谐,到广义的人亲和谐,再到"天下一家",符合中国人的行为惯性和中华民族的传统美德。

5. 人际诚信

人际诚信是指人与人之间相处,应当诚实待人、恪守信用。诚信是人类文明发展的重要成果,已经成为当代中国的社会主义核心价值观,并被民法总则确立为民事主体从事民事活动的基本原则。诚信原则在民商事领域中被强调得最多,在婚姻家庭领域中同样重要,正所谓:父子不诚,家道不睦;兄弟不诚,亲情不真;夫妻不诚,同床异梦。在婚姻家庭编中,人际诚信的法理应当体现为:第一,婚姻家庭成员在从事婚姻家庭领域的民事活动时,应当遵循诚信原则,秉持诚实,恪守承诺;第二,一方患有重大疾病的,在结婚登记前应当如实告知另一方,不如实告知的,另一方可以请求撤销该婚姻;第三,夫妻之间互负忠实义务;第四,夫妻在对外民事活动中互享家事代理权;第五,家庭成员应当互信互助;第六,对违反夫妻忠实义务,隐藏、转移、变卖、毁损、挥霍夫妻共同财产,或者伪造夫妻共同债务,企图侵占另一方财产的夫或妻,在离婚分割夫妻共同财产时,可以少分或不分。上述方面显示出,婚姻家庭编中的人际诚信思想不仅包括婚姻关系成立前的人际诚信问题,而且包括婚姻关系存续期间的人际诚信问题,还包括婚姻关系解除过程中的人际诚信问题;不仅包括婚姻家庭成员内部的人际诚信问题,还包括婚姻家庭内成员与本婚姻家庭关系之外的人之间的人际诚信问题,涉及人们日常生活的很多方面的内容,人们必须对此加以重视。

---

① 参见费孝通:《乡土中国》,华东师范大学出版社2017年版,第22~30页。

6. 人性友善

人性即人的本质。马克思指出:"人的本质并不是单个人所固有的抽象物。在其现实性上,它是一切社会关系的总和。"① 人性是人与人的关系中自由行为和自由思想符合真理性的表达,是人对自我良知的认同,是人与人和谐相处、互爱互助的基石,是法律精神和伦理道德的源泉。人性友善是指人与人在交往中彼此采取的认同身份、互相理解、尊重忍让、友好合作、理性处事的行为模式,是社会主义核心价值观的重要内容,是人与人之间社会交往活动的内在需要。应当把人性友善培养为自然人的个体自律意识和社会道德意识,使自然人在婚姻家庭关系中,充分感受到互相爱护的温暖。在婚姻家庭编中,该法理应该体现为:第一,婚姻家庭成员应当互爱、互助、平等、和睦、文明、宽容、仁爱、慈孝;第二,禁止家庭成员间的虐待和遗弃,禁止家庭暴力;第三,按照有利于被收养人健康成长的原则,保障收养人和被收养人双方的合法权益;第四,鼓励亲属间的团结和睦;第五,发挥监护制度对婚姻家庭成员的人身利益与财产利益的保护功能;第六,父母与子女间的关系不因父母离婚而消除,父母对子女仍有教育、扶养、保护的权利和义务;第七,父母离婚后,不直接扶养子女的父或母有探望子女的权利,另一方有协助的义务。

7. 人财共济

人财共济是指民法所调整的人身关系和财产关系在实现自然人的人身利益和财产利益过程中相辅相成、互相促进的机制。在该机制中,自然人的人身关系是民事法律关系的核心,财产关系为自然人实现其民事目的提供着切实有效的物质保障基础。在婚姻家庭编中,人财共济的法理应体现为以下五个方面:第一,夫妻财产制的三种制度安排,即法定共有、分别所有、约定所有,都应当服从于维护夫妻人身关系的立法目的;第二,夫妻对共同财产享有平等的处理权;第三,鼓励通过劳动创造家庭财富;第四,夫妻之间应当平等承担夫妻共同债务;第五,保护夫妻共有财产权和家庭成员的共有财产权,实现婚姻家庭成员"有恒产者有恒心"的立法宗旨。物质基础决定上层建筑的原理在婚姻家庭关系中也是有其一定的存在基础的,婚姻家庭中的财产制度对于建立和维护稳定健康的婚姻生活,保障婚姻家庭成员的人格独立和尊严,平衡婚姻家庭成员的权利和义务,维

---

① 《马克思恩格斯选集》(第1卷),人民出版社1995年版,第56页。

护交易安全有特别重大的意义。人财共济思想可以有力地回应现代社会经济发展的需求和人们婚恋家庭观念的转变。

8. 人伦正义

在现代社会中，人伦正义是调整人们的家庭关系和社会关系的道德体系。人伦的原意是调整父母子女关系的行为准则，其后又逐渐扩展为调整基于父母子女关系而产生的直系血亲关系和旁系血亲关系的行为准则。孟子在《孟子·滕文公章句上》中对人伦的解释是："人之有道也，饱食、暖衣、逸居而无教，则近于禽兽。圣人有忧之，使契为司徒，教以人伦——父子有亲，君臣有义，夫妇有别，长幼有序，朋友有信。"人伦的基本要求是，应当明确父母子女之间和其他亲属之间应该做什么和不能做什么，以维护家庭成员内部的生活秩序，保持家庭关系的和谐稳定。正义是保护社会成员应当得到相应利益的道德要求。查士丁尼法典将其表述为："正义是给予每个人他应得的部分的这种坚定而恒久的愿望。"① 正义要求，社会成员在从事社会活动时，应当兼顾个人利益、他人利益和社会公共利益，平等处理社会成员间的利益追求，从而促进社会成员的和睦相待。人伦正义是民法的人文精神和公平正义的体现，是社会主义核心价值观的重要内容。而婚姻家庭法较之普通民法的特别之处在于，其是典型的身份法，调整的主要是亲属身份关系，即使有部分财产关系，也是基于身份关系而产生、服务于身份关系的财产关系。亲属身份关系是人伦关系，包括辈分确定问题、两性禁忌问题和供养义务责任问题。在婚姻家庭编中，该法理应该体现为：第一，在结婚制度中规定禁止直系血亲间结婚；第二，亲子关系的确认、否认和认领制度；第三，无效婚姻和可撤销婚姻的人身关系后果与财产处理；第四，离婚冷静期的制度设计；第五，对家庭暴力受害人予以特别保护；第六，对男方行使离婚请求权进行合理限制；第七，就婚姻关系存续期间因特殊情形而发生的共有财产分割问题进行规定；第八，收养子女应遵循公序良俗。

9. 人本秩序

在现代社会中，人本秩序是指以人为本的社会治理体系。人本主义主张，自然人应当对自己的行为负责，以其自由意志决定其行为目的、行动方向和行为过程。由于自然人的活动受到社会规则特别是法律和道德的约

---

① [罗马] 查士丁尼：《法学总论——法学阶梯》，张企泰译，商务印书馆1989年版，第5页。

束，因此，自然人在从事社会活动时，应当能够控制自己、依法而为、遵循道德，唯有如此，其所追求的利益才会受到法律保障和道德维护。人本秩序是婚姻家庭法律制度应当维护的社会治理体系，也是社会主义核心价值观的重要内容。在婚姻家庭编中，该法理应该体现为：第一，婚姻家庭成员在行使婚姻家庭权利时，应当履行相应的法律义务；第二，赋予婚姻家庭成员对婚姻家庭事务的契约自由权利，但禁止权利滥用；第三，对家庭财产的处理应当服务于维系婚姻家庭成员的人身关系这一目的；第四，婚姻家庭成员的行为应当遵循公序良俗。在婚姻家庭关系中，以婚姻家庭成员为本，以约束自己、履行相应义务的方式保障每个家庭成员的权利，以保障权利的方式维系健康稳定的婚姻家庭关系，是在婚姻家庭编中贯彻人本秩序思想的应有之义。

10. 人文关怀

一般认为，人文关怀源于西方的人文主义传统，其核心思想是尊重人的本性和人的价值。在现代社会中，人文关怀是衡量一个国家和社会的文明进步程度的标志之一。在当代中国，给予人民群众最充分的人文关怀，已经成为中国共产党治国理政的重要原则，并且是国家治理体系和治理能力现代化的重要内容。人文关怀是指国家和社会对自然人在社会生活中的各项正当合理需求给予的关注和关心，对自然人的境遇给予的关怀和关爱，对自然人的权利给予的应有的尊重和有效的保护。在这种社会治理体系中，社会成员的人格受到尊重，个体价值得到顺利的实现，正当权益得到保护，社会关系得以和谐。人文关怀也是社会主义核心价值观的重要内容，应始终贯穿于整个婚姻家庭法律制度之中。在婚姻家庭编中，该法理应该体现为：第一，婚姻家庭成员的人格利益至上；第二，依法采取各种法律救济措施，以保障婚姻家庭成员实现其婚姻家庭权利；第三，在处理婚姻家庭纠纷时，应当引入情感修复机制；第四，对婚姻家庭案件的审理和裁判，以定分止争、促进和谐为要旨。这四点集中体现了追求以人为本、弘扬人文关怀的精神，强调以人为本与婚姻家庭法的身份法属性是完全契合的。

（三）民法典婚姻家庭编法理体系的逻辑结构

以上从内容方面对我国民法典婚姻家庭编的法理思想进行了全面梳理，这些构成了婚姻家庭编的前提性、基础性、指导性的立法思想。这些法理不是像一盘散沙那样毫无逻辑,而是内部自成体系的一个富含逻辑的整体。从自上而下、自宏观到微观的角度看,民法典婚姻家庭编所贯穿的法理的逻辑结构是核心法理、基本法理、具体法理和法律规范。

首先是核心法理。民法典婚姻家庭编的核心法理应当体现为婚姻家庭编的规律性要求。既然是核心法理,则必然在婚姻家庭编中起到提纲挈领、统领全编的作用,是民法典婚姻家庭编的骨干部分;既然体现的是规律性要求,则必然是经得起时间和实践检验的、符合婚姻家庭发展的必然趋向的标准性质的要求。婚姻家庭编的核心法理体现为以下几点:第一,婚姻家庭成员的生命健康权至上;第二,婚姻家庭成员的权利平等;第三,保护婚姻家庭成员的人格尊严;第四,保护婚姻家庭成员的人身自由;第五,保护婚姻家庭成员共同创立和维系的家庭共有财产;第六,实现婚姻家庭关系的公平正义;第七,婚姻家庭成员的行为应该遵循公序良俗;第八,婚姻家庭成员之间应该诚实守信;第九,维护婚姻家庭成员的人伦和谐;第十,维护婚姻家庭成员间的互爱友善;第十一,确保对婚姻家庭成员民事权利的法律救济;第十二,确保婚姻家庭成员行为的自愿与自治。

其次是基本法理。民法典婚姻家庭编的基本法理应当体现为婚姻家庭编的基本原则。如果说核心法理是民法典婚姻家庭编的纵向的骨干部分,那么,基本法理就应当是民法典婚姻家庭编的横向的、旨在框定范围和边界的部分,其具体体现为婚姻家庭编的基本原则,涉及婚姻家庭关系的确立、维持和终止,以及婚姻家庭内成员的活动。婚姻家庭编的基本法理体现为以下几点:第一,婚姻自由;第二,男女平等;第三,一夫一妻;第四,保护妇女、未成年人和老人的合法权益;第五,树立优良家风,弘扬家庭美德,重视家庭文明建设。

再次是具体法理。民法典婚姻家庭编的具体法理应当体现为婚姻家庭编的基本制度。民法典婚姻家庭编的具体法理既不像核心法理和基本法理那般抽象、宏观和概括,也不像法律规范那般细致、具体和详尽,它们在婚姻家庭编中起到类似于起承转合的作用:一方面,它们将民法典婚姻家庭编的核心法理和基本法理具体化;另一方面,它们又将繁复、碎片化的法律规范加以整合,使之条块化和体系化,便于人们在具体实践中对后者进行理解和适用。婚姻家庭编的具体法理体现为以下几点:第一,权利法定,体现为婚姻家庭成员的权利受国家保护;第二,契约维护,体现为婚姻家庭范围内的意思自治，例如，收养成立的自愿，约定财产制的设立等；第三，行为公示，强调对婚姻家庭行为的社会认同，例如，结婚和离婚的登记，收养关系成立、解除的登记等；第四，效力公信，规定婚姻家庭行为的对外效力，例如，规定夫妻之间的家事代理权等；第五，人身利益优先，体现为婚姻家庭关系的人权平等、人身自由、人格尊严、人伦正义的内涵；第六，财产权利公平，规定婚姻家庭成员的各项财产权利，以保障婚姻家庭各项功能的实现；第七，平等、文明、和谐，婚姻家庭编的一切制度设计和规则实施，均应服务于促进婚姻家庭关系的健康良性循环这一目的；第八，禁止权利滥用，婚姻家庭成员在行使婚姻家庭权利时，应当自觉维护公序良俗，防止因滥用权利而损害他人权益和社会公共利益。

最后是法理的载体，即法律规范。民法典婚姻家庭编的各项法律规范应当成为具体指引、确认和约束婚姻家庭法律行为的直接依据，同时成为保护婚姻家庭成员的民事利益的直接依据。婚姻家庭编的法律规范应当包含以下方面：第一，婚姻家庭编的一般规定。该部分应当规定调整婚姻家庭关系的共性规则，包括婚姻家庭编的调整对象、婚姻和家庭的定义、基本原则、倡导性规范、禁止性规范以及亲属的范围与亲属关系的顺序等。第二，关于结婚制度的规定。该部分应当规定婚姻成立的实体法定条件（例如，主体自愿、符合法定婚龄、婚姻成立的禁止性规定等）、婚姻成立的程序和法律后果、婚姻无效和可撤销的制度、对婚约行为的法律态度等。第三，关于家庭关系的规定。该部分首先应当规定夫妻关系制度，包括夫妻之间的人身关系、财产关系，其次应当规定父母子女关系和其他亲属间的权利和义务，包括抚养、赡养和扶养制度等。第四，关于离婚制度的规定。该部分应当将登记离婚制度和诉讼离婚制度分别予以规定。在登记离婚制度中，应当基于人身自由的立法思想，规定自愿离婚的条件、程序和法律后果。在诉讼离婚制度中，应当规定人民法院审理离婚案件的法定程序、判决准予离婚的法定理由、男方行使离婚诉讼请求权的限制性规则、现役军人配偶要求离婚的限制性规则。除此之外，还应当规定离婚后的父母子女关系、离婚时的夫妻共有财产分割、离因补偿、夫妻共同债务的清偿、离婚时对一方生活困难的经济帮助、导致离婚的过错方应承担的损害赔偿责任以及夫妻一方侵害夫妻共有财产权的法律责任。第五，关于收养制度的规定。该部分应当规定收养关系成立的实体性条件和程序性条件、收养的效力、收养关系的解除及其法律后果等。第六，关于监护制度的规定。该部分应当规定婚姻家庭关系中家庭成员的监护人范围、监护人顺序和监护人职责，以及监护权的行使、监护人资格的撤销和监护人侵权的民事责任等。

三、对完善民法典婚姻家庭编（草案）的建议

虽然民法典婚姻家庭编（草案）在内容上存在制度创新，但为了使其与社会主义法理更加契合，与民法典的各编制度更加协调，仍需对婚姻家庭编的相关内容进行适当修改、补充。笔者将按照民法典婚姻家庭编（草案）既存内容的章节顺序，提出相应的完善建议。

（一）第一章"一般规定"的完善建议

1. "婚姻""家庭"等基本概念的增设

为了更清晰地界定婚姻家庭编的调整对象，应当在调整对象的规则之下，增设"婚姻"和"家庭"的基本概念，并分别将其作为第一千零四十条第二款和第三款。

（1）应当增设"婚姻"的概念："本法所称的婚姻，是指男女双方依法缔结的配偶关系。"此项立法建议的理由在于，按照当代中国社会主流的婚姻观，婚姻关系应当在男女两性之间依法缔结，增设"婚姻"的概念能够将婚姻关系限定在男女两性之间。

（2）应当增设"家庭"的概念："本法所称的家庭，是指配偶、父母、子女和其他共同生活的近亲属成立的亲属关系。"此项立法建议的理由在于，本章第一千零四十五条已经指出："配偶、父母、子女和其他共同生活的近亲属为家庭成员。"既然家庭成员的范围包括上述的近亲属，那么，就能够合乎逻辑地推论出家庭关系的范围。增设"家庭"的概念能够统筹民法典中的家庭关系。

2. 保护生育权原则的增设

本章第一千零四十一条应当增设"保护自然人依法行使生育权"的基本原则。此项立法建议的理由在于以下几点：第一，生育是实现社会成员家庭生活幸福和谐与民族昌盛富强的客观需要。虽然本章取消了"实行计划生育"的原则，但是，依然需要保障公民的生育权。第二，公民的生育

权是宪法性的基本人权。① 保障自然人的生育权是我国民法典遵循宪法理念的必然要求。第三，民法总则第一百一十二条已经明确规定："自然人因婚姻、家庭关系等产生的人身权利受法律保护。"生育权是自然人享有的一项重要的人身权利，属于人格权的范畴，② 是产生父母子女及其他亲属身份关系的法律前提，故其受到法律保护。第四，民法典草案人格权编第一千零二条规定了"自然人享有生命权"。由于按照自然人的生命规律，自然人的生命乃是源于自然人的生育行为，因此，保护自然人的生育权是保障"自然人享有生命权"的逻辑前提和客观需求。第五，妇女权益保障法早在1992年就体现了保护妇女享有与男子平等的生育权的精神，相应的司法实践也为保障妇女的生育权提供了丰富的审判经验。增设保护自然人生育权这一基本原则是对既有法律成果的确认。

3．"禁止生育的性别歧视"条款的增设

在本章第一千零四十二条的禁止性规定中，应当增设"禁止生育的性别歧视"的规定。此项立法建议的理由在于，通过设立禁止性行为规范，在规则层面进一步实现"保护自然人依法行使生育权"的立法目的。

4．家庭成员行为准则的补充

在本章第一千零四十三条的倡导性规范中，应当对家庭成员的行为准则作如下补充：

（1）"夫妻应当互相忠实，互相尊重，互相关爱，互守诚信。"此项立法建议的理由在于：第一，互守诚信的要求体现了社会主义核心价值观；第二，诚信原则是民法总则第七条确定的所有民事主体在从事民事活动中均需遵循的基本原则。夫妻作为民事主体，在婚姻家庭领域内从事民事活动时，也应当恪守诚信原则。婚姻家庭编在家庭关系、离婚制度中均规定了夫妻违背诚信原则所导致的法律后果，将"夫妻互守诚信"写入夫妻行为准则，能够增强法律规则的协调性和科学性。

（2）"家庭成员应当敬老爱幼，互相帮助，树立良好家风，维护平等、和睦、文明的婚姻家庭关系。"此项立法建议的理由在于，树立优良家风，弘扬家庭美德，重视家庭文明建设，是国家对新时代中国家庭建设的基本

---

① 参见梁洪霞：《我国多省市"限制妇女堕胎"规定的合宪性探究——兼议生育权的宪法保护》，载《北方法学》2018年第1期。

② 参见马强：《论生育权——以侵害生育权的民法保护为中心》，载《政治与法律》2013年第6期。

要求。家庭成员的上述行为准则能够促进塑造良好家风,有利于社会主义核心价值观的培育和践行。①

5. "亲等"顺序的增设

在本章第一千零四十五条关于亲属范围的条文中,应增加"亲等"的规定。具体内容如下:"亲属的亲等顺序按照下列情形确定:(一)配偶为一亲等亲属;(二)父母子女互为二亲等直系血亲;(三)祖孙互为三亲等直系血亲;(四)兄、弟、姐、妹互为二亲等旁系血亲;(五)叔、伯、姑、舅、姨与侄子女、外甥子女互为三亲等旁系血亲;(六)侄子女、外甥子女之间互为四亲等旁系血亲,其他亲属的亲等顺序依此类推。"该项立法建议的理由在于以下三点:第一,亲属制度的基本内容是亲系和亲等,此为古今中外亲属法规范之标准立法配置,反映了亲属法立法的历史规律和亲属之间权利义务实现的"人伦有序"的法理逻辑。第二,民法总则第二十七条和第二十八条规定的亲属担任监护人的顺序规则,以及继承法第十条规定的法定继承人继承遗产的顺序规则,都是亲等原理的具体体现。第三,亲等规则的域外法经验可供中国借鉴。②

(二)第二章"结婚"的完善建议

1. 法定婚龄的修改

关于法定婚龄的规定,民法典婚姻家庭编目前仍与婚姻法相一致。应将婚姻法规定的法定婚龄降低至二十周岁,将本章第一千零四十七条的规定修改为:"结婚年龄,男女双方均不得早于二十周岁。"此项立法建议的理由在于:第一,法定婚龄仅为结婚的最低年龄,"在计划生育政策已经改变的情况下,应当降低结婚年龄的限制"③。第二,婚姻法关于法定婚龄的规定并无科学依据。第三,由特定区域(包括少数民族地区在内)的结婚习俗可知,男女通常在二十岁时结婚。第四,为了进一步贯彻男女平等精神,应当删除男女法定婚龄的差异规定。

---

① 参见闫平:《借鉴我国传统家风家教文化创新培育和践行社会主义核心价值观的实践路径》,载《理论学刊》2019年第3期。

② 参见夏吟兰、李丹龙:《民法典婚姻家庭编亲属关系通则立法研究》,载《现代法学》2017年第5期。

③ 杨立新:《对修订民法典婚姻家庭编30个问题的立法建议》,载《财经法学》2017年第6期。

2. 禁止结婚的亲属范围的修改

上文已经就增设"亲等"顺序提出了立法建议，本章第一千零四十八条规定的禁止结婚的亲属范围可相应修改为："直系血亲和四亲等以内的旁系血亲禁止结婚。"此项立法建议的理由在于，婚姻法规定的"三代以内旁系血亲"并无具体法律边界，根据以上建议增设的"亲等"顺序规定四亲等以内的旁系血亲禁止结婚，具有更明确的法律标准。

3. 可撤销婚姻的限定条件的修改

本章第一千零五十三条规定："一方患有重大疾病的，应当在结婚登记前如实告知另一方；不如实告知的，另一方可以向人民法院请求撤销婚姻。"应当将可撤销婚姻的限定条件修改为："一方患有损害另一方健康生活的严重疾病的，应当在结婚登记前如实告知另一方；不如实告知的，另一方可以向人民法院请求撤销该婚姻关系并请求损害赔偿。"此项立法建议的理由在于：第一，"严重疾病"太过宽泛，如此规定会导致司法认定的自由裁量空间过大。第二，法律应追求公平合理、人伦正义和人际诚信，只有当一方隐瞒其患有疾病并损害了另一方的健康生活时，才构成可撤销婚姻的法定条件。第三，一方因实施了隐瞒严重疾病的行为而造成另一方健康生活遭受损害的，应依照侵权责任法第二十条的规定，由侵权行为人承担损害赔偿责任。

4. 财产返还规则的增设

本章应增设有关解除婚约导致的财产返还的规则。笔者建议增设如下内容："男女双方订立的婚约对双方没有法律约束力。男女双方解除婚约后，一方因订立婚约而给付的财物依法应当返还，不能返还的应承担赔偿责任。"此项立法建议的理由在于：第一，在中国民间，订立婚约已成普遍习俗，且该习俗历史悠久、影响面广，本编的法律规定若不认可婚约的法律效力，那么，就应当将该法律理念宣示全社会，以正世俗。第二，因婚约而给付的财物已经产生财产转移的法律后果，在男女双方解除婚约后，对财物进行返还已成为习惯，在不违背公序良俗的情况下，返还该财产具有合理性。

5. 非婚同居关系规范的增设

本章应当回应社会需求，对民间普遍存在的不违背一夫一妻制度的非婚同居关系进行规范。此项立法建议的理由在于：第一，在人口老龄化时代，丧偶或离异的老年人非婚同居，有益于身心健康、安度晚年，法律对此不应予以禁止，只需在承认此种法律关系的基础上，对其予以适度规范。第二，民法典应更多地体现社会成员之间的友善价值观和人文关怀。

（三）第三章"家庭关系"的完善建议

1. 生育权平等规范的增设

本章第一千零五十八条应当增设如下规定："夫妻双方平等享有生育权。夫妻双方对终止妊娠发生纠纷时，应当协议处理；协议不成的，由女方决定是否终止妊娠。"[①] 此项立法建议的直接根据是妇女权益保障法第五十一条和民法总则第一百二十八条的相关规定。

2. 夫妻扶养义务的修改

本章第一千零五十九条应当作如下修改："夫妻双方都有共同生活和互相扶养的权利和义务。一方无正当理由不履行共同生活和互相扶养义务时，另一方有要求对方共同生活和给付扶养费的权利。"此项立法建议乃是参考婚姻法关于双方因感情不和分居已满两年可被视为夫妻感情破裂的相关规定。在分居的两年内，夫妻双方有互相扶养的权利和义务。

3. 夫妻共同财产制度的补充

本章第一千零六十二条应当作如下补充："夫妻对共同财产，有平等地占有、使用、收益和处分的权利。"此项立法建议的直接根据是物权法关于共同共有制度的规定。

4. 父母抚养义务的修改

本章第一千零六十七条第一款应当作如下修改："父母应当履行对未成年子女或者不能独立生活的成年子女的抚养、教育、保护的义务。父母不履行前述义务的，未成年子女或者不能独立生活的成年子女有要求父母给付抚养费、教育费和提供保护的权利。"此项建议的立法根据是：父母对子女的抚养义务应当包括父母对未成年子女或者不能独立生活的成年子女所负有的抚养、教育、保护的义务，此三项义务构成了完整的父母抚养义务的内容。

5. 成年子女赡养义务的修改

本章第一千零六十七条第二款应当作如下修改："成年子女应当履行

[①] 尽管学界曾对合理区分妊娠女性生育权行使的效力与行使的理由进行过探讨，但是，笔者仍支持妊娠女性生育权具有排他性。相关探讨可参见朱振：《妊娠女性的生育权及其行使的限度——以〈婚姻法〉司法解释（三）第9条为主线的分析》，载《法商研究》2016年第6期。

对父母经济供养、生活照料和精神慰藉的赡养义务。成年子女不履行赡养义务的，无劳动能力或者生活困难的父母，有要求成年子女给付赡养费、照料生活和看望问候的权利。"此项立法建议的直接根据是老年人权益保障法第十四、十五、十六、十七、十八条的规定，以及民法总则第一百二十八条的规定。

6. 子女履行赡养义务的补充

本章第一千零六十九条应当作如下补充："子女对父母的赡养义务，不因父母的婚姻关系变化而终止，也不得以预先放弃继承父母遗产的权利为理由而拒绝履行。"此项立法建议的直接根据是老年人权益保障法第十九条的规定，以及民法总则第一百二十八条的规定。

7. 亲生子女概念的增设

本章第一千零七十一条应当作如下修改："亲生子女均视为婚生子女，享有同等的权利，任何组织、个人不得加以危害和歧视。亲生子女包括婚生子女、非婚生子女。夫妻双方同意采用人工辅助生殖技术生育的子女，是婚生子女。"此项立法建议的直接根据是未成年人权益保护法的相关规定和民法总则第一百二十八条的规定。

8. 亲子关系确认之诉的除斥期间规则的增设

本章第一千零七十三条应当作如下修改："父、母或者成年子女对亲子关系的确认和否认提出请求的，可以向人民法院依法提起诉讼。对亲子关系有异议的，父、母或者成年子女可以自亲子关系发生之日起二十年内向人民法院提起诉讼。"此项立法建议关于二十年除斥期间的规定与民法总则第一百八十八条的规定相符。

9. （外）祖父母与（外）孙子女之间权利义务的补充

本章第一千零七十四条第一款应当作如下补充："有负担能力的祖父母、外祖父母对孙子女、外孙子女履行抚养义务适用本法第一千零六十七条第一款和第一千零六十八条的规定。"本条第二款应当作如下补充："孙子女、外孙子女对祖父母、外祖父母履行赡养义务适用本法第一千零六十七条第二款的规定。"

10. 兄、姐与弟、妹之间权利义务的补充

本章第一千零七十五条第一款应当作如下补充："有负担能力的兄、姐对于父母已死亡或者父母无力抚养的未成年的弟、妹，有扶养的义务，该义务的履行适用本法第一千零六十七条第一款和第一千零六十八条的规

定。"本条第二款应当作如下补充:"由兄、姐扶养长大的有负担能力的弟、妹对于缺乏劳动能力又缺乏生活来源的兄、姐,有扶养的义务,该义务的履行适用本法第一千零六十七条第二款的规定。"

(四) 第四章"离婚"的完善建议

1. 离婚冷静期限的修改

本章第一千零七十七条规定的三十日的离婚冷静期应当修改成三个月。此项立法建议的理由在于以下几点。第一,将登记离婚的冷静期规定为三十日,不足以为当事人重新考虑是否以离婚方式解决夫妻矛盾提供充足的时间。① 第二,延长离婚冷静期并不会为男女双方带来遭受家庭暴力的隐患。如果男女一方遭受家庭暴力导致人身危险,那么,可以根据反家庭暴力法,向人民法院申请人身安全保护令,以保护受害人的人身安全。第三,离婚冷静期的规定可以参考《最高人民法院关于进一步深化家事审判方式和工作机制改革的意见(试行)》第40条的规定,该条规定:"人民法院审理离婚案件,经双方当事人同意,可以设置不超过3个月的冷静期。在冷静期内,人民法院可以根据案件情况开展调解、家事调查、心理疏导等工作。冷静期结束,人民法院应通知双方当事人。"该司法指导性文件具有合理性和人文关怀,值得借鉴。

2. 夫妻共同债务清偿规定的补充

本章第一千零八十九条关于离婚时夫妻共同债务清偿的规定应当作如下补充:"协议不成的,由人民法院判决双方承担连带责任。"该条建议的立法根据是:第一,夫妻共同债务应当由男女双方共同偿还;第二,夫妻共同债务的清偿应当适用民法总则第一百七十八条关于连带责任的规定。

(五) 第五章"收养"的完善建议

本章主要规定了收养关系的成立、收养的效力和收养关系的解除,涉及收养的条件以及相应的民事主体的实体权利。本章的内容过于烦琐细碎,有关收养关系的成立与解除的程序性规则,应当由国务院另行制定《中华人民共和国收养条例》。提出此项立法建议的理由在于,民法典应当

---

① 也有学者建议,有未成年子女的自愿离婚者的离婚冷静期应适当延长,具体内容可参见杨立新、蒋晓华:《对民法典婚姻家庭编草案规定离婚冷静期的立法评估》,载《河南社会科学》2019年第6期。

注重内容的体系性和科学性，对不影响民事主体实体权利的程序性规则进行过于细碎的规定，会影响民法典本身的体系性。由国务院以制定条例的方式对程序性规则予以规范，既不会使公民的实体权利遭受损害，又能够使民法典繁简得当，还能够节约立法资源，增强民法典的科学性。

（六）"家庭监护"一章的增设

我国立法体系中的监护制度存在不足，婚姻家庭法欠缺关于监护制度的专门章节。[①] 在制定民法典的契机之下，应当对监护制度进行体系化的完善。其中，未成年人的监护体系仍应以家庭监护为基础。[②] 笔者建议，在民法典中增设家庭监护制度，并将其作为婚姻家庭编的"家庭监护"一章，具体立法建议如下：第一，本章应当规定家庭监护制度的适用范围，即家庭监护制度适用于家庭成员之间。第二，本章应当规定家庭监护人的主体范围和监护权人的监护顺序，以确保家庭监护人正确履行监护职责。第三，本章应当规定家庭监护人的监护职责，并确保其与家庭成员之间抚养、扶养和赡养的权利和义务关系的准确对接，以保障监护制度与抚养、扶养、赡养制度的协调一致。第四，本章应当规定家庭监护人的监督制度、监护人资格的撤销和恢复制度，以保障被监护人的利益。第五，本章应当规定家庭监护人在其对被监护人或被监护人对他人实施侵权行为时所应承担的民事法律责任。

笔者相信，在社会主义法理的指引下，经过反复、认真、精准地研究和对社会各界提出的科学建议的吸收，民法典的婚姻家庭编必将成为保障亿万人民群众婚姻家庭和谐幸福的良法，成为代表当代中国社会主义法治建设发展成果的经典立法。

[①] 参见陈苇、李艳：《中国民法典之监护制度立法体系构建研究》，载《西南政法大学学报》2017年第2期。

[②] 参见夏吟兰：《民法典未成年人监护立法体例辩思》，载《法学家》2018年第4期。

《审判监督指导》改版及约稿通知

为进一步提升《审判监督指导》丛书质量，权威呈现全国法院审判监督工作经验和业务成果，《审判监督指导》丛书改版并设置品牌栏目，包括"专题研讨""发改分析""裁判规则总结""类案要旨精粹""案例评注""裁判文书选登""学术交流""实务调研""域外法治""法官答疑"等，特在此广泛征集各类与审判监督业务相关的稿件：

【专题研讨】栏目围绕审监工作的难点、热点问题，以专题形式收集案件评析、理论文章和调研报告等稿件。2016年度确定的专题有申请再审审查新证据的认定、以物抵债裁判规则探讨、类案识别与统一裁判规则方法、检察监督特别是再审庭审模式制度的构建或者办理再审检察监督案件的研讨等。

【裁判规则总结】栏目刊登地方法院审判监督（减刑假释）工作部门经过本院审判委员会讨论或者庭室法官会议讨论形成的针对某类案件，具有统一裁判尺度功能的规则，或者是本院审监工作部门调研组针对某类案裁判规则总结的调研成果。稿件编报时应当逐条或者整体说明制定的目的和作用。

【类案要旨精粹】栏目编报稿件形式为"裁判要点+简要案情"。来稿案件所涉法律问题应具有一定的指导价值。编报格式首先写明裁判要点以及裁判要点形成的理由。裁判原则上应归纳为一个自然段，是整个案例要点的概要表述。有两个以上裁判要点的，按照裁判要点的重要性或者逻辑关系用阿拉伯数字顺序号分段标示。裁判要点原则上直接摘录裁判文书中具有典型意义的段落，也可以对其进行提炼和概括。简要案情部分主要包括：

（1）"基本案情"：一般首先准确概括诉辩核心意见，然后叙述案件审理经过，再叙述与裁判要点有关的案件事实，不要照搬裁判文书的全部内容。

（2）"原审裁判情况"：一般概括原审法院对裁判要点进行论的裁判

理由。

（3）"本院裁判理由及结果"：一般概括本院对裁判要点有论述的裁判理由。

稿件字数以 1000~2000 字为宜。鼓励编报同类纠纷案件的多条裁判要点。来稿请附正式用印的裁判文书，注明文书制作者和裁判要点编写者。

【案例评注】栏目编报案例写作格式包括"再审裁判思维""当事人简况""基本案情""原审裁判情况""抗诉理由""本院裁判理由及裁判结果"。

（1）"再审裁判思路"：重点叙述审查（审理）报告或者评议笔录中的法理内容（争议问题和观点）。申请再审审查案例应说明驳回再审申请（或者提审）的关键原因，再审判决案例应指明维持或者改判的关键原因。

（2）"当事人简况"：写明当事人名称，无须注明当事人身份信息及委托代理情况。

（3）"基本案情""原审裁判情况""抗诉理由""本院裁判理由及裁判结果"的写作要求与"裁判要旨精粹"栏目相同。

（4）"评注意见"：主要针对案件当中的争点问题，阐述分析意见。

稿件字数以 5000~10000 字为宜。来稿请附正式用印的裁判文书，注明文书制作者和裁判要点编写者。

【学术交流】栏目刊登审监工作理论研究类稿件，提倡对再审理念、再审裁判方法以及审判中遇到的新型疑难复杂，裁判观点不统一的问题，通过国内外立法例、理论观点比较，梳理不同审判业务部门裁判观点等角度进行研究。每篇文章字数以 5000~10000 字为宜。

【实务研讨】栏目侧重刊登与审判监督（减刑假释）工作的各项业务相关的研讨文章，经验总结和调研报告等，为各地法院审监业务的信息共享、经验借鉴提供交流园地。来稿应注重实务导向，鼓励针对审监工作中的共性问题。每篇文章字数以 5000~10000 字为宜。

【发改分析】栏目刊登全国各地法院与审判监督（减刑假释）工作部门针对本地区再审案件或者原审裁判案件存在问题的总结和分析，鼓励稿件从内容上和形式上进行创新，使之更加符合审监工作的特点和发挥依法纠错、倒逼防错、统一裁判尺度等审监职能作用。稿件字数以 10000 字以内为宜。

【法官答疑】栏目侧重收集各级法院审理再审案件中的典型、疑难，具有一定指导意义的法律问题。由各省高级人民法院审判监督（减刑假释）工作部门指定通讯员负责收集和编写疑难问题。编写格式首先明确需要解答的问题，并说明不同观点和问题产生的原因。稿件字数以500字以内为宜。

确定各高级人民法院审判监督（减刑假释）工作庭室的庭长为《审判监督指导》编辑委员会委员。编辑委员会委员应高度重视稿件编报工作，将稿件编报工作纳入到日常审监管理工作当中。编辑委员会下设《审判监督指导》编辑部，负责联系全国法院审判监督（减刑假释）工作部门通讯编辑人员，指导编排和收集稿件。各级法院审监通讯编辑员应及时联系最高人民法院审判监督庭编辑工作人员，积极了解编报要求和报送稿件，共同办好《审判监督指导》。

同时，欢迎学术界的理论研究工作者对审判监督工作贡献宝贵的理论研究成果。

来稿请寄：最高人民法院审判监督庭《审判监督指导》编辑部（邮编100745），并将电子版发至：shenjianzhidao@163.com，并注明作者的姓名、单位、职务、电话和通讯地址。

最高人民法院审判监督庭
《审判监督指导》编辑部